Josef Sudbrack

MYSTIK IM DIALOG

Josef Sudbrack

Mystik
im Dialog

Christliche Tradition
Ostasiatische Tradition
Vergessene Traditionen

echter

Die Deutsche Bibliothek – CIP-Einheitsaufnahme

Sudbrack, Josef:
Mystik im Dialog : christliche Tradition, ostasiatische
Tradition, vergessene Traditionen / Josef Sudbrack. –
Würzburg : Echter, 1992
ISBN 3-429-01428-X

Mitglied der Verlagsgruppe »engagement«

© 1992 Echter Verlag Würzburg
Umschlag: Ernst Loew (Abb. oben: Christus Pantokrator, Ikone, 16. Jh.,
Foto: Oscar Poss – Bavaria; unten: Buddha-Figur aus Bronze, Nepal, Foto:
Kappelmeyer – Bavaria; rechts: Ahnenstatuette aus dem Kongo, Privat-
sammlung)
Gesamtherstellung: Echter Würzburg
Fränkische Gesellschaftsdruckerei und Verlag GmbH
ISBN 3-429-01428-X

Inhalt

Vorwort

In einen Religionsdialog um Mystik einzutreten, scheint mutig, wenn nicht gar tollkühn zu sein; nur allzu viele Beispiele gibt es für das Mißlingen dieses Dialogs. Doch ein solcher Dialog steht an und gehört zu den dringlichsten Aufgaben des gelebten und theologisch bedachten Christentums. Dies und die vielen Zeugnisse von anziehender und überzeugender nichtchristlicher Mystik gaben mir den Mut, den Dialog zu wagen. Daß er auf vielen Vorarbeiten aufruht, muß nicht unterstrichen werden. Hinzuweisen ist vor allem auf die umfangreiche Textsammlung: Christliche Mystik, Texte aus zwei Jahrtausenden, 1989 (zusammen mit G. Ruhbach); auf die frühe Aufsatzsammlung: Das Mysterium und die Mystik. Beiträge zu einer Theologie der christlichen Gotteserfahrung, 1974; auf Versuche, islamische Mystik zu verstehen, in: Wege zur Gottesmystik, 1980, und besonders in dem Kapitel: Trinitarische Erfahrung. Der mystische Austausch zwischen Mensch und Gott, in: Mystische Spuren, Auf der Suche nach der christlichen Lebensgestalt, 1990.

Inhaltlich wären vorliegende drei Kapitel nicht möglich gewesen ohne eine vielfältige Praxis, mit anderen Menschen zusammen zu beten und zu meditieren. Diese Praxis hat sich in mannigfaltigen Veröffentlichungen niedergeschlagen. Daneben laufen einige Veröffentlichungen, die auch theoretisch über Gebet, Meditation und Mystik nachzudenken versuchen. Der letztveröffentlichte Versuch Mystik, Selbsterfahrung – kosmische Erfahrung – Gotteserfahrung, [3]1992, stand schon ausdrücklich im Religionsdialog. Einige, auch sehr wohlwollende Kritiker vermißten in ihm den klaren, logischen Aufbau. Dazu einige Hinweise:

a) Hier – so scheint mir – liegt ein methodischer Irrweg vor. Das Phänomen Mystik kann nicht (und darf auch nicht!) in mentaler Geradlinigkeit angegangen werden. Definitorische Eindeutigkeit zerstört den Reichtum der mystischen

Wirklichkeit. So bewegt sich auch vorliegende Arbeit eher in Kreisen, als daß sie – wie die Kritiker in einer Art Scholastizismus verlangen – mit festem Zugriff das »Wesen« des Mystischen aus ihren Umhüllungen herauszulösen versucht. Denn dies wäre der Tod der Mystik. Ein Knochengerippe ohne das von Seele und Geist belebte Fleisch bliebe übrig.

b) Ein weiteres – wie mir scheint notwendiges und ehrliches – methodisches Vorgehen besteht in der Zuhilfenahme von Sekundärquellen. Der Kritiker der FAZ hat uns (Prof. Ruhbach und mir) dies in hämischer Weise vorgeworfen. Doch wir stehen alle ohne Ausnahme »auf den Schultern von Riesen«, wie schon Johannes von Salisbury und mit ihm das ganze Mittelalter wußten. Sind nicht so gut wie alle »Quellen« fernöstlicher Mystik in Sprachen verfaßt, von denen der normale Mitteleuropäer kaum eine von Grund auf beherrscht? Und ist nicht sogar das meiste, was in den Buchläden an fernöstlicher Spiritualität angeboten wird, aus tertiärer, wenn nicht gar quartärer Hand, d. h. über englische oder französische Übertragungen ins Deutsche »übersetzt«? Ein Bekenntnis, daß man z. B. Teilhard de Chardin auch (nicht nur!) aus der hervorragenden Zusammenstellung von Prof. Adolf Haas SJ (es war eine Lebensarbeit) anführt, ist ehrlicher als ein Haschen nach Originalität (die oftmals mehr vom Fleiß der zuarbeitenden Assistenten als vom Genie des Professors zeugt).

c) Beide methodologischen Richtlinien stehen im Dienst der dritten: daß die Fühlungnahme mit »Mystik« immer im Gespräch bleiben muß, im Aufeinanderhören, im Austausch, in der Selbstkritik. Was ist gefährlicher als der »mystische Absolutismus«, der in der Geschichte oft diktatorisch bis zu blutigen Religionskriegen geworden ist? Alle Mystik bewegt sich in der Polarität von Objektivitätswahrheit des größeren Absoluten und Subjektivitätswahrhaftigkeit der eigenen Erfahrung, von Sozialität – die Gemeinschaft – und Individualität – der Mystiker selbst. Wer diese »Interaktion« in einen absoluten Besitz übersteigen möchte, maßt sich – nach christlichem Sprachgebrauch – an, was nur Gott gebührt.

Und so wird im folgenden das Gespräch gewagt mit einzelnen Vertretern, mit Quellen, mit Forschern, denen man Übersicht und Seriosität zutrauen darf. Es ist ein Gespräch, das fortzusetzen ist, ein Gespräch, das die eigene Überzeugung herausfordert (mit Menschen, die den eigenen Standpunkt verleugnen, lohnt kein Religionsgespräch); ein Gespräch, das von dem Optimismus lebt, daß Gott – oder wie auch immer ein Nichtchrist vom Absoluten, vom Sinn des Menschseins sprechen mag – für unsere menschliche Erfahrung offensteht, daß der Mensch hingerichtet ist auf IHN.

Das Buch entstand in der Ausarbeitung meiner Vorlesungen auf den Salzburger Hochschulwochen von 1991 zum Thema: Mystik – was ist das? Der Berichtband der Hochschulwochen enthält somit eine Kurzfassung der drei Teile. Noch kürzer habe ich die Thematik zusammengefaßt in: Gespräch über Mystik – ein Werkstattbericht (Meditation, Anstöße für den christlichen Vollzug, 1991, 121–123).

I. Teil

Das Personale und das Dialogische
Die christliche Tradition

Berühmt und oft zitiert ist die aus dem Hinduismus stammende Parabel[1], die man auch Buddha zuschrieb: Ein König wollte die Relativität aller Religionen und mystischen Überlieferungen demonstrieren; deshalb ließ er Blinde kommen, sie sollten einen Elefanten abtasten. Der erste, der das Bein in die Hand bekam, meinte: Elefant ist eine gewaltige Säule; der unter dem Bauch erzählte von einer Riesentonne; der das Ohr berührte, verkündete: Elefant ist ein flatternder Teppich; der mit dem Zahn deutete den Elefanten als eine spitze Lanze; und der am Schwanz spielte, sprach von einer Puderquaste. Der König aber verkündete: Ebenso sprechen die einen so, die anderen anders und die dritten wiederum verschieden vom Absoluten oder Göttlichen; doch alle meinen – wie diese Blinden – die gleiche Wirklichkeit.

Die ursprünglich wohl aus dem Hinayana-Buddhismus stammende Fabel endet mit einer recht überheblichen Abwertung der konkreten Religionen. Die Blinden geraten in Streit miteinander, und der wissende König amüsiert sich: »Der König ergötzte sich« – »so endet das Gleichnis«.

Die Parabel aber sollte weiter erzählt werden: Die Blinden setzten sich zusammen und machten Gebrauch von der Gabe des Sprechens. Und je mehr sie sich austauschten, um so mehr lernten sie voneinander, ohne ihre eigene Erfahrung damit zu verleugnen. Ihr Austausch kam der Wirklichkeit des Elefanten – sprich dem Absoluten und der Erfahrung von Gott – immer näher.

So ähnlich wird auch unser Versuch über Mystik vorangehen. Ich setze mich nicht auf den Thron des Königs, der allein über Mystik, d. h. den Elefanten, Bescheid weiß und auf die »Blinden«, d. h. die konkreten Religionen mit ihren verschiedenen mystischen Überlieferungen herabschaut. Ich wage keine fertige Definition[2], sondern ich betaste meinen Elefanten und beschreibe daher zuerst Mystik, wie sie in meiner christlichen Tradition lebt. Der »Tastsinn« gilt in ihr als der geistliche Sinn dichtester mystischer Realität. Das genauere Umschreiben soll am Ende, nicht am Anfang des Gesprächs und auch dort in weiterführender Offenheit stehen.

Dabei versuche ich, ständig auf die Mystik, die Gotteserfahrung meiner Mitmenschen in anderen mystischen Traditionen und Religionen zu hören; denn ich bin der Überzeugung, daß Mystik – wenigstens als Sehnsucht – in jedem menschlichen Geist lebt. Diese Überzeugung bildet wohl die einzige, aber notwendige Basis für das Gespräch über Mystik. Nachdem ich im ersten Teil mein »Ertasten« beschrieben habe, begebe ich mich auch ausdrücklich ins Gespräch mit ihnen – nicht um an meiner Erfahrung zu zweifeln, sondern um noch mehr zu lernen von dem ganzen Elefanten, um meine Erfahrung vom Absoluten zu erweitern, meine Vorstellung von Mystik zu vertiefen.

Nur auf dem Boden der eigenen Erfahrung – und das meint für mich zugleich: auf dem Boden der eigenen Überlieferung stehend – wird das Gespräch mit den anderen – das Hinhören und Antworten – sinnvoll.[3] Dieses Hinhören – im Bewußtsein um das Fragmentarische – soll dann in zwei Etappen ausdrücklich gemacht werden: Zuerst wende ich mich mit offenen Ohren den großen ostasiatischen Traditionen zu – mit Recht nennt man den Subkontinent Indien den mystischen Erdteil. Zuletzt versuche ich auf die mystischen Traditionen Afrikas hinzuhören, die von der Mystikforschung so oft übergangen werden.

Ich kann nicht anders, als mit meiner eigenen suchenden Erfahrung zu beginnen: aus Ehrlichkeit den anderen gegenüber; aber auch deshalb, weil niemand vor der Frage nach Sinn und Unsinn der eigenen Existenz, vor dem eigenen Betroffensein vom Absoluten – und das meint doch »Mystik« – in eine vermeintliche Objektivität fliehen kann; es sei denn, er flieht vor sich selbst. Die eigene Lebenssicht ist gefordert. Wer ihr ausweicht, weicht vor seinem eigenen Leben aus. Der Psychotherapeut W. Schmidbauer meint in seiner »Liebeserklärung an die Psychologie«[4] zu solchen Ausflüchten in die angebliche »Objektivität«: »Kritische Bürger haben inzwischen gelernt, daß ein Experte glaubwürdiger wird, wenn er seine persönliche Position einbezieht und darstellt. Wer sie verschleiert und sich den Anschein unantastbarer Objektivität, unbestechlicher Urteilskraft gibt, hat oft etwas zu verstecken.«

Die intellektuelle Redlichkeit des Fragens und Antwortens aber muß durch ständiges Rückfragen, Messen, Vergleichen, Sich-Rechenschaft-Geben bewahrt werden, also durch das Gespräch mit anderen mystischen Traditionen und im rationalen Durchleuchten des eigenen Standpunktes: Hält die eigene Überzeugung dem stand, was die Gesprächspartner einbringen und was der heutige wissenschaftliche Reflexionsstand erfordert? Ein solches Gespräch wird den eigenen Horizont erweitern. Aber es steht und fällt mit dem Mut, die eigene Überzeugung, wo notwendig, zu korrigieren. Doch mehr noch: mit dem Mut, sich zum Eigenen zu bekennen, um überhaupt einen Standort zu haben, von dem aus man hören kann.

A. HINFÜHRUNG

Es braucht keine großen Belege, die Tatsache springt in die Augen: »Mystik« ist wieder modern geworden. Viele meinen: Hier – im Erfahrungsbereich und in der Frage nach Sinn, nach dem Absoluten – liege ein, wenn nicht gar *das* entscheidende Thema für die Zukunft der Menschheit.

1. *Transzendenz – Überschreiten der Grenzen*

Viele innerhalb und außerhalb des Christentums sind der Auffassung, daß »Mystik« als Mitte aller Religiosität die konfessionelle Gebundenheit an Jesus Christus oder an andere historische Gestalten übersteigt in ein größeres Ganzes. Dieses übergreifende Ganze könne nur von der Erfahrung, nicht aber vom Denken und noch weniger von sprachlich-kulturellen Erscheinungen her tangiert werden.[5] Damit verbindet sich die Vorstellung, daß das Sprechen von Gott – oder wie man auch die religiöse Mitte nennen mag – mit personalen Begriffen und Bildern in der Mystik überwunden werden müsse hin zu einer Erfahrung des unpersönlichen Absoluten. Man kann diesbezüglich lesen[6], daß das Gebet als Sprechen zu Gott Aberglaube und sogar Blasphemie sei; denn damit werde das Göttliche in die Enge des menschlichen Ich-du-Denkens herabgezerrt.

Solche Ansichten verbinden sich nun weiter mit einem religionsphilosophischen Begriff von Mystik als der Erfahrung einer letzten, alles aufhebenden Einheit. Ein prominentes Lexikon der Religion[7] definiert sie daher folgendermaßen:

»Mystik ist die Aufhebung des religiösen Ich-du-Verhältnisses: ›Tatvam asi‹ (›Das bist du‹), d. h. Aufgehen des Menschen in Gott oder im Göttlichen (unio mystica), ja vielleicht in etwas, das noch hinter Gott liegt, einem ›Leeren‹ oder ›Nichtseienden‹.«

In Erfahrungswerte übersetzt, meint diese Definition in etwa das, was P. David Steindl-Rast OSB[8] als Sinn der Mystik beschreibt:

»Mystische Erfahrung ist der Punkt, an dem wir alle eins sind. Und gleichzeitig der Maßstab dafür, was wirklich ist... Wie gelangen wir ... von der einen großen Religion zu den vielen Religionen? ... Als erstes stürzt sich Ihr Intellekt auf Ihre Erfahrung und beginnt zu interpretieren... Wir entfernen uns immer mehr von der ursprünglichen Erfahrung... So wie Ihr Intellekt wirkt auch Ihr Wille irgendwie auf jede Erfahrung ein... Der Bereich, in dem die Furchtsamkeit gegen die Hingabe an das grenzenlose Verbundenheitsgefühl ankämpft, ist die Arena der Moral... Verschiedene Zeitpunkte und verschiedene Orte (haben) unterschiedliche Bedingungen für das Interpretieren, Anwenden und Zelebrieren der mystischen Erfahrung geschaffen... Dies führt zur Vielfalt der Religionen auf dieser Welt. Alle aber entspringen der einen Saat, und alle reifen demselben Ziel entgegen.«

Die Mystik christlicher Tradition, die auf die Gestalt Jesu Christi schaut, wäre demnach nur eine kulturell bedingte und vorläufige – wenn auch notwendige – Ausprägung für eine tiefere, über-kulturelle Erfahrung, die die Wahrheit selbst berührt und hinter den konkreten Gestalten von Religion und Esoterik liegt.

Marcel Messing, der sich mit hermetischen Quellen beschäftigt, bringt diese Analyse konsequenterweise in eine gegenüber dem Christentum kritische Form[9]:

»Was seinen Anfang in einer religiösen Erfahrung hatte, wird in eine Religion übertragen. Das ›lebendige Wort‹ wird in ein Dogma verwandelt, und schon bald wird die mystische Seite des Überlieferten nicht mehr verstanden...

Die Begriffe Dogma, Kanon, Institution, kurz Organisation scheinen immer auch Konflikt und Streit zu implizieren, die ihren höchsten Ausdruck in Fanatismus, Sektierertum, Starrheit, Rechtgläubigkeit und Religionskrieg finden...

Der Buddha war kein Gründer einer Religion, und von Jesus kann man eigentlich das gleiche behaupten ... er (war) weniger – oder sogar überhaupt nicht – der Gründer einer Religion..., die wir unter dem Namen Christentum kennen, als ein erleuchteter Lehrer, der vor allem die Botschaft der allumfassenden Liebe bis zu seinem Tod vorgelebt hat.«

Gegenüber dem »Glauben, der personalistisch geprägt ist«, hebt Messing die »Religion, (die) unpersönlicher Art ist«, hervor. Religion sei

»lebendige Erfahrung... Im ganz und gar Unsagbaren verdampft zum Schluß jede Lehre, jede Philosophie, jede Theologie, jede geistige Landkarte. Sogar Form und Leere verlieren ihre Begrifflichkeit und nehmen uns in die eine Identität auf, die mit ›Allem, Was Ist‹ zusammenfällt.«

Das besagt nach Messing nun für das menschliche Streben und Suchen:

»Erst wenn jedes Ideal, jede Zukunftserwartung als eine Illusion erkannt wird, die vom Hier und Jetzt abhält, kann man zum Spiegel des Seins werden ... Es ist dieser Nullpunkt der Zeit, in dem der Mensch im Christ-Sein aufgeht.«

Ansichten dieser Art werden in wachsender Fülle geäußert. Absehen können wir von Versuchen, die das Mystische und das Religiöse auf immanent Menschliches[10] reduzieren. Zu einer früheren Tendenz, die Mystik als Alleinheit eher von einer Leere- oder gegenstandslosen Erfahrung her konzipierten, treten augenblicklich Versuche hinzu, die mit Bildern oder Symbolen zu dieser Mystik führen möchten. Joseph Campbell, der vielgerühmte Mythenforscher, oder der Münchener Psychologe Thorwald Dethlefsen sind hier zu nennen. Die von dem Religionswissenschaftler Paden[11] als »Universalismus« charakterisierte Religionsauffassung verfolgt diese Spur auf eher theoretische Weise. In all diesen Versuchen findet sich – so möchte ich von meiner christlichen Überzeugung her sagen – Beherzigenswertes, überaus Richtiges; aber ebenso auch seltsame esoterische Eskapaden und primitive Geschichtsfälschungen.

Die kaum noch zu überschauende Vielfalt der Meinungen, die Mystik jenseits aller Religionen, besonders jenseits des Monotheismus lokalisieren, kommt in Negativen überein: Der Glaube mit einer Erfahrungsmitte, die Jesus oder anders heißt, sei nur eine von vielen kulturell bedingten Ausprägungen dieser tieferen, namenlosen Mystik des All-Einen, in der alle Religionen, soweit sie auf echter Erfahrung beruhen, eins sind.

Entsprechende Meinungen wiegen deshalb schwer, weil sich in der Überlieferung der christlichen Mystik manche Äußerung findet, die dem eben skizzierten Universalismus

14

ähnelt: Meister Eckharts[12] »Gott um Gottes willen Lassen«, sein Sprechen von der »Gottheit jenseits dem dreifaltigen Leben Gottes« oder sein Insistieren auf der Seinseinheit des Geschaffenen mit Gott, klingt den Äußerungen Steindl-Rasts oder Messings recht ähnlich.

Die meisten christlichen Erfahrungszeugnisse dieser Art schwimmen im Strom der sogenannten »negativen Theologie«; sie schlug sich geschichtsträchtig nieder in der »theologia mystica« des Ps.-Dionysios.[13] Über anderthalb Jahrtausende hat seine Deutung die christliche Mystik geprägt. In ekstatischen Hymnen preist er das Göttliche, das

»weder Vorstellung, noch Meinung, noch Sagen, noch Denken hat; weder Wort ist, noch Gedanke, weder Ähnlichkeit, noch Unähnlichkeit; weder ist Er Gottheit noch die Güte; weder ist Er Geist – wie wir es verstehen –, noch Sohnschaft, noch Vaterschaft, noch irgend etwas anderes, was von uns oder irgend jemand anderem zu erkennen ist; weder gehört Er unter das Nicht-Seiende noch unter das Seiende ... Denn Er ist über jeder Bejahung als der völlige und eins seiende Grund und Ursprung von allem und über jeder Verneinung als die Erhabenheit des von allem völlig Gelösten, das alles überragt.«

Der Mensch, der Mystiker, müsse daher

»alles beiseite lassen, um in unverhüllter Weise jenes Nicht-Erkennen zu erkennen, das von allem, was uns an jeglichem Seienden wißbar ist, nur verhüllt wird, und um jenes überseiende Dunkel zu sehen, das durch das Licht der Seienden Dinge verborgen ist.«

Diese einflußreich gewordenen Sätze könnten nahelegen, daß man nach Dionysios auch die Faßbarkeit und Aussprechbarkeit, damit die konkrete, historische Gestalt Jesu Christi und letztlich Gottes Du-Gestalt überschreiten müsse, um den tiefsten Grund der Erfahrung zu erreichen; daß also das gleiche gemeint ist, was oben als Mystik jenseits aller Religionen dargestellt wurde. Die ernst zu nehmende Forschung weiß es zwar für Meister Eckhart wie für Dionysios den Areopagiten anders. Uns aber kann an solchen »un-jesuanisch« klingenden Sätzen die existentielle Problematik des christlichen Fragens nach dem Verhältnis von Mystik zur konkreten Gestalt Jesu oder zum Du Gottes bewußt werden, ein Fragen, das Lessing zu seinem bekannten Wort vom »garstigen Graben« zwischen dem geschichtlichen Jesus und dem übergeschichtlichen Göttlichen provozierte.

Aber auch so traditionell klingende Sätze wie der augustinische[14]: »per Jesum Hominem ad Jesum Deum – über Jesus, den Menschen, hinaus zu Jesus, dem Gott«, könnten nahelegen, man müsse – in der Art der Anthroposophie – das historisch Greifbare an Jesus hinter sich lassen, um im Reich des Geistigen, des Christus-Impulses Mystik zu finden.

Daß es in all diesen Annäherungen an die Mystik um ein Überschreiten geht, ist evident. Doch um welches?

2. Zum Wort Mystik

Vor weiteren Überlegungen aber muß kurz auf das Wort und die Wortgeschichte des Begriffs »Mystik« eingegangen werden – nach dem berühmten Laotse-Wort, daß der König, der die Regierung antritt[15], zuerst einmal die Worte in ihre richtige Bedeutung einsetzen müsse.

Das erste Erstaunen wird für viele durch folgende Tatsache hervorgerufen: Das Substantiv und auch die Bezeichnung »Mystiker« sind Wortschöpfungen, die erst aus dem 17. Jahrhundert stammen. Was schon vor Jahrzehnten der Germanist G. Müller angedeutet hat, wurde von M. de Certeau[16] belegt.

Aber auch die oft vertretene Behauptung, daß wenigstens das Adjektiv »mystikos« aus vorchristlicher Religiosität, aus den Mysterienreligionen übernommen sei und dort mystisches »Schweigen«, Stillwerden vor dem Geheimnis bedeute, hat keinen Rückhalt in den Texten. In Wirklichkeit hat das Wort erst im Christentum den bewußten, terminologisch ausdrücklichen Gebrauch gefunden[17], der zum heutigen Verständnis hinleitet. Die Fragestellung lautete damals: In welcher Beziehung stehen die Bücher des Alten Testaments zur Offenbarung Gottes in Jesus Christus? Damals erhielt das Wort eine klare, eindeutige Bedeutung: »Mystisch« meint den tieferen, auf Jesus Christus bezogenen

Sinn der biblischen Texte, des biblischen »Buchstabens«. Von dorther kam man zur erweiterten Bedeutung: »Mystisch« ist der Bezug auf das »Mysterium« hinter der Brot- und Wein-Gestalt der christlichen Sakramente. Louis Bouyer[18] hat diese Wortgeschichte von »Mystik und Mysterium« und damit die historische Anfangsbedeutung des Wortes »mystisch« schon vor Jahren mittels statistischer Wortuntersuchungen erarbeitet. Walter Burkert[19], Professor für Klassische Philologie in Zürich, hat es vor kurzem bestätigt:

»Ein Mißverständnis wäre es, Mysterien von vornherein mit Mystik zu identifizieren... Allerdings hat das Wort ›mystikos‹ schließlich die uns geläufige Bedeutung erlangt, doch nur durch einen verwickelten Prozeß platonisch-christlicher Metaphorik, die erst mit Dionysius Areopagita zum Abschluß kam.«

Als man über tausend Jahre später diesen Grundbezug des Mystischen zur »Tiefe« einer wichtigeren Realität vergaß, konnte man auch grammatikalisch die Beziehungsqualität des Adjektivs »mystisch« zu einer substantivischen Form umgestalten. Es war die Zeit des beginnenden Rationalismus. Damals entstanden die Worte »Mystik« und »Mystiker(in)« als sprachliche Substantiva. Das wurde in die Wege geleitet durch die Bemühungen, die Ganzheit des Glaubensvollzugs immer stärker in einzelnen akademischen Fächern zu behandeln. »Mystisch« in seiner Urbedeutung als Bewegung durch die äußere Erscheinung hindurch auf das tiefere Geheimnis wurde zu etwas Statischem; es wurde zu einer umschreibbaren Erfahrung. »Mystik« war jetzt ein »Fach« unter anderen. Aus der »Eigenschaft« der mystischen Geheimnistiefe wurde die Sache der »Mystik«, losgelöst von allen lebendigen Bezügen.

Vergleichbar ist eine solche rationalistische Engführung mit dem Versuch, aus dem Satz: »Du, Gott, bist unendlich« den Bezug auf Gottes Du zu vergessen und nur »Unendlichkeit«[20] begreifen zu wollen. Eine in sich stehende »Unendlichkeit« – jetzt nicht mehr als Eigenschaft Gottes betend vollzogen, sondern als isoliertes Problem bedacht – unterliegt dann der eindimensionalen Logik. Bei der Frage, was ist Unendlichkeit, kann man – wie es geschehen ist – zur Mathematik greifen; philosophisch ist die Frage nach dem Unendlichen schnell als Scheinproblem zu entlarven; oder das »Unendliche« löst – wie in idealistischen Denkversuchen – alles »Endliche« auf. Eine intellektuelle Rätselfrage oder ein mathematisch-physikalisches Problem hat so den Sieg über die existentielle Beziehung davongetragen. Dem Wort »Unendlichkeit« ist dann Ähnliches passiert, wie dem Wort »Liebe« geschieht, sobald man es aus dem personalen Vollzug heraus- und in Technik, »Do-ut-Des«-Gehabe hineinzieht und damit zur »käuflichen Liebe« macht.

Entsprechendes aber ist tatsächlich mit dem Wort »Mystik« geschehen. Man konzentrierte sich immer mehr auf den abstrakten, in sich stehenden Erfahrungsgehalt und vergaß, daß das Gemeinte nur in der Erfahrung eines lebendigen Menschen und nur in einer lebendigen Religion lebendig ist. In der Geschichte schloß das Wort »mystisch« stets eine gelebte »Transzendenz«, ein betendes Überschreiten ein, also einen lebendigen Vollzug, den man nicht vollständig in statische Begriffe auflösen kann; zu dessen Verständnis muß man vielmehr auf einen lebendigen Menschen oder besser noch auf die eigene Erfahrung hinweisen. Von seinem adjektivischen Ursprung her müßte Mystik stets als Erfahrung-von, als Relation-zu aufgefaßt werden. Erst als man das Wort aus dieser Ursprungsbeziehung herauslöste und das sich anlehnende Adjektiv zu einem in sich stehenden Substantiv machte, wurde in pantheisierenden Spekulationen wie denen des Deutschen Idealismus oder in psychologischen Systemen, die eine Erfahrungsqualität vom Erfahrungsinhalt trennen, eine »reine Mystik« konstruiert. Die ursprüngliche Beziehungskomponente wurde ausgeschieden. Man kann diese Entwicklung begrüßen wie das zitierte Lexikon der Religionen und die angeführten Beschreibungen von »Mystik« akzeptieren – doch dies ist nur legitim, wenn man hinzufügt, daß damit der ursprünglich gemeinte Sinn des Wortes verändert wird.

3. Im kulturellen Umfeld

Man kann gegen diese Überlegungen, nach denen die Kategorie der »Beziehung« auch für das Wortfeld der Mystik maßgebend ist, einwenden, sie seien geboren im abendländisch-christlichen Raum; andere religiöse Traditionen brächten andere Erfahrungsgehalte mit sich, die dem personal-dialogischen christlichen Sprechen und Erfahren widersprächen oder diese überstiegen. Von ihnen aus und nicht von der christlichen Engführung her sei das mit »Mystik« Gemeinte als über- und apersonal zu bestimmen.

Hier ist zuerst eine weitverbreitete Meinung über die nichtchristliche und besonders die indische Religiosität zu korrigieren: Auch außerhalb der abrahamitischen Religionen des Judentums und des Islam lebt bis in die Mitte des Mahayana-Buddhismus (z. B. im Amida-Buddhismus) und des Hinduismus (z. B. im Bhakti-Yoga) personale, dialogische Gottesmystik. Die Urerfahrung der Menschen ist differenzierter als die Abstraktionen mancher Religionswissenschaftler oder euro-amerikanischer Gurus.

Doch dieser Einwurf führt noch grundsätzlicher in den zu Beginn berührten Tatbestand: Je tiefer einer eindringt in den Erfahrungsbereich, der mit Mystik umschrieben wird, desto deutlicher fordert die Thematik persönliche Erfahrung und Entscheidung heraus; dies ist nicht mehr mit rein intellektueller Logik hochzurechnen.

Vorher allerdings ist auf die grundsätzliche Schwierigkeit des Religionsvergleiches hinzuweisen. Schon sprachlich zeigen sich nur mühsam zu vermittelnde Bewußtseinsunterschiede. Darf man das im abendländisch-christlichen Raum erwachsene Wort »Mystik« mit seinem spezifischen Erfahrungshintergrund ohne weiteres mit ostasiatischen Begriffen gleichsetzen? Auffällig ist, daß die beiden maßgebenden, authentischen deutschsprachigen Lexika zur östlichen Religiosität kein Stichwort »Mystik« kennen. Eine Bemerkung des »Buddhistischen Wörterbuchs« von Nyanatiloka[21] zum entsprechenden Stichwort »bodhi«, Erleuchtung, läßt die Schwierigkeit des Vergleichens erahnen. Dort heißt es: »Die 37 ›Zur Erleuchtung gehörenden Dinge‹ umfassen die gesamte Lehre des Buddhismus.« Kann man diesen lebendigen Tatbestand auf den abstrakten Begriff »Mystik« reduzieren? Einer der wenigen, der eine fernöstliche Sprache (das Japanische) mit dem Indogermanischen im Hinblick auf die zugrunde liegende Denkungsart verglichen hat, der Indogermanist Peter Hartmann[22], zeigt, daß auch syntaktisch (nicht nur lexikographisch) in der japanischen Sprache sich ein anderer Seinsbezug äußert, der die Welt der Erfahrung grundlegend bestimmt und nicht leichthin mit indogermanischen Sprachmitteln wiedergegeben werden kann:

»Der Mensch wird so in den für sein Leben entscheidenden Kontakten mit der Umwelt nicht als ein selbständiges Wesen gesehen, das von sich aus von der Welt Besitz ergreift, sondern als ein von Vorgängen affiziertes Objekt.«

Relationalität und nicht, wie im Indogermanischen, Substantialität programmiert mit der Sprache auch die Welterfahrung, wie Hartmann an religiösen Äußerungen, besonders an D. T. Suzuki, aufweist.
Es ist unverantwortlich, interkulturelle Vergleiche leichthin zu bewerkstelligen. Sträflich wird dies aber dort, wo es um Weltanschauung, also um Grundvollzüge des Menschlichen geht. Das zeigen die »Studien der Meditation in kulturübergreifender Perspektive«[23] des Meditationsforschers Daniel P. Brown sogar für den innerindischen Raum. Sie wurden veröffentlicht in einer Aufsatzsammlung zur »transpersonalen Psychologie«, die man keiner konfessionellen Enge verdächtigen kann. Brown stützt sich auf langwährende empirische Untersuchungen und verifiziert diese an den klassischen Texten der entsprechenden Religionen. Für die Grundströmungen fernöstlicher Religion kann er zeigen:

»Die hier vorgelegten Schlußfolgerungen sind beinahe das Gegenteil der zum Stereotyp gewordenen Auffassung der Ewigen Philosophie[24], derzufolge die vielen spirituellen Pfade zum gleichen Ziel führen ... Es gibt mehrere Arten von Erleuchtung, wenn auch alle das Gewahrsein von psychologischer Struktur befreien und Leiden mindern.«

20

Brown vergleicht miteinander die hinduistische Tradition, den Theravada-Buddhismus und den Mahayana-Buddhismus. Dazu stellt er weiterhin fest:

»Als westlicher Psychologe, der lernte, östliche Meditationstexte zu übersetzen, entdeckte ich zunächst, daß westliche Annahmen über die angebliche Unaussprechlichkeit der mystischen Erfahrungen unrichtig sind. Diese Traditionen, vor allem der tibetische Buddhismus, sind Traditionen mit Überlieferungslinien... Den Tibetern stand ein Lehrgebäude zur Verfügung, an dem ein Meditierender seine Erfahrung messen konnte.«

Das bei uns so breit gepflegte irrationale »mystische Raunen«[25] verkennt die wahre östliche Überlieferung. Für den westlichen Rationalismus gilt anscheinend: Erfahrungen, die nicht in das eigene logische Denkschema hineinpassen, müssen irrational sein; man könne sie sprachlich usw. nicht fassen. Und dies wird dann nach dem berühmten Spruch Wittgensteins[26] Mystik genannt. Dabei verschweigt man geflissentlich, daß der große Philosoph diese seine frühe Ansicht später korrigiert hat. Daß es aber geistige, intellektuelle Bezüge gibt, die jenseits der modernen rationalistischen Logik liegen und doch keineswegs irrational, gestaltlos sind (der spätere Wittgenstein spricht von »Sprachspielen«), kommt nicht in den Blick. In der ernst zu nehmenden Wissenschaft allerdings sind solche rationalistischen Engführungen antiquiert.
Brown arbeitet in der Erleuchtungserfahrung ostasiatischer Religiosität deutliche Unterschiede heraus. Je nach vorgängigem religiösem Bezugssystem trägt sie verschiedene Gesichter – dies, wie gesagt, innerhalb der östlichen Mystik, noch vor jedem ost-westlichen Vergleich:

»Zwar beschreibt jede Tradition die Transzendenz gewöhnlicher Raum-Zeit-Erfahrung, doch sie wird auf verschiedene Weise erlebt, weshalb man zwischen einer nihilistischen Position, der Position des Mittleren Weges und der eternalistischen Position unterscheidet. Im Theravada-Buddhismus ist die Auflösungserfahrung nihilistisch, weil aufeinanderfolgende Ereignisse und Bewußtseinsmomente verschwinden. Die hinduistische Einheitserfahrung ist eternalistisch, weil der erlebte Zusammenhang sich auf ein dem Universum zugrunde liegendes Substrat (YS, prakriti) bezieht und das reflektierende Bewußtsein unveränderlich ist (YS, purusha). Die Mahamudra-Erfahrung ist der mittlere Weg, weil die untereinander zusammenhängenden Geschehnisse und ihre Bewußtheit sich verändern.«

Gemeinsam ist hiernach nur das Überschreiten des Alltagsbewußtseins in Sinn- und Absolutheitsdimensionen, die jenseits des quantitativen Raum-Zeit-Schemas liegen. Man kann dies in eine augenblicklich beliebte Terminologie übersetzen: das Überschreiten eines kausal-logischen Weltbildes, das sich in der newtonschen Naturwissenschaft und in der cartesianischen Philosophie herausgebildet hat. Doch schon ins Überschreiten fließen die kulturellen Vorgegebenheiten ein:

»Bewußtseinszustände sind nach dem Muster der Kultur strukturiert… So wird der Yogi mit ziemlicher Sicherheit nur die Einsichten erleben, die von der Tradition anerkannt sind. Andere Erfahrungen sind allerdings möglich; sie sind im Spektrum des menschlichen Potentials enthalten. Vielleicht ist das der Grund für die zahlreichen Debatten unter den Traditionen, in denen jede die Gültigkeit der Erfahrungen der anderen leugnet. Die Mahayana-Buddhisten erkennen die Validität anderer Erfahrungen aufrichtig an, betrachten aber ihre eigenen Erfahrungen als tiefer.«

Es ist nicht unsere Aufgabe und überschreitet auch unsere Kompetenz, den sowohl langjährigen empirischen Tests und Untersuchungen wie den intellektuellen, an klassischen Texten erhärteten Ergebnissen Browns im einzelnen nachzugehen. Aber

»Hindus und Buddhisten[27] sind sich der Unterschiede in der Erfahrung wohl bewußt, und jede Seite glaubt, die Erfahrungen der anderen seien ungültig… In den verschiedenen Kommentar-Traditionen gibt es oft hitzige Debatten.«

Festzuhalten bleibt: Wenn man nicht das Wort »Mystik« zur inhaltslosen Abstraktion verflüchtigen will, ist es eine Engführung, die nicht einmal der östlichen »Mystik« entspricht, mit einer eindeutigen Begrifflichkeit das Phänomen umfassen zu wollen und dabei zu postulieren, mit »Mystik« sei letztlich überall das gleiche gemeint:

»Die philosophische Schulung fördert in jeder der drei Traditionen eine deutlich verschiedene Perspektive. Diese Perspektive wiederum beeinflußt das Herangehen an die Meditation und, was noch wichtiger ist, beeinflußt auch die Natur der Meditationserfahrung selbst... Diese Perspektiven sind mehr als begriffliche Verzerrungen, weil sie etwas repräsentieren, das dem Erwerb menschlichen Wissens innewohnt. Da Perspektivismus deshalb in der Meditation unvermeidlich ist wie in jeder anderen Untersuchungsmethode, außer vielleicht im Anfangsaugenblick der Erleuchtung, ist jede Beschreibung von Meditationserfahrung in der jeweiligen Tradition gültig, wenn auch verschieden.«

Erstaunen über diese Relativierung von Erfahrungsberichten wird nur derjenige, der in naivem Rationalismus glaubt, daß Aussagen verschiedener Kulturen, Traditionen usw. ohne große Mühe deckungsgleich aufeinandergelegt werden können und auf diesem Weg auch das Wesen der »Mystik« zu erheben sei.

Hans-Georg Gadamer hat diese Relativierung unter dem Stichwort »Vorurteil« analysiert; jede tiefer reichende Erkenntnis-Erfahrung ist mehr oder weniger beeinflußt von einer Vorprägung des Erfahrenden. Ein öfters zitierter Satz[28] Gadamers lautet:

»Wer seiner Vorurteilslosigkeit gewiß zu sein meint, indem er sich auf die Objektivität seines Verfahrens stützt und seine eigene geschichtliche Bedingtheit verleugnet, der erfährt die Gewalt der Vorurteile, die ihn unkontrolliert beherrschen als eine vis a tergo (Kraft von hinten her)... Wer sich aus der Wechselseitigkeit einer solchen Beziehung herausreflektiert, der verändert diese Beziehung und zerstört ihre sittliche Verbindlichkeit.«

Wie untrennbar verknüpft kulturelle Vorgabe und Erfahrung sind, hat z.B. W. Haug[29] für Meister Eckhart gezeigt: Es ist nicht so, daß der große Mystiker eine in sich eindeutige Erfahrung nun in ein bestimmtes, diesmal neuplatonisches Sprachgewand gekleidet habe, sondern sein vorgegebenes philosophisches Sprachgewand durchdringt bis ins letzte auch die Erfahrung selbst. So hat sich für seine Mystik auch die Spezifizierung »intellektuell« durchgesetzt – im Unterschied z.B. zur »visionären« Mystik Hildegards oder der »Liebes«-Mystik Mechthilds von Magdeburg.

Keine mystische Erfahrung darf in einer sachbezogenen Diskussion als allein in sich stehendes, voraussetzungsloses Phänomen bewertet werden. Damit ist natürlich der subjektive Wert für den Mystiker selbst nicht bestritten. Aber wichtig bleibt für das Sprechen über Mystik: Die reine Erfahrung, die nackte Mystik im Sinne wissenschaftlicher Objektivität gibt es nicht.

Ignatius von Loyola[30] unterscheidet deshalb – ähnlich wie Teresa von Avila – eine erste und eine zweite Zeit der Erfahrungsgewißheit. Die erste ist die Zeit noch vor jeglichem bewußten Ergreifen der Erfahrung. Der wahre Mystiker ist »verzückt«. Diese Erfahrung – nach Brown: »der Anfangsaugenblick« – sei für ihn einfachhin richtig. Doch sobald der Erfahrende von seiner Erfahrung »weiß«, ganz zu schweigen, wenn er sie reflektiert oder über sie sich beurteilend ausspricht, treten subjektive Irrtumsmöglichkeiten auf; sie beruhen auf den »Vorgaben«, die Gadamer »Vorurteile« nennt. Sie sind niemals völlig aus dem Bereich der Erfahrung zu eliminieren. Deshalb droht eine Verfälschung der Erfahrung, was besonders Johannes vom Kreuz betont hat. Der christliche Mystiker sucht deshalb instinktsicher gerade auch in der Wesensmitte der Erfahrungswelt den Dialog mit dem geistlichen Begleiter und die Begegnung mit der Tradition, mit den Glaubenslehren der Kirche.

Die buddhistische Lehre der »Drei Kleinode« (Triratna) ist auf der gleichen Spur. Untrennbar sind nach ihr: Buddha, also der Mystiker mit seiner Erfahrung; Sangha, womit die vorgefundene, tragende Gemeinschaft gemeint ist; und Dharma, die Lehre, das Gesetz, die Überlieferung. In dieser Einheit liegt, was Gadamer »Vorurteil« nennt. Jede religiöse Erfahrung ist bis ins Herz hinein geprägt vom kulturellen Rahmen, in dem sie sich ereignet.

Der Psychotherapeut Werner Huth hat das gleiche in seiner soliden, dem psychologischen Ansatz Graf Dürckheims nahestehenden Untersuchung über die Meditation[31] folgendermaßen beschrieben:

»Die Meditation ... ist keineswegs voraussetzungslos: meditative Erfahrung ist grundsätzlich interpretierte Erfahrung. So hängt es

zum Beispiel von den jeweiligen Denkvoraussetzungen des Medi-
tierenden ab, von seinem Paradigmata, seiner Weltanschauung
und seinem Menschenbild, wie er die Wirklichkeit sieht, der er
sich zuwendet. Ist dieses für ihn letztlich nur Maya, eine Illusion,
die es zu überwinden gilt, oder wird in ihr eine geistige Wirklichkeit sichtbar, sei es in dem Sinne, daß diese die einzelnen Erscheinungen überragt, oder aber, daß sie ein diesen Erscheinungen in-
newohnendes Prinzip ist?
(Man kann) nicht von vornherein voraussetzen, daß die meditativen Erfahrungen eines Menschen, der zur Zeit der Romanik lebte,
identisch sind mit den mit dem gleichen Wort bezeichneten Erfahrungen seiner Nachfahren kurz danach während der Gotik.
Auch werden die Erfahrungen eines T'ai-chi-Meisters anders sein
als die eines Zenmeisters. Erst recht muß man wesentliche Ver-
schiedenheiten annehmen, wenn man z. B. die innere Situation eines Menschen, der auf einer praerationalen Bewußtseinsstufe
lebte, mit den geistigen Erfahrungen eines heute lebenden Menschen vergleicht ... Weder der Begriff ›geistige Erfahrung‹ noch der
Begriff ›Erleuchtung‹ kann also verabsolutiert werden, sondern
muß auf den jeweiligen Bewußtseinszustand des Betreffenden, der
eine solche Erfahrung macht, bezogen werden ... Offenbar gibt es
demnach bei der meditativen Erfahrung – jedenfalls in ihren
höchstmöglichen Aufgipfelungen – sowohl durchgängige als auch
individuelle und kulturspezifische Elemente.
(Denn es gibt) keine Wahrnehmung und keine Erinnerung, die
nicht immer auch von unserer Sprache und Begrifflichkeit mitbe-
stimmt wäre. Auch die Meditation kann uns nicht von dieser Verknüpfung lösen.«

Huth bezieht, wie deutlich geworden ist, in seine Untersuchung der meditativen Erfahrung gerade auch die Spitzenerfahrung[32] mit ein, die in unserem Zusammenhang mystisch genannt wird.
Festgehalten werden sollte hier noch einmal die erstaunliche Tatsache, wie instinktsicher Menschen des 16. Jahrhunderts, Ignatius von Loyola oder Teresa von Avila, moderne Erkenntnisse von der Kultur- und Umwelt-Abhängig-
keit des Menschen vorweggenommen haben. Jeder Umgang
mit mystischer Erfahrung – in dieser oder jener Tradition –
kann von ihren Anweisungen zur Unterscheidung von
wahrer und falscher Erfahrung, von Echtheit und Täuschung oder gar Betrug nur lernen.

B. DER CHRISTLICHE BEITRAG

1. *Dialog über Mystik*

Damit scheint nun alles Reden über Mystik in relativisti-
sche Beliebigkeit abzugleiten: Jeder hat »seine« Erfahrung,
und diese ist abhängig von »seinen« persönlichen Lebens-
umständen. Übergreifende Maßstäbe werden unmöglich.
Doch nicht aus der Hand gleitet zuerst einmal der Dialog,
das Miteinander-Sprechen über eben diese Erfahrungen
und damit die Möglichkeit, im Gespräch voneinander zu
lernen, sich zu korrigieren, die eigene Sicht zu erweitern
und vielleicht sogar zu ändern. Das ergibt sich ebenfalls aus
den Überlegungen zu den kulturellen und persönlichen Paradigmata der je eigenen Erfahrungen. Im Dialog wird man
sich zwar der persönlichen Abhängigkeit von Kultur und
Geschichte bewußt. Doch je mehr einer sich dies bewußt
macht, desto tiefer dringt er auch in die eigene Erfahrung
und kann »Mystik« in ihrer inneren Wahrheit ein wenig
sichtbarer machen; er hat ja den Unterschied von kulturell
Bedingtem und übergreifend Gültigem realisiert.
Natürlich steht hinter dieser unserer Meinung der Optimismus, daß ein solcher »Dialog« grundsätzlich möglich ist.[33]
Das meint: Ein einziges Menschsein verbindet alle Menschen und Religionen und äußert in sich diese gemeinsame
Sehnsucht nach Sinn und Absolutheit, die in der Mystik
auf eine großartige Weise zum Ausdruck kommt. Dieses
»vorausgesetzte« optimistische Menschenbild – nach der Parabel: Die Blinden können sich unterhalten – wird durch
das – wenn auch langsame, mühevolle – Gelingen des religiösen Dialogs bestätigt.
Die christliche Geistesgeschichte selbst ist – wie kaum eine
andere – ein lebendiges Beispiel für die Möglichkeit eines
solchen Dialogs. Sie zeigt, wie sich die Eigengestalt der
christlichen Botschaft und auch die ihrer Erfahrungswelt,
ihrer Mystik im Sprechen mit und im Lernen von anderen
Botschaften und anderen Erfahrungen immer klarer heraus-
schälte und ihre Tiefendimensionen herausstellte. Der

schon erwähnte Dionysios, der Areopagite, ist ein Musterbeispiel für die Fruchtbarkeit eines christlichen Dialogs mit anderen religiösen Entwürfen, und kann Hilfe für das Gespräch mit denen der fernöstlichen Religionen sein; ihnen ist sein Dialogpartner, der späte Neuplatonismus, sehr ähnlich. Sein christlicher Entwurf könnte – vielleicht besser als der Meister Eckharts – zusammen mit der klassischen Mönchsspiritualität ein Modell für das Gespräch mit dieser fernöstlichen Mysik sein.

Aus dem Gesagten ergibt sich allerdings ein Weiteres: Die begrifflich letztgültige Gestalt der christlichen Mystik läßt sich noch weniger fixieren als die des Wesens des Christentums. Kardinal Ratzinger[34] hat letzteres in seiner frühen Arbeit über die Dogmenentwicklung gezeigt. Andere Theologen sprechen hier vom eschatologischen Vorbehalt.

Für das Gespräch über mystische Erfahrung ergibt sich daraus ein Zweifaches:

– Es muß die eigene Erfahrung, die eigene Überzeugung, der eigene Standpunkt ins Gespräch eingebracht werden; ein Gespräch mit jemandem, der keine eigene Meinung hat, ist nur Spiegelfechterei. Oder auch, wie Hans Waldenfels[35] schreibt:

»Ein Dialog, in dem sich die Gesprächspartner nicht engagieren, ist kein Dialog ... Dialogfähigkeit impliziert (...) immer auch Protestfähigkeit.«

– Ebenso aber muß der Dialog aufruhen auf der Bereitschaft, hinzuhören, neue Werte in der anders geprägten Erfahrung, im anderen kulturellen Paradigma zu erspüren.

Nur so kann man überhaupt ehrlich und offen über Mystik als das Persönlichste und Tiefste der je eigenen Weltsicht miteinander reden.

Dem ersten Postulat, die eigene Überzeugung einzubringen ins Gespräch, wird oft entgegengehalten und in der heutigen innertheologischen Diskussion eifrig erörtert: Damit bestehe der Christ auf dem Absolutheitsanspruch seiner religiösen Überzeugung, was in der heutigen, demokratisch werdenden Welt nicht mehr aufrechtzuerhalten sei. Ohne darauf näher einzugehen, möchte ich wiederum Hans Wal-

denfels erwähnen, der zeigt, daß »es nicht nur einen Absolutheitsanspruch des Christentums, sondern jeder Weltreli-
gion gibt«. Hierin sind sich alle Weltreligionen gleich. Der
Unterschied muß im Gespräch jeweils neu erarbeitet werden.

Diesbezüglich sei von Beginn her auf den zentralen Punkt
hingewiesen: Inmitten der oben erwähnten »Mystik«-Auf-
fassungen nämlich stellt

»das Christentum ... dem Anspruch, die Erfahrung der Einheit sei
das Letztgültige, den anderen Anspruch entgegen: Das Letztgültige
ist die Einheit im liebenden Zueinander von gegenseitigem Hinge-
geben- und Angenommensein, somit die Erfahrung des Bauens auf
und Stehens in einem anderen, mit einem Wort: der Glaube«.

2. Begegnungsmystik

Kein Zweifel kann darüber bestehen: Christliche Mystik ist
geprägt von der Erfahrung Gottes, wie sie uns von Jesus
Christus als eine einmalige, unüberholbare Gottesnähe berichtet wird. Darin liegt zuerst einmal die Zusicherung, daß
ein gütiges, vertrauenswürdiges Du der letzte Grund der
Wirklichkeit ist. Dies kommt im »Vaterunser« gültig zu
Wort; dies gibt der Auferstandene auf dem Höhepunkt des
Johannesevangeliums an die Gemeinde, an uns weiter: »Ich
fahre auf zu meinem Vater und zu eurem Vater, zu meinem
Gott und zu eurem Gott« (Joh 20, 17). Und Jesus Christus –
dies ist ein zweiter Moment des christlichen Glaubens – hat
dieses Vertrauen bis in die Verlassenheit des Kreuzes durch-
getragen.

Verständlicherweise wird von anderen religiösen und mystischen Erfahrungen her die Frage nach der Gültigkeit dieses Gottesbildes gestellt: Ist die auf Gott bezogene »Du-Prä-
dikation« nicht doch eine kulturbedingte Ausprägung einer
tieferen kulturübergreifenden Erfahrung? Bringt die Behauptung, daß der letzte Seins- und Daseinsgrund personal
sei, nicht doch eine Vermenschlichung des Göttlichen mit
sich? Statt auf dem Wege intellektueller Logik darauf eine
Antwort zu suchen, muß zuerst eingestanden werden, daß

wir mit diesen Fragen nun endgültig dort stehen, wo das eigene Engagement, die eigene Weltanschauung nicht mehr ausgeblendet werden können.

Zu wissen ist nun, daß der Vorwurf des Anthropomorphismus, der Vermenschlichung des Absoluten, jedes Sprechen über das Absolute trifft. Jeder Versuch, die Erfahrung des Letzten, die Gottesbegegnung oder Sinnerfahrung auszusprechen, zu beschreiben oder anzudeuten, ist menschlich geprägt, bringt menschliche Kategorien in das Reden (und Erfahren) vom Absoluten ein. Es ist naive Selbsttäuschung zu meinen, die abstraktere Vorstellung von Gott als unendlicher Alleinheit, als Meer des Seins, in dem alles Endliche sich wie ein Wassertropfen auflöst, sei weniger »anthropomorph« als die Vorstellung von Gott als dem personalen Zentrum des Seins, das in seiner dialogfähigen Personalität die endliche Welt der Menschen als Gesprächspartner bestehen läßt und sogar erst errichtet, erschafft und neu erschafft. Alle Gottesbilder projizieren menschliche Erfahrungen und Begriffe auf das, was man als Sinn des Daseins und Ursprung des Seins sucht. Selbst die Verweigerung, sich auf diesen Sinn des Ganzen einzulassen, gründet auf einer als absolut postulierten Meinung, also auf dem »anthropomorphen« Vorurteil, daß dies unmöglich und falsch sei. Man kann sich zwar all dieser Fragen enthalten und in den stumpfen Alltag zurücksinken. Sobald einer aber über den Sinn des Lebens nachdenkt oder dazu Erfahrungen einsammelt, kann er seine menschliche Vorprägung nicht überspringen. Wir können nur diese unsere Vorprägungen ernst nehmen und verantwortungsbewußt damit umgehen. Nicht das Negieren dieser anthropomorphen Vorprägungen oder ein Kapitulieren von ihnen, sondern nur das bewußte, reflektierte Eingehen auf sie führt weiter. Deshalb auch schreibt Henri de Lubac[36]:

»Das Schweigen (der wahren negativen Theologie und negativen Mystik) steht nicht am Anfang; es steht am Ende. Es gibt nichts Schlimmeres als eine negative Theologie, die zur unrechten Zeit kommt. Das Spiel der Bejahung und der Verneinung ist kein Spiel ohne Spielregeln.«

All unser Denken und Erfahren, Reden und Schweigen vom Göttlichen, vom letzten Grund, trägt nämlich die Struktur in sich, die der Sprachphilosoph Ramsey[37] als »observable and more than observable« für das Sprechen von Gott analysiert hat. Das meint: Wir gehen aus von einem empirischen Erleben; dies müssen wir aber mittels eines »qualifier«, eines Richtungsweisers »hochführen« und übersteigen in ein »Mehr« als empirisches Erleben. Die »bildhafte« Gestalt für die Begegnung mit dem Absoluten kann verschieden sein: die Vernetzung aller Dinge, wie in New Age; oder die »Einheit von allem«, wie bei philosophisch, also vom Denken geprägten Mystikern; oder das Ruhen im Grund des Selbst, wie es in der Nachfolge C. G. Jungs viele lehren; oder eben die personale Begegnung, die ihren Höhepunkt in der Liebe hat, wie es in der christlichen Mystik geschieht. Daß die christliche »Bildlichkeit« (die, wie wir glauben, zeigen zu können, die anderen nicht aus-, sondern einschließt, ohne sie zu unterdrücken oder zu verfälschen) personale Begegnung heißt, ist eindeutig.

Auf diesen Überlegungen aufbauend, kann man dann bei einem verantwortungsbewußten Religionsvergleich, vorsichtig und ständig im Gespräch bleibend, fragen: Welche von diesen genannten Erlebensqualitäten (man könnte weitere aufzählen) bringt nun die dichteste Analogie für das Sprechen (und Erfahren!) von Gottesbegegnung? Das heißt mit anderen Worten: Welche von diesen Erlebnisqualitäten bietet das dichteste und humanste »observable«, in dem sich die mystische Erfahrung gleichsam inkarniert? Denn das zeigen die vielen oben erwähnten Ansätze: Jede mystische Erfahrung ist geprägt von solchen vormystischen Voraussetzungen.

Auf eine so gestellte Frage kann ich von meiner christlichen Grundhaltung keine andere Antwort geben als: Die personale Begegnung ist der Gipfel aller Analogie, um Letztes zu sagen und zu erfahren. Das Ansetzen bei Einheit oder Ganzheit läßt hingegen vermuten, daß eher mentales Nachdenken über Einheit als ursprüngliche Erfahrung im Spiel ist. Die Geschichte der Mystik in allen Religionen legt eher nahe[38], daß die Urerfahrungen personal-dialogisch geprägt waren und dann erst durch denkerische Bemühungen zum Apersonalen hin »gereinigt« wurden. Sicher gibt es eine enge Verwandtschaft zwischen dem Impuls des philosophischen Denkens und einer Mystik, die sich einseitig am (anthropomorph bleibenden) Bild der »Einheit« orientiert.

Doch diese Gegenposition zur personal-dialogischen, christlichen Grundauffassung von Mystik beruft sich nun auf die Erfahrung selbst. Denn quer durch alle kulturelle Verschiedenheit und religiöse Eigengestalten scheint sich die Erfahrung einer überpersonalen letzten Einheit durchzuziehen. Meister Eckhart und Shankara, Ruusbroec und der Zen, Nikolaus von Kues und buddhistische Texte stimmen darin – scheinbar, wie uns scheint[39] – überein.

Auf diesen Entwurf kann ich keine bessere Antwort geben als die, die ich bei Martin Buber fand und die das ins Wort bringt, was ich selber sagen möchte. Der moderne Versuch von Emmanuel Lévinas, diese dialogische Grundstruktur des Menschen in philosophisch reflektierter Begrifflichkeit auszudrücken, kann weithin als Übersetzung der Buberschen Poesie in nüchterne Sprachlogik angesehen werden.[40] Ich würde mich mit fremden Federn schmücken, wenn ich – statt zum wiederholten Male auf Martin Buber hinzuweisen – meine eigenen Worte benutzen wollte. Zum besseren Verständnis ist zu wissen, daß er bis zu seiner »Bekehrung« Mystik im Sinne einer apersonalen Einheit[41] propagierte. Danach aber weigerte er sich, seine im Trend dieser apersonalen Mystik niedergeschriebenen »Ekstatischen Konfessionen« (eine Mystik-Anthologie) neu herauszugeben.

In »Ich und Du«[42] entwickelt Buber die Grundworte und in ihnen die Grunderfahrungen des Daseins:

»Im Anfang ist Begegnung. Alles wirkliche Leben ist Begegnung. Ich werde am Du; ich werdend, spreche ich Du.«

Nicht in »Sein«, »Einheit«, »Ganzheit«, sondern in »Begegnung« findet Buber die Grundkategorie von Wirklichkeit. Die Vertreter einer Einheitsmystik und -philosophie lokalisieren den Sündenfall im Abfall von der Einheit zur Vielheit oder im mentalen Zergliedern dessen, was vorher organische Einheit war. Für Buber – und eben auch für den christlichen Ansatz – besteht er im Abfall von der Ich-Du-Begegnung zum Ich-Es-Verhalten; aus dem »Personalen« wird etwas »Dinghaftes«, »Gegenständliches«. Ob nicht Ähnliches der sogenannten »ungegenständlichen Meditation« droht, die das »Du« unter die »Gegenstände« einordnet? Martin Buber schreibt:

»Das Grundwort Ich-Es ist nicht vom Übel – wie die Materie nicht vom Übel ist. Es ist vom Übel – wie die Materie, die sich anmaßt, das Seiende zu sein. Wenn der Mensch es walten läßt, überwuchert ihn die unablässig wachsende Eswelt, entwirklicht sich ihm das eigene Ich, bis der Alp über ihm und das Gespenst in ihm einander das Geständnis ihrer Unerlöstheit zuraunen.«

Buber arbeitet den Unterschied seiner Ich-Du-Philosophie zur Einheitsphilosophie in immer neuen Annäherungen heraus:

»Die Versenkungslehren berufen sich auf die großen Sprüche der Identifizierung – die eine vor allem auf das johanneische ›Ich und der Vater sind eins‹ ... Daß die Berufung auf das ›sind eins‹ nicht begründet ist, wird jedem offenbar, der unbefangen Abschnitt für Abschnitt das Evangelium nach Johannes liest. Es ist recht eigentlich das Evangelium der reinen Beziehung. Hier ist Wahreres als der geläufige Mystenvers: ›Ich bin du und du bist ich‹. Der Vater und der Sohn, die Wesensgleichen ... sind die unaufhebbar wirklichen Zwei, die zwei Träger der Urbeziehung, die von Gott zum Menschen Sendung und Befehl, vom Menschen zu Gott Schauen und Vernehmen, zwischen beiden Erkenntnis und Liebe heißt.«

Danach nun kommt Buber auf die Unterscheidung zu sprechen, die für unsere weiteren Überlegungen grundlegend ist. Er macht sich nämlich den Einwurf:

– Aber die Mystik? Sie berichtet, wie Einheit ohne Zweiheit erlebt wird. Darf die Treue ihres Berichts angezweifelt werden?
– Ich weiß nicht von einem allein, sondern von zweierlei Geschehnis, darin man keiner Zweiheit mehr gewahr wird. Die Mystik vermengt sie zuweilen in ihrer Rede; auch ich habe es einst getan. Das eine ist das Einswerden der Seele. Das ist nicht etwas, was sich zwischen dem Menschen und Gott, sondern etwas, was sich im Menschen ereignet. Die Kräfte sammeln sich in den Kern ein, alles, was sie abziehen will, wird einbewältigt ... Das ist der entscheidende Augenblick des Menschen. Ohne ihn ist er zum Werk des

Geistes nicht tauglich ... Er kann aber auch die Seligkeit der Sammlung auskosten und, ohne sich in die höchste Pflicht zu nehmen, in die Zerstreuung zurückkehren.

Das andere Geschehnis ist jene unausforschliche Art des Beziehungsaktes selbst, darin man Zwei zu Eins werden wähnt ... Ich und Du versinken, die Menschheit, die eben noch der Gottheit gegenüberstand, geht in ihr auf, Verherrlichung, Vergottung, Alleinheit ist erschienen ...

Was der Ekstatiker Einung nennt, das ist die verzückende Dynamik der Beziehung; nicht eine in diesem Augenblick der Weltzeit entstandene Einheit, die Ich und Du verschmilzt, sondern die Dynamik der Beziehung selbst, die sich vor deren einander unverrückbar gegenüberstehende Träger stellen und sie dem Gefühl des Verzückten verdecken kann ... Die Beziehung selbst, ihre vitale Einheit wird so vehement empfunden, daß ihre Glieder vor ihr selbst zu verblassen scheinen, daß über *ihrem* Leben das Ich und das Du, zwischen denen sie gestiftet ist, vergessen werden.«

Poesie wie die Martin Bubers ist zweifelsohne die adäquateste Weise, um von Mystik zu sprechen. Aber dennoch sei sie in Alltagssprache übersetzt. In dieser ist zu sagen: Die Erfahrung von Einheit kann eine zweifache, in ihrem Sein völlig verschiedene Wirklichkeit repräsentieren. Einmal die des Selbstwerdens. Hierher gehört nach Buber die Versenkungsmystik:

»Die Versenkungslehre fordert und verheißt die Einkehr in das Eine Denkende ... Alle Versenkungslehre gründet in dem gigantischen Wahn des in sich zurückgebogenen menschlichen Geistes: er geschehe im Menschen. In Wahrheit geschieht er vom Menschen aus – zwischen dem Menschen und Dem, was er nicht ist.«

Ausdrücklich nimmt Buber Buddha selbst von diesem, wie er es nennt, Wahn aus; denn:

»Buddha, der ›Vollendete‹ und der Vollender, sagt nicht aus. Er weigert sich zu behaupten, daß Einheit sei, und daß sie nicht sei ... Nur *eine* Aussage wagt er, die entscheidende: ›Es gibt, ihr Mönche, ein Ungeborenes, Ungewordenes, Ungeschaffenes, Ungestaltetes‹; gäbe es dieses nicht, es gäbe kein Ziel; es gibt dieses, der Weg hat ein Ziel.

So weit dürfen wir, der Wahrheit unserer Begegnung getreu, Buddha folgen: Ein weiterer Schritt wäre Untreue an der Wirklichkeit unseres Lebens.«

Die andere Erfahrung von Einheit ist diejenige, die Verliebte kennen oder in ihrem Verliebtsein wenigstens berühren: Man vergißt die Umwelt, man vergißt sich. Alles wird eins in dem liebenden Blick auf den anderen, auf ihn, der »Du bist«; diese Beziehung – nicht die vom Denken postulierte oder in Selbstfindung erfahrene, gleichmachende Einheit – ist der Urgrund des Seins. Krister Stendhal[43], der evangelische Bischof von Stockholm, nennt das Reden und die Erfahrung von dieser Einheit eine »language of lovers«, die sagt und lebendig erfährt: »Du bist alles; außer Dir gibt es nichts!«

Die Verwechslung der beiden Erfahrungen – Buber spricht von »Geschehnisse«, weil ihm das Wort Erfahrung psychologisch fixiert erscheint – macht den Irrtum mancher Mystik-Interpretation aus: Als weise die Erfahrung des Einssein notwendig auf seinshafte Verschmelzung hin. In Wirklichkeit aber steht das Reden von Einheit (und darin auch die Einheitserfahrung) für zwei grundsätzlich unterschiedene Geschehnisse, die in der Erfahrung identisch zu sein scheinen: das Geschehnis der Selbstwerdung und das der Liebesbegegnung. Der französische Mystik-Forscher Louis Cognet[44] erkannte das gleiche, als er zeigte: Mancher Verdacht auf Pantheismus, den man gegen christliche Mystiker gehegt hat, beruht auf der Verwechslung der psychologisch erfahrenen Einheit mit der Ontologie seinshafter Einheit. Große und (im Ansatz) kleine Mystik – nicht aber die Mystik der Selbsterfahrung – meint eine Liebesbegegnung mit Gott, in der der Mystiker so sehr in seine »Erfahrungsweisheit von Gott« eingetaucht ist, daß er sich und die Welt vergißt und nur noch Gott im Sinn hat.

3. Jesusmystik

Martin Bubers Ich-Du-Hermeneutik der mystischen Erfahrung wird wohl nur der richtig verstehen können, dem auch im Alltagsleben eine Ich-Du-Erfahrung geschenkt wurde oder der wenigstens in der Sehnsucht nach einer solchen lebt. Die existentielle Vorprägung, die das Sprechen und damit auch das Erfahren von Mystik bestimmt, muß Ich-Du-Existenz und nicht Einheits-Erleben heißen, wenn die Erfahrung des Absoluten in der Grundgestalt einer Ich-Du-Beziehung lebendig werden soll. Das Gadamersche »Vorurteil« im Erfahrenden und die Gestalt seines Gott-Erlebens sind ineinander verschränkt.

Diese unhinterfragbare, aber erlebbare und auf diesem Wege auch korrigierbare Urbeziehung kommt im nächsten Schritt, der zur christlichen Jesus-Mystik und damit – wie ich glaube – zu einem Gipfel aller Mystik führt, noch deutlicher zum Ausdruck. Auf dem Wege dorthin muß sich der Christ noch tiefer in sein eigenes Sein hineinfragen, wobei er niemals das ständige Sich-Rechenschaft-Geben vergessen darf.

Dieser Schritt soll an dem großen geschichtlichen Beispiel, das für die gesamte christliche Mystik und auch für den zwischenreligiösen Dialog über Mystik richtungweisend ist, verdeutlicht werden, nämlich an dem syrischen Mönch des 5./6. Jahrhunderts, der als Dionysios der Areopagite vier Schriften nebst einigen Briefen hinterlassen hat.[45] Seine Mystik lebt aus der Integration der Erfahrungswelt der neuplatonischen Mystik des Proklos ins Christentum. Immer mehr wächst innerhalb der christlichen Theologie[46] die Überzeugung, daß dies keine Verwässerung des christlichen Ansatzes, sondern eine Bereicherung und Vertiefung war. In die Sprache unseres Anliegens übertragen, kann seine Leistung etwa folgendermaßen beschrieben werden:

– In zwei Büchern zeigt Dionysios, daß das göttliche Licht in allen Seinsschichten erfahrbar geworden ist. Was er in seiner »irdischen« – er nennt es »Kirchlichen« – und in seiner »Himmlischen Hierarchie« lehrt, meint das gleiche, was später Meister Eckhart in eher intellektueller und Ignatius von Loyola in eher voluntaristischer Weise beschreiben: Gott in allen Dingen suchen und finden. Das göttliche Licht kann überall erfahren werden. Ermöglichungs- oder Bestätigungsgrund ist das menschgewordene Licht Gottes, der fleischgewordene Gottessohn, der in der Geschichte Jesus, der Christus, genannt wird.

– Ein drittes Buch über die »Namen Gottes« analysiert –

ähnlich wie es Ramsey sprachanalytisch als »observable and more than observable« umschreibt – die Struktur des Sprechens und des Erfahrens von Gott. Es kann nur ein dynamischer Prozeß sein, der seine Richtigkeit aus einem ständigen »Über-Hinaus«, einem »Mehr«, einem ständigen »Überschritt« ins »Je-Größere«, »Je-Andere« hernimmt. Die Dynamik dieser Erfahrungsstruktur ist so stark, daß Dionysios meint: Ihr empirischer Ausgangspunkt sollte dem »Mehr«, dem »Anderen« möglichst unähnlich sein, damit nur ja keine Verwechslung des »more than observable« mit dem »observable« stattfinden kann.

– Die Krönung des Aufstiegs aber stellt das schmale vierte Buch der »Mystischen Theologie« dar. Es ist nur aus der Dynamik des ganzen Aufbaus heraus zu beurteilen. Das verkennen viele, die das Buch statisch-eindimensional aus sich alleine beurteilen und es so zum Paradigma einer Einheitsmystik machen. Dionysios zeigt tatsächlich, daß das Ziel dieses Aufstiegs hin zur Quelle des Lichts keine Gestalthaftigkeit, keine Greifbarkeit, keine Gegenständlichkeit mehr hat, auch nicht mehr den Namen »Sein« tragen kann. Aber das ist erbaut über der großen »positiven Theologie« – besser: »positiven Mystik« – des göttlichen Lichts in allen Dingen; die »negative Mystik« des Andersseins Gottes ist nur zusammen mit der Mystik der Nähe Gottes in allen Dingen zu verstehen. Nur im Ineinander beider hat eine jede Ebene ihre Berechtigung.

Statisch verstehend könnte man die negative Sprache der »Mystischen Theologie« als eine Verneinung aller Gestalt und damit aller Aussagemöglichkeit von Gott interpretieren, so als müsse jedes Gegenüber zu Gott gestrichen werden. Doch Dionysios meint es dynamisch als ein ständiges Ausgehen-aus-sich, als ein »Mehr«. »Mas« heißt dies im Spanischen des Ignatius von Loyola[47]; »Ekstasis« lautet das griechische Wort für diese letztlich nur geistig-personal zu verstehende Erfahrung. Hier findet sich das wieder, was Martin Buber als Mysterium des Personalen in der »Ich-Du-Beziehung« zu Gott und zum Menschen analysiert hat. Es kann niemals in sprachlicher »Es-Haftigkeit«, sondern nur im Vollzug der Begegnung realisiert werden. Wer diese Beziehung zu Gott (aber auch zum Menschen) statisch verfestigt, macht aus dem »Du« ein »Es« – das »Es« eines letzten Nichts oder eines alles verschluckenden Seins. Das aber ist die Perversion des Sündenfalls, der das Personale zum Gegenständlichen umfunktioniert. Nur in bleibender, sich immer neu vollziehender Offenheit, niemals in verfestigter Dinglichkeit, bleibt das Du wirklich ein Du, ist auch Gott ein Du.

Diese Erfahrung will Dionysios mit der Übersteigerung der »positiven« in die radikal »negative Theologie« aufzeigen. Seine zu Beginn zitierten Sätze zeigen, daß ein solcher Versuch wie von selbst in Poesie mündet.

Dionysios benutzt hierbei das metaphysische Vokabular und damit auch den Erfahrungsansatz des Neuplatonismus, gibt diesem aber einen vertieften christlichen Sinn. Diese Umformung ist ein Geschehen, das nicht nur in seinem Ergebnis, sondern auch in der Methode für die Eigengestalt des Christlichen wie auch für das interreligiöse Gespräch von heute wichtig ist. Dionysios greift nämlich mit dem von Plotin geformten neuplatonischen Denkschema nicht nur eine vergangene Philosophie, sondern eine religiöse Menschheitserfahrung auf, wie sie uns heute besonders in den ostasiatischen Religionen begegnet. Sein Weg der Verchristlichung sei deshalb kurz charakterisiert:

– Im Seinsaufbau steht nach Plotin an der Spitze das »Eine« (to Hen) – nicht als Erst-Nummer, sondern als das Eine, das alles umfaßt und außerhalb dessen nichts mehr sein kann. Da »Namen« notwendigerweise von anderem abgrenzen, kann man es nicht einmal Gott oder anders nennen. Nur »gut« mag es noch heißen, weil das Gegenteil »böse« im letzten die »Ausgrenzung« selbst, also das »Außerhalb des Seins«, das ist Nichts, beinhaltet.

– Im »Einen« lebt Selbstbewußtsein und damit »Geist-Intellekt« (nous). Hier beginnt die Differenzierung. Denn in der »Geistigkeit« stehen sich Subjekt und Objekt gegenüber.

– Im »Nous« geborgen und zugleich ausfließend ist der »kosmos noätos«, der Reichtum der geistigen Wesenheiten. In etwa ist das die Welt der platonischen Ideen.

– Wiederum sich differenzierend und in den Unterschieden seinsmäßig sich abschwächend entwickelt sich das Eine zur Seinsstufe der Weltseele, zur »physis« (Natur), die zugleich »psychä« (Seele) ist. Hier finden sich die »logoi spermatikoi«, also die zu Energien gewordene Welt der platonischen Ideen; sie stellen die Urgestalten der Dinge und des Menschen dar. Damit wird die stoische Lehrmeinung der »logoi spermatikoi« aufgegriffen, die in der Lehre der frühen Kirchenväter[48] eine große Rolle spielte.

– Aus diesen Energien erhalten die Ideen der Menschen und der Weltdinge ihre Gestalt und ihre Form.

– Vervielfältigt zum einzelnen Menschen, Baum oder Hund werden diese Energien aber durch die Materie, einer Art von »Nicht-Sein«, die nur noch als Negation, als »stäresis«, als »Beraubung« umschrieben werden kann; durch sie wird das eine und einzige Menschsein vervielfältigt zu den vielen Menschen, so wie das eine Baum-Sein zu den vielen Bäumen. Die Einzelexistenz mit ihrer Geschichte ist also in ihrer Individualität letztlich etwas Negatives. Materie[49] als unterste Seinsstufe müßte eher Nicht-Sein genannt werden; sie kann deshalb – mit der gleichen Zurückhaltung wie umgekehrt »gut« vom »Einen« ausgesagt wird – auch einfachhin das »Böse« genannt werden.

– Ziel des Menschen ist der geistig-geistliche Aufstieg von der untersten – eher nicht-seiend oder gar böse zu nennenden – Ebene zurück ins Ur-Eine, ins »Hen«. Das Bewußtsein soll also die ontologische Ureinheit gleichsam einholen und nachvollziehen. Diese erfahrungsmäßige Rückkehr in die totale Einheit ist die »mystische« Erfahrung, die dem Plotin mehrmals geschenkt worden sein soll.

Die Diskussion, die besonders Professor W. Beierwaltes führt, ob man Plotin vom Vorwurf des Pantheismus befreien müsse, interessiert hier nicht. Wohl aber die Korrektur, die Umpolung durch die Kirchenväter, die in dieses Denk- und Erfahrungsgebäude ihre eindeutige christliche Weltsicht einbrachten. Sie kommt bei Dionysios, dem Areopagiten, vielleicht am deutlichsten zum Ausdruck.

Diese Korrektur besagt einfachhin: Das allumfassende »Eine«, das der Christ Gott nennt und außerhalb dessen nichts »existiert«, wird Teil der Materie: Gott wird Mensch.

Ein unfaßbares Geheimnis, das nur mit paradoxen Worten oder mit Hilfe sich übersteigender Bilder ausgedrückt werden kann, hat sich ereignet: Der, der alles umfaßt, ist Teil dessen geworden, das er umfaßt. Gott wird Mensch. So schreibt Dionysios[50] zwar gut neuplatonisch:

»Er, der Grund und Ursache von allem ist, liebt wegen seiner übersteigenden Güte alles, schafft alles, vollbringt alles, umgreift alles, wendet alles auf sich hin; es ist die göttliche Gutheit, die alles liebt nur aus Liebe.«

Aber zugleich konkretisiert er dies in christlicher Weise:

»Jesus hat ein neues, gleichsam ›gottmenschliches‹ Wirken unter uns heimisch gemacht; ... aus Menschen geboren, überragte er die Menschen, Göttliches tat er nicht als Gott und Menschliches nicht als Mensch, sondern beides als menschgewordener Gott.«

Ähnliche Zeugnisse aus der Welt der alten Kirche für diese christliche Grunderfahrung lassen sich beliebig viele anführen. Die meisten Kirchenväter haben diese Bewegung des Absoluten in die Welt hinein in hellenistischer, oft stark neuplatonischer Sprache und mit antiker Denkkraft immer wieder ausformuliert.

P. B. Griffiths OSB[51], ein Vorkämpfer des christlichen Gesprächs mit fernöstlicher Spiritualität, sieht hier den wesentlichen Unterschied zwischen den mystischen Traditionen:

»Dieser unermeßliche Gott, diese eine Wirklichkeit enthüllte sich in jenem historischen Jesus von Nazareth zu einer bestimmten Zeit und an einem bestimmten Ort. Ich möchte an dieser Stelle betonen, daß sich nach biblischem Glauben hier das Unbegrenzte im Begrenzten manifestiert, das Ewige in der Zeit, in einer bestimmten historischen Zeit und an einem bestimmten historischen Ort. Dies ist ein wesentlicher Unterschied zwischen der christlichen Offenbarung und der Auffassung der Hindus oder Buddhisten ... Deshalb ist Jesus nicht einfach ein *Avatar*, der immer wiederkehrt, auch kein Buddha, vor und nach dem viele andere Buddhas existiert haben, sondern er ist vielmehr der Eine, der Sinn und Zweck des Universums bestimmt.«

In dieser historischen Konkretheit des menschgewordenen Gottes, nicht aber, wie man oft sagt, im Absolutheitsanspruch liegt der Skandal der christlichen Botschaft. Lessing hat dies gut erkannt, als er von dem »garstigen Graben« sprach, der sich zwischen dem historischen Faktum »Jesus« und dem göttlichen Anspruch seiner Person und seiner Botschaft auftut.

In einer dem Neuplatonismus des Dionysios ähnlichen Sprechweise kann man diese christliche »Korrektur« etwa so formulieren: Die ganze diesseitige Welt ist als Ausfließen aus dem Ur-Einen in je verschiedener Dichte auch Symbol für diesen letzten Urgrund, für Gott. Überall kann man daher dessen Spuren, Lichtschein vom Licht Gottes, entdecken. In dem »Symbol« des Menschen Jesus aber fällt das Symbolierte (= Gott) mit dem Symbol (= Mensch) zusammen. Und somit ist die »Symbol«-Wirklichkeit unserer materiellen Welt, deren Teil Gott selbst geworden ist, in ihrer eigenen Wertigkeit bestätigt und verstärkt worden; es ist eine Wertigkeit, die nur an der Absolutheit Gottes gemessen werden kann. Der Mensch Jesus Christus ist nicht nur Symbol für Gott, sondern ist Gott selbst. Darin wird sichtbar, daß auch unsere Welt nicht nur ein unselbständiger Widerschein des göttlichen Lichts ist, sondern Licht-, Seins-Wahrheit in sich selbst hat.

Selbst die Materie ist kein zum Nicht-Sein tendierender Abfall von der Absolutheit Gottes , sondern ist durch die Materie-Werdung Gottes in ihrer eigenen Seinshaftigkeit bestätigt worden. Nicht wenige Mystiker[52] deuten deshalb sogar an, daß an dem Ort, an dem der Mensch als Person Gott begegnet, er in einer Art Gleichwertigkeit »neben« Gott und nicht nur »unter Gott« steht.

Mannigfache Konsequenzen für die mystische Erfahrung ergeben sich aus dieser Botschaft des Christentums. Dreh- und Angelpunkt aber bleibt: Die Erfahrung des christlichen Mystikers begegnet der Unendlichkeit Gottes in diesem historisch und geographisch genau zu bestimmenden Menschen. So schreibt Dionysios[53]:

»In der Menschenliebe Christi hat der Überwesenhafte auf sein Geheimis verzichtet und durch das Annehmen des Mensch-Seins sich uns offenbart. Trotz dieser Kundgabe oder, um es in einer stärker göttlichen Sprache zu sagen, im Herzen dieser Kundgabe bewahrte er dennoch sein Mysterium. Denn das Geheimnis Jesu bleibt verborgen. Das, was er ist – kein Geist wird es jemals erforschen. Wie man ihn auch verstehen mag, er bleibt unerkennbar.«

Die Blickrichtung der christlichen Mystik geht daher immer auch in die Geschichte hinein auf Jesus. Der Focus der Du-Mystik liegt sogar in diesem Menschen, der mit Raum-Zeit-Koordinaten zu umgrenzen ist.

Aber ist nicht in Wahrheit der Mensch in sich selbst das beste »observable«, das zum »more than observable« des Absoluten hinführen kann? Schon als Mensch teilt die Person Jesu das Geheimnis des Menschseins mit uns. Und dieses Geheimnis wird bestätigt und für den christlichen Mystiker ins »more than observable« vertieft durch Gottes unmittelbare Nähe in diesem Menschen Jesus. Gottes ungreifbares Geheimnis wird sichtbar im Geheimnis des Menschen Jesus; Gottes Unendlichkeit wird erfahren in der Endlichkeit von Nazaret und Jerusalem, von Krippe und Kreuz.

Daß dies für andere mystische Traditionen, die sich eher am neuplatonischen Aufstiegsschema orientieren, ein Skandal ist, leuchtet unmittelbar ein. Aber es ist der bleibende Skandal, den Paulus ausspricht: »Für Juden ein empörendes Ärgernis, für Heiden eine Torheit, für die Berufenen aber, Juden wie Griechen, Christus, Gottes Kraft und Gottes Weisheit« (1 Kor 1,23 f). Man würde Gottes Einmaligkeit und Einzigkeit in Beliebigkeit auflösen, wollte man diese Nähe Gottes multiplizieren zu einer Vielheit von Menschen (Avatars), in denen Gottes Nähe sich in gleicher Weise unmittelbar zeigen soll. Die Einmaligkeit der Inkarnation Gottes in Jesus wird nur »verständlich«, wenn man die Einmaligkeit Gottes zusammenfügt mit der einmaligen Würde des individuellen Menschen.

Eine solche sich an der Gestalt Jesu orientierende Mystik hat in konkreten Erscheinungsbild viele Schattierungen. Manche Tendenzen neigen dazu, das Göttliche so zu betonen, daß die historische Greifbarkeit der Menschwerdung zu verblassen droht. Andere Tendenzen akzentuieren das Menschliche so sehr, daß die Mystik zu kindlicher Naivität oder zum magischen Aberglauben zu verflachen scheint, so als würde Gott seiner Göttlichkeit enteignet und menschlicher Manipulation unterworfen. Doch wo sich die eben karikierten Tendenzen innerhalb der einen Urbotschaft vom »menschgewordenen Gott« bewegen, ist – trotz aller Verschiedenheit – von christlicher Mystik zu sprechen.

Aus diesem inkarnatorischen Ansatz ergeben sich weitere Folgerungen:

– Eine Mystik, die ihren Focus in einer Raum-Zeit-Stelle hat, muß vielfältiger sein als eine Mystik, die sich der materiellen Vielfalt und Unterschiedenheit enthebt. Die materielle Konkretheit Jesu Christi begünstigt die Vielfalt der mystischen Erfahrungen, wie sich an der Vielfalt christlicher Mystik ablesen läßt. Denn christliche Mystik heißt: in der eigenen Individualität der Individualität Gottes begegnen, die doch zugleich Sinn und Ursprung von allem, wie ein mir gegenüberstehender Mensch ist. Darüber wird weiter unten zu sprechen sein.

– Die wichtigste Konsequenz des gottmenschlichen Ansatzes der christlichen Mystik ist die Aufwertung des Materiellen, des konkret Geschichtlichen, der Realität von Raum und Zeit und damit der Individualität der Menschen. Bei aller Hochachtung von der neuplatonischen oder fernöstlichen Mystik ist nicht zu verkennen, daß sie in der Gefahr steht, das Materielle als geringeres Sein, nur als »maya«-Schein, als »lila«-Spiel[54], als »privatio-stäresis«-Beraubung geringer einzuschätzen oder gar zu verachten. In der christlichen Mystik gibt es ähnliche Tendenzen – verständlicherweise, da der Überstieg über die Vielfalt dieser Welt einer urmenschlichen Sehnsucht entspricht. Aber diese Tendenzen werden, solange das Christliche maßgeblich bleibt, stets durch die raum-zeitliche Konkretheit der Jesus-Gestalt korrigiert.

Wenn das ewige, überzeitliche, unendliche Sein Gottes ein Teil dieser Materie, dieser Weltzeit geworden ist, kann und darf diese Welt nicht mehr abgewertet werden; sie hat Teil am Seins-Wert des Göttlichen. Das Engagement Gottes für sein Volk, das Israel erfahren durfte, hat seinen Höhepunkt in der Menschwerdung Gottes gefunden.

Kaum jemand hat dies in unseren Tagen gültiger und zugleich provozierender durchdacht als Pierre Teilhard de

Chardin. Seine Kosmologie darf nur aus diesen Perspektiven seiner christlichen Mystik heraus gewürdigt werden[55]: »Alle Materie ist von nun an inkarniert, mein Gott, durch Deine Inkarnation.« So heißt es im Hymnus des »Lobgesangs an das All«.

»Nach christlicher Auffassung also behält die Materie ihre kosmische Rolle von unten her, die aber ursprünglich und wesenhaft eine vereinende ist; und durch die Assimilierung in den Leib Christi ist etwas von ihr dazu ausersehen, in die Fundamente und in die Mauern des himmlischen Jerusalem einzugehen.«

Selbst die Materie hat also durch Gottes Menschwerdung teil an der Unendlichkeit Gottes. Auch das ist eine Botschaft, worin die christliche Mystik sich von der Religiosität der anderen großen mystischen Traditionsströme unterscheidet.

C. Jesus, der Mystiker

Noch stärker profilieren sich die Züge der christlichen Mystik mit dem Blick auf Jesus selbst. Vor etwa einem halben Jahrhundert wurde in der katholischen Theologie eifrig über das »Selbstbewußtsein« Jesu, über seine »Psychologie« diskutiert. Im interreligiösen Gespräch von heute bekommt diese Frage einen neuen Ton: Kann und darf man Jesus und seine Gotteserfahrung – in profan-geschichtlicher Annäherung oder auch in der Glaubensüberzeugung – mit den großen spirituellen Gestalten der Religionsgeschichte vergleichen: mit Buddha, mit Laotse, mit Sokrates oder auch mit modernen Mystikern wie Ramakrishna oder Ramana Maharshi? Eine völlige Gleichsetzung endet in der Einebnung der Erlösergestalt Jesu zu einem von vielen menschlichen Vorbildern; sie löst den christlichen Glauben auf und bringt ihn in die Nähe der oben beschriebenen Einheitsmystik. Solches geschieht auch, wenn man seine eigene Erfahrung mit unserer kleinen oder großen Mystik gleichsetzt, wie es etwa in einem modernen Meditationstext[56] geschieht:

»Im Menschen soll stattfinden, was in Jesus Christus stattgefunden hat ... Jeder ist mit der gleichen Aufgabe wie er konfrontiert ... Es geht um die Freilegung des Göttlichen in uns, so wie es in Jesus Christus offenbar war ... Das Göttliche schläft in jedem Menschen wie in einem Samenkorn. So wie es sich im Menschen Jesus Christus entfaltet hat, soll es auch in jedem Menschen erwachen und sich entfalten. Jesus Christus war ganz transparent. Gott leuchtet durch ihn hindurch, er leuchtete in ihm auf. Das gleiche hat auch in uns zu geschehen.«

Die Einmaligkeit Gottes, die seine Transzendenz über die Welt hinaus ausmacht und die – nach christlichem Glauben – in der Einmaligkeit Jesu Christi sichtbar und wirksam wurde, wird damit in ein allgemeines Göttlichkeits-Bewußtsein aufgelöst. Damit aber wird auch das göttliche Ja zur materiellen Welt, das der christliche Glaube an Jesus Christus abliest, abgewertet zu einem Unendlichkeitsbewußtsein, das jedem Menschen offensteht. Der Einzelmensch, der durch seinen Bruder Jesus in seiner einmaligen Absolutheit bestätigt wird, gerät in Gefahr, nur noch als Wellenschlag dieses alleinigen Unendlichkeitsbewußtseins aufgefaßt zu werden.

Natürlich bleibt es berechtigt, das Bewußtsein Jesu Christi mit unserem menschlichen Bewußtsein zu vergleichen. Doch noch abgesehen vom christlichen Glaubensbewußtsein ist schon historisch-philologisch die Jesus-Gestalt in ihrem psychologischen Eigenprofil so stark von der Glaubenserfahrung der ersten Jünger überdeckt, daß eine objektivistische Psychologie kaum zu einem eindeutigen Ergebnis kommen wird. Eine wertende Auseinandersetzung darüber wird sich entscheiden müssen zwischen einer Annahme des ganzen neutestamentlichen Zeugnisses – und darin steckt schon viel »Glaube« – oder einer Ablehnung jeder Begegnung mit dieser Jesus-Gestalt.

Ein Zug in der Psychologie Jesu aber kann mit einiger historischer Gewißheit, ohne schon von vornherein den Glaubenscharakter in Anspruch zu nehmen, herausgestellt werden; durch ihn wird die bisherige Akzentuierung der christologischen Prägung christlicher Mystik noch verstärkt. In der vorzustellenden Eindeutigkeit ist er zwar letztlich nur im Glauben zu realisieren; doch alles wissenschaftlich Erhebbare legt ihn nahe.

1. *Sterben in Gottesfinsternis*

Während einer Akademietagung kam es zwischen einem christlich geprägten Vertreter des sogenannten Frankfurter Kreises und mir zu einem unschönen Streitgespräch. Ich zeigte, daß alle biblischen Quellen darauf hinweisen, daß Jesus in die völlige Dunkelheit vor Gott hineingestorben sei; daß sein Kreuzestod nicht nur eine körperliche Marter, sondern auch – aus Jesu menschlicher Psychologie heraus beurteilt – das Bewußtsein des totalen Scheiterns seines Auftrages und somit eine totale seelische Dunkelheit gewesen sein muß. Hier noch irgendwelche geheime »Erleuchtungsmomente« einzuschmuggeln, was mein Gesprächspartner versuchte, widerspricht sowohl dem historischen Befund wie der Glaubensüberlieferung. Die völlige Dunkelheit auf der Erfahrungsebene aber – so führte ich die Ausdeutung des Glaubens weiter aus – sei nur durch das bleibende Vertrauen in die noch größere Güte und Weisheit des göttlichen Vaters getragen worden. Das unergründliche Auseinanderklaffen zwischen dem empirisch erlebten, völligen Scheitern und dem dennoch bleibenden Verankertsein im jenseitigen Gott mache die übermenschliche Größe des Sterbens Jesu aus und dürfe als Ahnung des – nur im Glauben zu realisierenden – gottmenschlichen Geheimnisses Jesu gewertet werden.

Diese Kreuz-Erfahrung aber steht in deutlichem Gegensatz zum Sterben anderer Mystiker oder großer Erleuchteter. Der Vermittler des Zen-Buddhismus in die christliche Welt, D. T. Suzuki[57], findet genau hier den Unterschied des (Zen-)Buddhismus, nach dem Buddha in der Erleuchtung sanft auf die andere Seite der Wirklichkeit hinüber-»schläft«, zum Christentum, nach dem Jesus aufrecht am Kreuze und schreiend in den Tod hineingezwungen wird.

»Immer wenn ich ein Bild des gekreuzigten Christus sehe, muß ich an die tiefe Kluft denken, die zwischen Christentum und Buddhismus liegt. Die Kluft ist symbolisch für den psychologischen Unterschied zwischen Ost und West ... In bestimmter Hinsicht ist der östliche Geist nicht auf die Leiblichkeit der Dinge gerichtet. Das relative Ich geht still und ohne viel Aufhebens im Leib des transzendenten Ichs auf. Aus diesem Grunde sehen wir den Buddha im Nirvana heiter unter dem Sala-Zwillingsbaum liegen ... Da es von Anfang an keine Ich-Substanz gibt, bedarf es keiner Kreuzigung ... Im Christentum wird die Kreuzigung gebraucht, Leiblichkeit verlangt einen gewaltsamen Tod ... Die Kreuzigung hat in der Tat einen doppelten Sinn: einen individualistischen und einen allgemein menschlichen Sinn. Einmal symbolisiert sie die Zerstörung des individuellen Ichs, zum anderen vertritt sie die Lehre vom stellvertretenden Opfer, nach der alle unsere Sünden gesühnt sind, indem Christus starb.

Selbst der sufitische Märtyrer-Mystiker Al-Halladsch[58] stirbt trotz äußerlicher Qualen in mystischer Verzückung hin zu seinem letzten Ziel. Von vielen christlichen Märtyrern[59], wie die Akten der Perpetua und Felizitas oder die der Lyoner Martyrer zeigen, wird Ähnliches erzählt.

Und genau dieses trifft für Jesus nicht zu. Er starb nicht als »Erleuchteter«, sondern als zu Tode gequälter, gescheiterter Prediger. Mein damaliger Gesprächspartner wehrte sich erbittert gegen dieses kaum abzulehnende Verständnis des Kreuzes. Er meinte: Jesus müsse als Erleuchteter gestorben sein – anders würde der Glaube der Christen zerstört.

In der heutigen Diskussion ist es besonders Eugen Drewermann[60], der auf dem total dunklen Tod Jesu sein psychologisches und dogmatisches Verständnis von ihm aufbaut. Die Befreiungstheologie oder auch deutsche Theologen wie Hans Urs von Balthasar[61] und Jürgen Moltmann zeigen, wie fruchtbar dieser historisch belegte sowie im Glauben bestärkte Zugang zu Jesus ist: daß er nämlich in die Finsternis Gottes hineingestorben sei.

Von Paulus über Luther bis zu Karl Rahner ist dieses historisch-theologische Faktum des Sterbens Jesu das Paradigma christlicher Glaubensreflexion geworden. Wer sich auch nur oberflächlich mit Volksfrömmigkeit und gelebtem christlichen Glauben beschäftigt, wird wissen, wie tröstlich gerade diese Glaubenstatsache des furchtbaren Sterbens Jesu für die Bewältigung vieler Lebenssituationen geworden ist. Man darf auch an die eigene Erfahrung erinnern, um zu verstehen, daß nicht ein in Erleuchtung sterbender Jesus, sondern nur dieser aus der eigenen Hilflosigkeit zum Vater schreiende Jesus »mein« Begleiter in den schweren Situationen des Lebens sein kann.

2. Nacht und Kreuz in der Mystik

Diese in einer Kreuzestheologie gipfelnde Christologie gibt nun auch der christlichen Mystik ein unverwechselbares Eigengepräge. Kreuzesmystik, Herz-Jesu-Verehrung usw. sind konkrete Vollzüge einer entsprechenden Frömmigkeit. Ein Vergleich der Nacht-Mystik des Johannes vom Kreuz mit ähnlichen Anweisungen des Leer-Werdens, des Alles-

Ablegens usw. im hinduistisch-buddhistischen Kontext, entdeckt genau hier den fundamentalen Unterschied: Johannes vom Kreuz geht in die Dunkelheit hinein oder läßt sich hineinziehen, weil er dort Jesus begegnet und nachfolgt; weil er (auch) dort das Letzte, die Liebe, den Höhepunkt der Erfahrung findet. Dieser kann nun nicht mehr als Glück oder Bewußtseinserweiterung umschrieben werden, sondern nur noch den Namen »Liebe« tragen, die auch ohne solche Glücks*erfahrung* bestehen kann. Ähnlich klingende Hinweise auf die Nacht der Erfahrung in anderen, z. B. den fernöstlichen Traditionen scheinen dagegen doch (nur) Reinigungswege für das letzte Ziel zu sein. Sie wollen dem Übenden helfen, über die Zerstreutheit des Materiellen hinweg zur vollen Sammlung und zum letzten Selbstwerden zu gelangen. Wer das »Materielle« aber in seiner Endlichkeit ganz und gar ernst nimmt, auch in seinem Leid und im konkreten Sterben, wird an dieser Endlichkeit auch leiden müssen, wie es Suzuki als typisch christlich und dem Buddhismus entgegenstehend bezeichnet. Der Zen-Buddhist sah tiefer als seine christlichen Nachbeter.

Hier liegt auch der Grund für das, was P. Lassalle[62] aufgrund seiner konkreten Begegnung mit dem Zen erfuhr und in der 1. Auflage seines grundlegenden Buches über den »Zen-Buddhismus« folgendermaßen zusammenfaßt:

> »Wir dürfen daher annehmen, daß bei den christlichen Mystikern wie etwa Johannes vom Kreuz ... eine Reinigung des Geistes erfolgte, die normalerweise im Zen nicht geschieht: eine passive Reinigung, die ausschließlich durch die Gnade geschieht.«

Die Korrektur dieses Satzes in der dritten, esoterisch verlegten Auflage zum Gegenteil wurde wohl von fremder Hand angebracht, wie Äußerungen aus dem Freundeskreis P. Lassalles bestätigen.[63]

Der Stellenwert, den »Nacht und Kreuz« in der christlichen Mystik vom Karfreitag Jesu Christi her haben, macht zwei weitere Züge der christlichen Mystik, die sich an Jesus mißt und ihn als Fokus der Erfahrung hat, sichtbar.

3. Gottes Transzendenz und Jesu Kenosis zur Welt

Zum einen wird damit die absolute Transzendenz Gottes noch stärker hervorgehoben. Gott steht so sehr jenseits unserer Weltwirklichkeit, daß in der Begegnung mit ihm die »Erfahrung von ihm« nochmals überstiegen wird. Denn auch Dunkelheit, also Nichterfahrung, kann vollgültige Gotteserfahrung[64] sein. Für jede Gottes-Mystik gilt: Nur dann meint sie wirklich Gott, wenn sie in ihrer Erfahrung zugleich weiß, daß Gott alle Erfahrung übersteigt, transzendiert.

Dieser Überstieg kann zur schmerzvollen Erfahrung werden, wie es sich als Nacht und Kreuz in der konkreten christlichen Mystik oftmals niedergeschlagen hat. Auch Tod und Sterben können zum Zeichen und zur erlebten Erfahrung dieser Transzendenz werden. Daher findet sich im Christentum manche mystische Nacht – wie z. B. bei Thérèse von Lisieux[65] –, die bis in den Todeskampf hineinreicht. Jesu Ende selbst ist das einzigartige Zeugnis einer Gottesfinsternis bis in den letzten Zug des Lebens hinein. Der christliche Mystiker aber kann sich in seiner Nachterfahrung an eben diesen Jesus halten. Das ist der Grund der christlichen Kreuzes- und Leidensmystik.

Jesu Sterben bezeugt noch ein weiteres: Gott hat auch diese leidvollste Situation des Menschen in sein ewiges Sein hineingenommen. Die Gefahr des neuplatonischen und anderen Denkens, irdisches Leben wegen Tod und Leid auf eine mindere Seinsebene hinab zu verbannen und Gott in eine unberührbare Ewigkeit emporzuheben, hat Gott selbst überwunden, als er durch Jesus Christus in den tiefsten Abgrund dieses Lebens, in das dunkle Sterben hinein abgestiegen ist. Die Aufwertung unseres von der Materie abhängigen und daher hinfälligen Daseins ist so in endgültiger Weise geschehen. Paulus übersetzt diese Wahrheit in eine theologische Terminologie, wenn er das historische Faktum des Sterbens Jesu in seiner Theologie der Rechtfertigung durch das Kreuz Jesu deutet.

Dieses »Kenosis« (Entleerung) Gottes ist der entscheidende Punkt im Gespräch mit den fernöstlichen Religionen.[66] Nirgendwo wird dieser kritische Punkt deutlicher als gerade im Gespräch um die mystische Erfahrung. Die Nichtigkeit, die im Buddhismus eine zentrale Stelle einnimmt, bekommt im Christentum den personalen, existentiellen Akzent der Kenosis des lebendigen Gottes.

In der Armutstheologie der südamerikanischen Befreiungstheologie wird gerade dieser Weg Gottes in die Nichtigkeit des grausamen Todes zum befreienden Aufruf gegen jede Unterdrückung. Auch Teilhard de Chardin hat in seinem evolutiven Optimismus immer neu um die Rolle des Kreuzes, des Scheiterns, des Leidens, der Gottesfinsternis gerungen. Im Scheitern seines eigenen Lebens – erst nach seinem Tod trat sein Werk den Siegeszug an – wurde es zur existentiellen Erfahrung. Ob ihm die theoretische Darstellung dieses theologisch-philosophischen Geheimnisses ganz gelungen ist, darf man bezweifeln. Doch wer überhaupt kann »theoretisch« verstehen, daß das Leid unserer Existenz, unsere physische und metaphysische Begrenztheit mit dem Kreuz Jesu Christi Gott selbst durchs Herz gegangen ist und daß dieses Kreuz den Fokus des christlichen Glaubens ausmacht? Aber auch Teilhard de Chardin[67] schrieb:

»Christus ist gehorsam geworden bis zum Tod am Kreuz. Offensichtlich liegt hier der genaue und tiefe Sinn des Kreuzes: Gehorsam, Unterwerfung dem Gesetz des Lebens gegenüber. Geduldig arbeiten bis zum Tode – und alles voller Liebe hinnehmen, auch den Tod: das ist das Wesen des Christentums.
Schließlich bedeutet das Christentum unserem Durst nach Glück, gerade durch den Kreuzestod dieses anbetungswürdigen Wesens, daß das Ziel der Schöpfung nicht in den zeitlichen Bezirken der sichtbaren Welt zu suchen ist; die von unserer Treue erwartete Anstrengung wird sich erst vollenden, wenn wir selbst und alles, was uns umgibt, vollständig umgestaltet sind.«

Dieser Zug der Hoffnung auf ein Ostern über alle Erfahrungen hinaus – über die positiven, beglückenden, wie über die leidvollen, harten – gibt einer an Jesus orientierten Mystik ihr volles christliches Gepräge. Niemals wird die christliche Mystik in diesem Leben eine Erfahrung erreichen, in der die Erwartung Gottes ganz und gar in die Gegenwart hinein aufgehoben ist – so wie ein amerikanischer Zen-Autor[68] die

Drohung der Hölle zur Gegenwartserfahrung der Mystik umfunktioniert: »Abandon hope« heißt sein Buch in Erinnerung an die Höllenaufschrift bei Dante: »Ihr, die ihr hier eintretet, laßt alle Hoffnung fahren.« Aber bei Stone ist das positiv gemeint: Man braucht keine Hoffnung, weil alles schon da ist in der Gegenwartserfahrung. Christliche Mystik aber bleibt stets offen auf das »Je-weiter«, »Je-höher«, »Je-näher« zu Gott hin, bleibt offen auf die eschatologische Endgültigkeit Gottes.

Das ist keine Verbeugung vor einer Dogmatik, die in ihren Denkbewegungen erstarrt ist. Es ist wesentlich für eine Erfahrung, die im geschichtlichen Kommen Gottes gründet. Es ist eine Erfahrung, die sich in der christlichen Mystik tausendfach belegen läßt.

Ist das nicht der Sinn eines wahren Dialogs, daß er offen ist auf Neues, Weiteres, Schöneres, Wichtigeres? Also kein sinnloses Streiten der »Blinden« um die Wahrheit des »Elefanten«, was die Frivolität des Königs belustigt, sondern ein Wachwerden für die Wahrheit.

Aber ist diese Wachheit überhaupt anders möglich als auf dem Standort, wo man sich befindet; als von der Weltanschauung her, von der man blicken kann; als von dem wahren »Bein und Fleisch des Elefanten« her, das der »Blinde« betasten darf?

II. Teil

Das Universale und der Geist
Die ostasiatische Tradition

Bisher haben wir die eigene Tradition christlicher Mystik zu beschreiben versucht und andere Traditionen dabei eher als Negativfolie benutzt. Die Parabel von den Blinden, die einen Elefanten betasten, muß nun im positiven Gespräch weitererzählt werden. Es geht also um die Frage: Was haben denn die anderen von ihrer Erfahrung zu berichten und inwieweit muß die eigene Erfahrung von ihnen her korrigiert und erweitert werden? Ein Gespräch ohne Lernbereitschaft wäre nur ein Monolog.

Dabei handelt es sich nicht um die Frage: Wie steht dieser oder jener Mensch, diese oder jene Religion vor Gott? Der christliche Glaube weiß – bestärkt durch das Zweite Vatikanische Konzil –, daß Gottes Güte und die Liebe Jesu Christi weiter reichen als Konfessions- und Religionsgrenzen. Es geht hier um die Frage: »Was ist Mystik?« Und da haben Christen zweifelsohne von nichtchristlichen Traditionen zu lernen.

Dieser Dialog ist nicht nur ein Anliegen religiöser und humaner Offenheit, sondern ein direkter christlicher Auftrag. Das »Evangelium«, die »Gute Botschaft« Jesu vom ewigen Vater, soll zu allen Menschen in jedem Kulturkreis gelangen. Dies kann in Ehrlichkeit nur gelingen, wenn die Christen und auch das Christentum als Religion (!) sich um innere Vertrautheit mit der religiösen Sehnsucht, der mystischen Erfahrung dieser Kulturkreise bemüht.[1] Versuche des persönlichen Vertrautwerdens mit fremder Religiosität, wie sie Henri Le Saux und Bede Griffiths in Indien oder Hugo Makibi Enomyia-Lassalle in Japan in die Wege geleitet haben, mögen im einzelnen unvollkommen sein, von ihrer

Absicht her sind sie urchristlicher Auftrag. Erinnert werden darf an die weltgeschichtliche Bedeutung, die dem christlichen Gespräch mit der Kultur des spätantiken Hellenismus zukommt. Bis heute zehrt die christliche Theologie von diesem Gespräch. Erinnert werden darf auch an die ersten neuzeitlichen Versuche einer Akkomodation des Glaubens an fremde Kulturen in den indischen, chinesischen und südamerikanischen Jesuitenmissionen des 16./17. Jahrhunderts.

Doch in diesem Dialog ist von vornherein um verzeihendes Verständnis zu bitten: Ganz wird und kann es einem einzelnen niemals gelingen, das Neue und Fremde einer anderen Religiosität so darzustellen, wie ihre Anhänger sie von innen heraus dargestellt wünschen. Erst ein langer Prozeß des Dialogs mit all den unausweichlichen Höhen und Tiefen wird dahin führen, daß jede Seite sich in ihrem ureigenen Anliegen von der anderen verstanden weiß.

Man kann den mühsamen Weg an zwei Großen der Vergangenheit demonstrieren, dem Mallorkesen Raimundus Lullus im 13. und dem Moselländer Nikolaus von Kues im 15. Jahrhundert.[2] Sie stehen am Beginn eines solchen verstehenden Gespräches mit fremden Religionen. Am Unterschied ihres Ansatzes zur heutigen Situation läßt sich exemplarisch der Fortschritt von heute und auch die immanente Schwierigkeit des Religionsgesprächs ablesen. Der Schweizer A. Cuttat[3], der in unseren Tagen das Gespräch mit der fernöstlichen Mystik in beispielhafter Weise geführt hat, mußte noch feststellen: Es gibt zwar immer mehr europäische Darstellungen ostasiatischer Mystik, die dort anerkannt sind; aber er habe noch keine hinduistische oder buddhistische Darstellung christlicher Mystik gefunden, die dem klassischen Christentum gerecht wird. Das zeigt, wie schwierig der Dialog ist.

So wird sich unser Versuch notwendigerweise – uns steht nicht die indische Erfahrung eines Cuttat zur Verfügung – auf exemplarische Quellen berufen und die reflektierte Sekundärliteratur zu Hilfe nehmen müssen. Das Fragmentarische eines solchen Versuchs ist ehrlicher, als der von niemandem einzulösende Anspruch auf Letztgültigkeit.

A. Östliche Mystik und westliches Verständnis

So wird im Folgenden nur beispielhaft und daher auch plakativ gearbeitet. Doch es kommt nicht auf subtile Genauigkeit an, sondern es geht um mitfühlendes Verstehen mit fremden Erfahrungswelten.

Statt im uferlosen Strom der ständig zahlreicher werdenden Publikationen zu versinken, sei zuerst ein Hindu-Mystiker vorgestellt, dessen Person und dessen Botschaft menschlich und religiös unantastbar sind, wie von allen Seiten anerkannt wird. Daneben wird die Lehre eines namhaften deutschen Vertreters der Adaptierung ostasiatischer Mystik skizziert, um an seinem Beispiel eine europäische Gestaltung ostasiatischer Mystik kennenzulernen. Der dritte Hinweis auf die Esoterik als popularisierte Form dieser Erfahrungswelt führt noch tiefer in die allgemeine Bewußtseinssituation unserer Zeit hinein.

1. Ramana Maharshi

Das Lexikon der östlichen Weisheitslehren[4] nennt Ramana Mahar(i)shi (1879–1950) mit Recht »einen der größten indischen Heiligen der Neuzeit«. Schon mit 17 Jahren kam er »zu einer tiefen Erfahrung seines wahren Selbst (= Atman) und ... seitdem (lebte er) in ständigem Gewahrsein seiner Identität mit dem Absoluten (= Brahman).« In vielen Gesprächen und Unterweisungen, die seine Freunde niederschrieben, gab er seine Weisheit weiter. Henri Le Saux ist ein christlicher Zeuge seiner menschlichen und religiösen Größe.

Uns muß daran gelegen sein, die Tiefe dieser Erfahrung Maharshis nicht nur zur Kenntnis zu nehmen, sondern ihr auch aus dem eigenen christlichen Ansatz heraus nachzuspüren. Dies also wird von ihm überliefert:

»Das wirkliche Ich oder das Selbst ist nicht der Körper, noch sind es die fünf Sinne der Sinneswahrnehmungen oder die Organe des

Handelns. Weder ist es Prana (›die kosmische Energie, die den Körper durchdringt und erhält und sich in den Geschöpfen am deutlichsten als Atem manifestiert‹) oder das Bewußtsein, auch nicht der tiefe Schlafzustand, in dem dies alles nicht mehr erkannt wird ... Nachdem dies alles ausgeschaltet ist und du sagen kannst ›Dies bin ich nicht!‹ ist das einzige, was zurückbleibt, das wahre Ich, und das ist Bewußtsein ... Es ist Sat-Chit-Ananda (absolutes Sein – absolutes Bewußtsein – absolute Freude), in dem nicht mehr die leiseste Spur des Ich-Gedankens vorhanden ist. Es wird Mouna, die Stille, genannt, oder Atman, das Selbst. Es ist das einzige, was wirklich existiert. Wenn die Dreiheit von Welt, Ich und Gott als voneinander abgetrennte Ganzheiten angesehen wird, so sind das illusorische Vorstellungen.«

So wichtig die intellektuelle Diskussion solcher Sätze auch sein mag, es kommt im Grunde genommen darauf an, die dahinter und darin liegende Erfahrung lebendig werden zu lassen. Deshalb seien andere, eindringliche Gesprächsnotizen zitiert, die deutlicher eigene Erfahrungen nachklingen lassen können[5]:

»Jetzt glauben Sie, daß Sie ein Individuum sind, daß es ein Universum gibt und daß Gott sich jenseits des Kosmos befindet. Es ist eine Vorstellung von Getrenntsein. Diese Vorstellung muß verschwinden, denn Gott ist nicht von Ihnen oder dem Kosmos getrennt. Auch in der Gita heißt es:
Ich bin, o Arjuna, das Selbst,
das im Herzen aller Geschöpfe wohnt.
Ich bin der Beginn, die Mitte und
das Ende aller Wesen.
Gott ist also nicht nur im Herzen aller, er ist die Stütze aller, die Quelle von allem, ihr Ruheort und ihr Ende. Alle gehen aus ihm hervor, ruhen in ihm und lösen sich wieder in ihm auf. Deshalb ist er von niemandem getrennt ... Von den vielen tausend Namen Gottes paßt keiner so gut, genau und schön auf Gott, der frei vom Denken im Herzen wohnt, wie der Name ›Ich‹ oder ›Ich bin‹. Von allen bekannten Namen Gottes wird der Gottesname ›Ich, Ich‹ allein triumphierend im Herzen widerhallen, wenn das Ego überwunden ist ... Wenn man unaufhörlich über den Namen ›Ich, Ich‹ meditiert und dabei seine Aufmerksamkeit auf die Ich-Empfindung richtet, wird man hineingerissen in die Quelle, aus der das Denken entsteht, und das Ego, der Embryo, der mit dem Körper verbunden ist, wird vernichtet.«

Man muß nicht erst zu Meister Eckhart gehen, um im christlichen Bereich parallele Erfahrungen aufzuspüren; Erfahrungen wie Vertrauen, Geborgenheit, Angenommensein von einem größeren, umfassenden Du, in dem ich mein Ich vergessen darf und darin voll und ganz Ich werde, können sich in den Sätzen Ramana Maharshis wiederfinden. Bei ihm treten auch, anders als bei Ramakrishna, die Leibekstasen zurück.

Seine Worte sind von einem Strom großer kulturell-religiöser Vergangenheit getragen und werden von der Person und dem Leben des indischen Heiligen legitimiert. Überraschend – was oftmals in vorschneller Schematisierung übersehen wird – muß auf den Christen dabei die starke Betonung der »Ich«-Erfahrung (hinter dem Oberflächen-Ego) wirken. Sie scheint ein Pfeiler für die Ganzheits-, Absolutheits- und Identitäts-Erfahrung zu sein, in der nach dem Zeugnis seiner Schüler der Heilige ständig lebte.

Die Anweisungen über »Die Bedeutung des Guru« machen diesen Zug zugleich fraglicher und noch deutlicher[6]:

»Der Guru ist das Selbst ... Gott nimmt die Form eines Guru an und erscheint dem Strebenden; er lehrt ihn die Wahrheit und läutert durch das Beisammensein mit ihm seinen Geist ... Der Guru ist sowohl außen wie auch innen. Von außen stößt er den Geist an, so daß er sich nach innen wendet. Von innen zieht er den Geist zum Selbst hin. Das ist die Gnade des Guru. Es besteht kein Unterschied zwischen Gott, dem Guru und dem Selbst ... Gott ist immanent und hat in seiner Gnade Mitleid mit dem Strebenden ... Der Anbetende glaubt, ein Mensch zu sein, und erwartet eine Beziehung zwischen zwei Körpern. Aber der Guru, der Gott oder das inkarnierte Selbst ist, arbeitet von innen.«

Worte wie Gnade, Läuterung, Hingezogensein zeigen, daß solche Erfahrungen mit dem Absoluten nicht einfachhin in pure und abstrakte Identität aufzulösen sind, daß man ihnen behutsam begegnen und sie vorsichtig ausdeuten muß. Hier kann die Phänomenologie Martin Bubers weiterhelfen: Ist es der »gigantische Wahn des in sich zurückgebogenen menschlichen Geistes« oder »die verzückende Dynamik der Beziehung«?[7]
Wie falsch es wäre, solche Äußerungen des Ich-Verlustes zu

verdächtigen, muß nicht erst gezeigt werden. Daß es eher
»Ich«-Stärkung bedeutet (wobei die westliche »Stärke«-Vor-
stellung zu korrigieren ist), wird wiederum von der Persönlichkeit des indischen Heiligen bestätigt. Man möchte eher
sagen: Das Ich wächst in einer solchen Erfahrungswelt zu einer alles übergreifenden, überdimensionalen Größe hinauf.
Und dazu muß auch deutlich hervorgehoben werden, daß
sich bei Ramana Maharshi das Gegenteil von der Ich-Auf-
blähung zeigt, die H.-E. Richter als »Gotteskomplex«[8] gebrandmarkt hat. Alles, was von dem Heiligen überliefert
wird, strahlt eine tiefe Demut aus[9]:

»Völlige Hingabe ist nur möglich, wenn man keinerlei eigene
Wünsche mehr hat. Sie müssen mit allem zufrieden sein, was Gott
Ihnen schickt, und das heißt keine eigenen Wünsche mehr haben ... Hingabe ist vollkommen, wenn Sie die Stufe erreichen ›Du
bist alles‹ und ›Dein Wille geschehe‹ ... Es gibt (dahin) zwei Wege.
Der eine ist die Suche nach der Quelle des ›Ich‹, bis man daran aufgeht. Der andere besteht in dem Gefühl: ›Ich selbst bin völlig hilf-
los. Nur Gott ist allmächtig‹ ... Völlige Hingabe ist ein anderer
Name für Jnana oder Befreiung.«

Aus christlicher Sicht drängt sich die Frage auf, ob eine
pantheisierende, antipersonale Auslegung dieser Erfahrung
die einzig mögliche ist. Sie mag vom kulturellen Hintergrund Ramana Maharshis naheliegen und wird von westlichen Ausdeutern bevorzugt. Doch uns scheint die Erfahrung größer zu sein. Erst eine rational-intellektuelle Festlegung und strenge Systematisierung macht aus dieser Erfahrung die Eindeutigkeit einer pantheistischen Weltsicht und
zieht dann die Aufhebung des menschlichen Eigenstandes
als Konsequenz nach sich.

2. Thorwald Dethlefsen

Mit Thorwald Dethlefsen wird ein moderner, westlicher
Autor vorgestellt, der in Deutschland prominent wie wohl
kein anderer und wiederum überaus ehrlich (im Gegensatz
zu anderen Vertretern) anscheinend eine ähnliche, aber

nun stärker buddhistisch-schopenhauerianisch eingefärbte Weltanschauung und -erfahrung vertritt. Er sei als ein Beispiel dafür angeführt, wie die indische Erfahrung eines Ramana Maharshi und vieler anderer sich im modernen, von Technik und Rationalismus geprägten und von der Psychologie beeinflußten Weltgefühl der euro-amerikanischen Welt zur Eindeutigkeit einer nichtchristlichen Weltsicht verfestigt.

Der in München lebende Psychoanalytiker will in seinem Buch »Ödipus, der Rätsellöser. Der Mensch zwischen Schuld und Erlösung«[10] dem modernen Menschen eine Lebenshilfe geben. Der Mythos soll dem Menschen helfen, in die letzte Bewußtseinstiefe hinabzusteigen, in der allein sich Hilfe und Heilung finden kann. Denn in alten Zeiten waren die Mythen »Weisheitslehren und echte Initiationen«, die den Menschen auf den Weg hin zu sich selbst führten und das bewirken, was heute die Tiefenpsychologie in oft eher kläglicher Weise zu tun versucht.

Dethlefsen schreibt:

»Mythos ist ... eine Erzählung über etwas Wahres, Wesentliches und Tatsächliches im Gegensatz zu ›Logos‹, was sich mehr auf Gedachtes bezieht.«

Mythen führen nämlich auf den Weg hin zur Erfahrung der »Theophanie, eine in die Sichtbarkeit getretene göttliche Wirklichkeit, die sich durch die Form offenbart«.

Das Eindringen in mythische Wahrheit schenkt dem Menschen seine eigene Wahrheit. Bewußtseinstiefe und kosmische Allheit laufen zusammen, je mehr der Mensch er selbst wird: »Der Mensch erfährt sich in einem Kosmos.« Damit erfährt er sein wahres Wesen, so wie es noch nicht durch oberflächliche Betriebsamkeit verfremdet und krank geworden ist.

»Für den geistigen Menschen ist niemals die materielle Welt der Erscheinungsformen Ausgangspunkt seiner Überlegungen. Ausgangspunkt ist das Nichtsichtbare, das Numinose, das Göttliche, dem man mit Recht allein Wirklichkeitscharakter zuschreiben darf, da alles Materielle und Formale endlich und vergänglich, damit niemals wirklich ist.«

Heilung geschieht, wenn ein Mensch zurückfindet zu diesem Göttlichen. Das muß sich nicht im psychischen Wohlbefinden niederschlagen; die heilende eigene Wahrheit kann hart und grausam sein, kann in der Annahme einer schlimmen, unheilbaren Krankheit bestehen. Aber es ist die Wahrheit, und die ist gut und richtig. Es ist der tiefere Sinn des Weltgeschehens in unserem kleinen Alltag. Ihn zu finden, zu leben heißt: wahrhaftig und richtig sein. »Die Kluft, die sich zwischen dem Sichtbaren und dem Unsichtbaren auftut, wird dann überbrückt, wenn wir das Sichtbare als Symbol (als Niederschlag des Mythos) erfahren.«

Darin besteht das »Erwachsen-«, das Gesundwerden des Menschen; denn es hängt

»aufs tiefste mit einem Hineingeborenwerden in die geistige Welt zusammen. Der Mythos als die geoffenbarte göttliche Wirklichkeit liefert das Vorbild und das Wissen um die geistigen Gesetze, die der Mensch im Kult und im Ritual nachvollzieht, um Anteil an der göttlichen Seinsordnung zu erlangen, um Mitbürger seiner geistigen Heimat zu werden«.

Im Ödipus-Mythos wird dieser Weg gegangen und damit das gleiche als Archetyp dargestellt, was die moderne Tiefenpsychologie mit ihren Mitteln in oft recht künstlicher Weise versucht: Der Mensch soll ja sagen zum Schicksal, zum tieferen Grund seines Lebens. »Wirkliche Tiefenpsychologie wird ... zwangsläufig archetypisch, indem sie zu den grundlegenden Strukturen des Bewußtseins durchstößt.«

Dieses Weltbild einer Schicksals-Einheit hinter der Vielheit der Weltwirklichkeit wird von Dethlefsen überaus mental und absolut im reinem Denken postuliert. Die unhinterfragte Voraussetzung ist der Mechanismus des Denkens, das alle Vielheit auf Einheit zurückführen möchte:

»Wenn ich von Vielfalt rede – und das tue ich bereits, wenn ich ›ich‹ sage –, impliziert diese Akzeptanz der Vielheit gleichzeitig auch die Existenz einer Einheit ... Über diese Einheit können wir ansonsten keine positiven Aussagen machen, da positive Aussagen immer unterscheidende und damit ausschließende Aussagen sind. So kann man von Gott nicht sagen, daß er gut oder lieb sei, da man damit schlecht oder böse ausschließen würde und somit einen Einheitsbegriff wieder in die Polarität ziehen würde ... Man kann sagen, daß die Einheit nicht Vielheit ist, daß Gott nicht begrenzt oder endlich ist, daß es im Nirvana keine Zeit gibt und ähnliches. Durch diese negativen Begriffe spüren wir schon etwas von der Nähe, in der Einheit und Nichts zueinander stehen.«

Sünde, »Sonderung« im metaphysischen, also wahren Sinn hat daher auch nichts mit Moral zu tun, sondern ist das »Fallen aus der Einheit«, die »Absonderung von der Einheit«:

»Der Sündenbegriff hat ... keinen Bezug zu irgendwelchen sittlichen oder moralischen Normen.
Der Mensch ist nun also sündig, weil er ein Ich bildet und deshalb sich nicht mehr mit allem, was ist, identifiziert. Er ist polar und damit unheil, denn wer ein Ich hat, ist immer nur Teil und nicht das Ganze.
Was immer der Mensch tut (und auch Nichttun ist eine Entscheidung und wirkt deshalb Unheil!), ist sündig, fehlerhaft, unheil und macht schuldig.«

Diese – mehr an Schopenhauer als an Ramana Maharshi erinnernde – Weltanschauung findet Dethlefsen im Ödipus-Mythos wieder. Der Mensch muß sich in den unwiderstehlichen Gang des Schicksals einordnen – in dieser Einheit findet er Heil und Heilung.
Heilung heißt deshalb nicht: Diese Tragik, die den Zustand menschlicher Individualität als sündhafter Existenz ausmacht, moralisch durch Reue oder Bekehrung zu überwinden – das ist der Irrtum der Theologie. Heilung heißt auch nicht, diese Situation heroisch zu bestehen, indem man »dem Schicksal in den Rachen greift« (Beethoven) – das ist der Irrtum des europäischen Geistes. Heilung heißt letztlich auch nicht, ihren psychischen oder gar biologischen Schmerz beseitigen zu wollen – das ist der Irrtum der europäischen Medizin.
Solche Versuche bleiben an der Oberfläche hängen. Man muß die sogenannte »Tragik« einfachhin annehmen. Mit anderen Worten: Man muß als Individuum sein individuelles Sein als »sündhafte« Schicksalsverknüpfung durch-

schauen, anerkennen und sich damit ins überindividuelle Ganze fallen lassen; personaler Protest oder moralische Bekehrung würden die Sonderung der individuellen Existenz – gleich Sünde – nur verstärken. Ödipus aber ging nach heroischer, aber vergeblicher Auflehnung diesen Weg der Annahme des größeren Schicksals; er anerkannte es als das, was es ist; tiefer noch: als das, was einfachhin ist, als das Sein.

»Ein solcher Mut, sich selbst im Spiegel der Tragödie wiederzufinden, wird belohnt durch den Trost, der aus der Unwandelbarkeit göttlicher Ordnung hervorbricht ... Der Trost der Tragödie ist keine Ver-Tröstung auf ein Jenseits, auf Belohnung oder ähnliches. Es ist die Konfrontation mit der Wahrheit, die das Freudige ausmacht.«

Ödipus kommt nicht über Umkehr oder Protest zum Ziel, sondern durch annehmende Erkenntnis. Das aber heißt: »Selbsterkenntnis ist dein Ziel, denn Selbsterkenntnis ist Gotteserkenntnis.«
Je tiefer die Erfahrung in die Wirklichkeit des Seins eindringt, um so bewußter wird ihr die unterschiedslose Einheit des Ganzen. Dies ist

»das Geistige, die Einheit, Gott, der deshalb in vielen Religionen ›Gott-Vater‹ genannt wird. Es möge jeder den Begriff wählen, der ihm zusagt, solange nur die Idee klar bleibt, daß die wahre Herkunft des Menschen nicht im irdischen Bereich wurzelt, sondern im Unsichtbaren, nenne man es nun Gott, Geist, Himmel oder Transzendenz«.

In seiner strengen, eindeutigen Begrifflichkeit formuliert Dethlefsen den Sachverhalt folgendermaßen:

»Selbst ist Einheit, ist Gott in uns, während das Ich die Polarität, die Spaltung bzw. das abgrenzende Prinzip ist ... Der Mensch, der in die Polarität der Welt eintaucht, verliert den Zugang zur Einheit, zum Vater, er tötet mit der Ich-Entwicklung sein Selbst. Das Ich beginnt dann die Rolle des Selbst zu übernehmen und entwickelt dabei einen Omnipotenzanspruch, weil es dem Selbst gleichen will.«

Wer aber den Anspruch des Ich und damit den Sündenfall der »Absonderung«, der Polarität, der Entgegensetzung durchschaut, hat seinen Ursprung wiedergefunden. Die Aktivitäten unseres Lebens, das Streben nach einer besseren Welt werden belanglos gegenüber dieser Uraufgabe des Menschen, ja sie setzen den eigentlichen Auftrag des Menschen zur Selbsterkenntnis und Selbstfindung aufs Spiel:

»Der Mensch ist nicht dazu aufgerufen, die Welt zu verändern, sondern dazu, sie zu durchschauen. Dies will man nicht gern akzeptieren, denn verändern heißt handeln, und Handeln ist immer nach außen gerichtet und stützt damit die Projektionen. Die Aufforderung, die Welt zu durchschauen, ist viel gefährlicher, denn sie zerstört zwangsläufig alle Projektionen und zwingt zu der Einsicht, daß man mit der Welt identisch ist und alle Probleme der Welt immer in einem selbst liegen.«

Ken Wilber[11], der vielleicht wichtigste Vertreter der transpersonalen Psychologie, früher als der Systematiker des »New Age« gepriesen, vertritt eine ähnliche Weltsicht:

»Der Mensch als Objekt der Erkenntnis, als wahrgenommenes Phänomen, als Gast, ist das Ego, die individuelle Person, das von allem anderen getrennte und entfremdete Ich ... Der Mensch aber als nicht-dual Erkennender, als ›Zuschauer‹, Atman, absolute Subjektivität, als Gastgeber, als Tathagata-Garbha, als *dies* in Ihnen, das jetzt diese Seite liest, ist Gott, Brahman, Dharmadhata, der universale Mensch ohne Rang, ist *Geist*, ist die *Wirklichkeit* selbst.«

Sich darauf zurück-meditieren bedeutet Zurückfinden in die Ureinheit des Seins. Und so zieht auch Ken Wilber die unerbittliche Konsequenz:

»Wenn ich und das Universum nicht länger getrennt sind, ist das Handeln des Universums mein Handeln. Ein Stein fällt mir auf den Kopf – mein Tun. Ich bekomme eine Lungenkrankheit und ersticke langsam und qualvoll – mein Tun. Auf jeder vorangegangenen Ebene schienen mir die Dinge gegen meinen Willen zu widerfahren, aber in Wirklichkeit tat ich sie mir selbst an, mochte ich auch ehrlich und vollkommen überzeugt gewesen sein, daß sie ›von außen‹ kamen. Auf der Ebene des *Geistes* liegt nun nichts mehr außerhalb. ›Mein Wille und Gottes Wille‹ sind eins geworden. In diesem ›nicht außerhalb‹ liegt auch der innere Sinn des Karma-Gesetzes ... Hier hören Probleme auf, Probleme zu sein.«

Ähnlich provozierend kommt auch der französische Buddhist H. Benoit[12] zu gleichen Konsequenzen aus diesem schopenhauerischen Buddhismus:

»Eine Mutter, die ihr Kind verloren hat, leidet nicht, wie sie glaubt, weil ihr Kind tot ist; sie leidet aus Anlaß dieses Todes, weil sie sich von ihrem Prinzip verlassen fühlt, sie leidet, weil dieses Ereignis in ihr die tiefe Erfahrung von Nicht-Sein entbunden hat.«

Sie hat den Zwiespalt zwischen dem Oberflächen-Ich und dem Tiefen-Selbst entdeckt und muß diesen – unter Schmerzen – meditativ überwinden, um zur Einheit des Ganzen zu gelangen.

Auch in der christlichen Mystik gibt es Tendenzen – z. B. in manchen frühen Mönchsschriften und sogar gelegentlich bei Meister Eckhart –, die einer solchen Haltung nahestehen und »Leid«-Überwindung durch Flucht in die All-Einheit der Ewigkeit Gottes suchen. Doch im Raum des Christentums sind das nur spekulative Versuche, mit dem Leid umzugehen. Durch den Blick auf das Kreuz Jesu – Leid-Bestehen durch das Ja zur Liebe des Vaters – werden sie immer wieder korrigiert. Und es ist offensichtlich, daß auch die hinduistische Sicht Ramana Maharshis ihre Liebenswürdigkeit verliert, sobald man sie in der rationalen Klarheit Dethlefsens weiterdenkt und abstrakt-spekulativ entfaltet.

3. Der Esoterik-Boom

Wie tief, wenn auch meist subkutan, dieses Denken und Fühlen von einer kosmischen Einheit her unsere Zeit bestimmt, zeigt der Esoterik-Boom. In einer von ihm selbst besprochenen Kassette mit dem Titel »Esoterik«[13] erläutert Thorwald Dethlefsen, daß der tiefere Sinn allen esoterischen Bemühens dieses Zurückfinden in die Ureinheit des Ganzen sei. Normierend und unhinterfragbar ist für ihn die Denk-Voraussetzung einer letzten ontologischen Einheit, die durch unsere polaren Absetzungen zur Vielheit aufgespaltet wurde. Überwunden wird die »sündhafte« Vielheit mittels der esoterischen »Symbole«:

»In dem Moment, wo wir zwischen Gut und Böse, zwischen Ja-Sagen zu dem einen und Nein-Sagen zu dem anderen (uns entscheiden), fällt ein Riesenbereich von ›Nicht-Gelebtem‹ oder wie wir sagen können ... von Wirklichkeitseinheiten aus.
Wenn wir so etwas vom Ich abgrenzen, entsteht etwas, von dem wir später glauben, daß es ohne uns vorhanden sei, nämlich Welt.
Es gibt in Wirklichkeit keine Welt, sie ist selbstgebastelt. Das, was wir als Welt wahrnehmen, sind nach außen gestellte Bilder, weil wir sie in uns nicht haben wollen.
Die Welt der Formen aber, in der wir zwangsläufig leben, ist ein Produkt der psychischen Spaltung in Ich und Nicht-Ich.
Diese Spaltung ist ganz identisch mit dem ursprünglichen christlichen Begriff Sünde. Sünde heißt Abgesondert-Sein von der Einheit, polar sein, nicht ganz-sein.
Polar zur Polarität muß etwas existieren, was nicht polar ist, die Einheit. Gäbe es nicht hinter der Polarität Einheit, könnte es nicht Polarität geben.
Alle esoterischen Wege, alle Heilswege, alle Religionen in ihrer Ursprünglichkeit lehren nur einen Weg, der es möglich macht, aus der Polarität herauszugehen, in die Einheit hineinzugehen.
Wenn es möglich ist, daß wir die Einheit erreichen, dann sind wir in dem Moment, wo wir sie erreichen, nicht mehr. Wenn dieses Ich am Ziel angekommen ist, darf es nicht mehr existieren, sonst kommt es nicht an.
Je naiver wir der Ichhaftigkeit gegenüberstehen, um so mehr sind wir deren Opfer. Je bewußter wir werden und je mehr wir das Ich in seinen Funktionen betrachten, ... um so mehr bekommen wir die Kontrolle über das Ich.
Die Illusion muß nicht verbessert werden, muß nicht verändert werden, sie muß nur durchschaut werden.
Man kann auch aus diesem Traum (daß ein Ich, daß die Welt existiere) aufwachen. Dann erkennen wir: die Welt als Illusion, die Welt als projizierte Bilder.
Durchschauen lernen, Welt durchschauen lernen (geschieht über das Symbol) ... Ein Symbol bringt etwas, was gespalten ist, wieder zusammen zur Einheit ... Symbole, Formen sind also die Kontaktstellen zum Unsichtbaren.
(Nicht fliehen vor der Welt, nicht sich hineinstürzen in die Aktivitäten der Welt, sondern die Welt durchschauen!) Welt aufessen, wie die östliche Philosophie sagt.

Solange wir noch zu einer Rose sagen, sie sei schön, bilden wir genauso karma, als wie wenn wir zu einer verfaulenden Leiche sagen, sie sei häßlich. Beides bindet.
(Es geht um) jene Mitte, die in der Lage ist, alles anzuschauen, wie es ist, ohne sich zu binden.«

Und das erreicht die wahre Esoterik; für sie sind die Wirklichkeit der äußerlichen Welt »Symbol« für die Einheit der Polaritäten und ihre Praktiken sind der Weg zu dieser Einheit.

Der ehemalige evangelische Pfarrer Hans-Dieter Leuenberger umschreibt in seiner Todtmooser Festrede[14] diese »Einheit« mit einer eher dynamischen Begrifflichkeit als Energie und deutet ebenso wie Dethlefsen die Esoterik als Weg zur einen und einzigen kosmischen Energie; an ihr hat alles andere teil, und aus ihr lebt es:

»Alles, was im Universum ist, (ist) letztlich Energie ... Nur – der Mensch kann mit reiner Energie nicht umgehen. Er muß diese Energie in Bilder fassen, erst dann kann er sie verwenden. Die verschiedenen esoterischen Wissensgebiete – Astrologie, Tarot, Kaballa und viele andere – lehren im Grund dieses einzige und gleichzeitig einzigartige Weltgesetz, wenn auch mit verschiedenen Bildern, daß es ein universales Gesetz gibt, das die Welt im Innersten zusammenhält und daß, wer dieses kennt, imstande ist, sein Leben nach diesem übergeordneten Gesetz auszurichten, damit die kosmischen Kräfte in sein ganz persönliches Leben zu integrieren und so in Übereinstimmung mit dem Kosmos zu leben.«

Diese Einheit hinter und in aller Polarität macht z. B. auch das Programm eines der esoterischen Grundbücher, der »Smaragdenen Tafel«, aus. Sie soll von »Hermes Trismegistos«, einer hellenistischen Sagengestalt, niedergeschrieben sein[15]:

»Wahr ist es, ohne Lüge und sicher: Was oben ist, ist gleich dem, was unten ist, und was unten ist, ist gleich dem, was oben ist – fähig, die Wunder des Einen auszuführen. Und wie alles aus Einem stammt, durch das Denken des Einen, bewegt sich auch alles Gewordene durch Angleichung an dieses Eine ... Hier ist die Kraft der Kräfte, die alles Feine überwindet und in alles Grobe eindringt.«

Dieses Eine, in dem Oben und Unten, Gestern und Morgen, Himmel und Erde, Makrokosmos und Mikrokosmos, Gott und Mensch zusammenfallen, ist die ontologische Basis der esoterischen und okkulten Praktiken. Sicherlich sind diese Zusammenhänge nicht jedem, der sich mit Esoterik abgibt, bewußt. Doch es ist leicht einzusehen, daß das Weltbild der Einheit diesen Praktiken ihre metaphysische Bestätigung verleiht. Nach B. Grom[16] wird

»die Welt (der Esoterik) meist in einer spiritualistischen und pan-energetistischen Einheitsschau (Monismus) gesehen, die dem Einheitsbewußtsein ... entspricht, dieses aber auch durch die entsprechende weltanschauliche Deutung und Vorgabe beeinflußt: Materie, Pflanze, Tier und Mensch sind nur verschiedene Formen, Entwicklungsstufen, Dichtegrade oder Frequenzen des All-Einen, das durch Emanation in alles einfließt«.

Die zwei Brennpunkte des esoterischen Denkens und Tuns müssen von diesem Einheitsdenken her verstanden werden:
– Die »esoterischen Wege der *Selbsterfahrung*«, zu denen nach Jürgen vom Scheidt Astrologie, Pendeln, I Ging oder Tarot gehören, sollen den Menschen in die Einheit des Selbst zurückführen, die er in der Oberflächlichkeit des Alltagslebens vergessen hat. Das psychologische Fachwort heißt »Identität« – im esoterischen Psycho-Boom ist es sogar zum alleinigen Maßstab der Weltbetrachtung geworden. Doch damit wird das eigentliche, umfassendere Anliegen der klassischen Esoterik verfehlt: Einheit mit dem Kosmos.
– Diese muß als zweiter Brennpunkt berücksichtigt werden: Esoterik möchte den Menschen in die *Geborgenheit des Ganzen* von Welt-Kosmos zurückführen. Nach ihrer Geschichtstheologie hat der Mensch dies durch den Sündenfall in die Zergliederung, durch die technisch-wissenschaftliche Entwicklung der Neuzeit verloren. Nur als Teil eines größeren Ganzen, eines ganzheitlichen Rhythmus, einer einzigen »Energie« findet er wieder sein Zuhause. Der Astrologe kennt sich in diesem »Hause« aus, weiß daher die ontologischen Bezüge von oben und unten, von Sternenkonstellation und menschlichem Dasein zu lesen und kann

dem Ratsuchenden die Geborgenheit des »Zuhause« schenken. – Beide Brennpunkte laufen also in einer Einheit zusammen; Selbst und Kosmos sind in der Tiefe dasselbe.

Am esoterischen Ergebnis der Entwicklung wird die rational-technische Um- und Verformung einer genuin indischen Tradition wie der Ramana Maharshis zur europäisierten Gestalt dieses Denkens deutlich. Riten und religiöse Traditionen, die einmal von einer ganzheitlichen Naturverbundenheit zeugten, werden im modernen Zugriff entsprechend der eigenen Bedürfnisse manipuliert: Die Astrologie[17] wird zur »Wissenschaft«; das mythische Symbolverständnis zur psychologischen Technik; in New-Age-Gruppen versucht man sogar mittels Computertechnik das »network«, d. h. die Vernetzung von Kosmos und Mensch, wissenschaftlich greifbar zu machen. Chemische Mittel (Droge), elektronische Manipulation (Biofeedback), psychologische Suggestion (Reinkarnationstherapie) usw. sollen dem Menschen die Einheitserfahrung verschaffen, ihn ins »Ganze« zurückführen.

Im Ursprung aber ist das Ganzheits- und Geborgenheits-Erleben zweifelsohne ein Feld, das der christlichen Mystik nicht fremd sein darf. Die Makrokosmos-Mikrokosmos-Spekulationen eines Maximos Homolougetes oder die Visionen Hildegards von Bingen[18] zeigen, wie nahe christliche Mystik dem esoterischen Anliegen kommen kann. In der Entwicklung zur Neuzeit ging vieles davon verloren. In der Mystik Teilhards de Chardin wird jedoch die Verknüpfung zwischen Selbsterfahrung und kosmischer Ordnung wieder lebendig. Eine christliche Neubesinnung auf die mystische Erfahrung darf vor den entsprechenden Traditionen nicht zurückscheuen. Und sicher ist auch der Weg über »Symbol«, »Mythos«, »Bild« oder über Kunst und Gemeinschaft eine der Möglichkeiten, die zu einer ganzheitlichen Erfahrung hinführen.

B. Einheitserfahrung und christliches Defizit

Wie sehr sich die Esoterik vom mystischen Ursprung entfernt hat, zeigt sich schon daran, daß entsprechende Phänomene in den mystischen Überlieferungen aller Kulturen auftauchen, aber von den Großen der verschiedenen Traditionen scharf abgelehnt werden. Nach Patanjalis »Ashtanga Yoga«, der »bis zum heutigen Tage kompetentesten Schrift über Yoga«, liegt[19] »in diesem Zustand höchster Konzentration (Samyama genannt) der Schlüssel zu okkulten Fähigkeiten wie Hellsehen und Telepathie ... Wie das Visuddhi-Magga warnen auch die Sutren vor diesen Kräften als subtilen Fallen. Dem Yogi wird geraten, diese Verlockungen als letzte Versuchungen seines Ichs zu meiden.« Und die »Makyo« (zu übersetzen etwa: »diabolische Phänomene«), die in der Übung des Zazen auftreten – also Halluzinationen, Visionen, Levitationen usw. – dürfen vom wirklichen Zen-Adepten nicht beachtet werden, weil es um Tieferes geht. Darüber wird noch nachzudenken sein. Hier sollen die Phänomene – zusammen mit den Zeugnissen mystischer Einheitserfahrung – zunächst darauf aufmerksam machen, wie tief im Menschen die Ahnung von Unendlichkeit und Absolutheit verwurzelt ist und daß diese Ahnung sich niederschlägt in Mythen, Symbolen, Träumen usw. Was tiefer nachdenkende und gebildete moderne Menschen im Buddhismus und anderen mystischen Überlieferungen suchen, spiegelt sich auf niederem Niveau in den abergläubigen Praktiken der Esoterik. »Okkultismus ist die Metaphysik der dummen Kerle«, schrieb Adorno[20]. Doch gemeinsam ist der Masse wie der Elite die Sehnsucht nach Verankerungen in einem größeren Ganzen, die Suche nach der Erfahrung, daß man im Umfassenden geborgen ist. Hier sollte der christliche Gesprächspartner den Dialog beginnen; doch dieser führt zuerst in die Lücken und Schwächen der eigenen Überlieferung, der verlorengegangenen eigenen Mystik hinein.

1. Enthellenisierung der christlichen Botschaft

Wer eine theologische, an der Hl. Schrift orientierte, moderne Abhandlung liest, stößt schnell auf die Frage der »Enthellenisierung des Christentums«. Adolf von Harnack hat sie angestoßen; der erste Band seines »Lehrbuchs der Dogmengeschichte« erschien schon 1885. Karl-Josef Kuschel faßt Harnacks Anliegen folgendermaßen zusammen[21]:

»Darum also ging es: Nicht das ›Christliche‹ wegzuoperieren, sondern im Gegenteil, dessen ›philosophischer Verflüchtigung‹ zu wehren! Denn Harnack war früh davon überzeugt: das Christentum dürfe den Menschen keine unlösbaren Rätsel aufgeben. ›Mysterien‹ seien die *Hauptsache nicht,* und die gläubige Anerkennung und Kontemplierung der ›Mysterien‹ mache einen Christen nicht zum Christen. Nein, Christen lebten ›von den einfachen, schlichten und kindlich großen Offenbarungen, daß Gott ihr Vater ist, daß er uns in Christus als dem Spiegel des väterlichen Herzens Gottes (wie Luther sagt) allein erkennbar und gewiß ist, daß unsere Sünde uns von Gott geschieden hat und daß Gottes Erbarmen größer ist als unser Herz und unsere Sünden).«

Von Harnack[22] stammt auch das Wort, daß »die Mystik die katholische Frömmigkeit überhaupt« sei, »soweit diese nicht bloß kirchlicher Gehorsam, d. h. fides implicita ist«; man müsse katholisch werden, um Mystik zu verstehen. Damit kritisierte er auch die Mysterien-Frömmigkeit in ihrer Naturnähe und die Riten, die Erbe des griechischen Geistes seien und den biblischen Monotheismus des liebenden Vaters verfälschten.

Auch der Gegenschlag gegen den Harnackschen Liberalismus im evangelischen Raum, die »Dialektische Theologie«, blieb im Fahrwasser dieser antimystischen »Enthellenisierung«-Theorie. Emil Brunner setzte das biblische »Wort« hart gegen die aus dem Hellenismus stammende »Mystik« und betonte den »schroffsten Dualismus von Gott und Mensch«. Karl Barths[23] frühe Eskapaden gegen das »Mystische« sind bekannt. Friedrich Gogarten protestierte vehement gegen das »flimmernde Durcheinander von Göttlichem und Menschlichem«, und Paul Tillich sprach vom »göttlichen Nein über die Religion«.

Besonders in der Bibelwissenschaft findet man bis heute diese geheime oder offene Angst vor dem sogenannten »Hellenismus«. Im Streit um den Stellenwert des nizänisch-konstantinopolitanischen Glaubensbekenntnisses kommt dieser Vorbehalt deutlich zum Ausdruck. Karl-Josef Kuschel hat dies in seiner umfassenden Monographie »Geboren vor aller Zeit? Streit um Christi Ursprung« in überaus gelehrter Weise dargestellt. Er konzentriert sich auf eine zentrale Frage, auf die sogenannte »Präexistenz« des menschgewordenen Gottessohnes. Schon in der patristischen Mystik wurde die Präexistenz des Logos Anlaß zur mystischen Lehre von der Gottes-Logos-Geburt im Herzen der Gläubigen. Kuschel selbst setzt ein klares Nein gegen Versuche, wie er sie auch bei modernen evangelischen Theologen (Wolfhart Pannenberg, Eberhard Jüngel, Jürgen Moltmann, Wilfried Joest) findet, die Lehre einer Präexistenz des göttlichen Wortes – damit eines innertrinitarischen Lebens und auch einer Logos-Mystik – als biblisch begründete, ontologische Aussage zu nehmen:

»*Nein(!)*, nach dem Neuen Testament (wir haben dies ausführlich begründet)
– offenbart Jesus Gott als den Vater, aber nirgendwo geht hervor, daß er sich als gottgleichen, präexistenten Sohn offenbart;
– ... kann das ganze Jesusereignis nun als Sendung dieses Sohnes durch Gott verstanden werden. Das aber impliziert im Neuen Testament (von mythologischen Resten bei Johannes abgesehen) keine präexistente, ewige ›Liebesgemeinschaft zwischen Vater und Sohn‹;
– ist die Rede von Jesus als dem definitiven Sohn Gottes nicht metaphysisch verselbständigt, sondern offenbarungstheologisch strukturiert; Jesus, ›der Sohn‹, war von Beginn an der Offenbarer des Vaters hier auf Erden und ist in dieser ›Funktion‹ nach Ostern von Gott selber bestätigt worden.«

Doch gerade das seinshafte Verständnis der Inkarnation des ewigen Gottes in der menschlichen Gestalt Jesu Christi ist in vielfacher Hinsicht eine Grundsäule, auf die sich die Tradition christlicher Mystik stützt und die den Glaubenden (Geschwister des Gottessohnes, also Kinder Gottes) mystische Geborgenheit schenkt. Charles Kannengiesser[24] beschreibt diese Grundeinstellung bei Athanasios (300–373), dem Verteidiger des christologischen Dogmas, folgendermaßen:

»Für ihn gab es eine seinshafte Einheit aller menschlichen Wesen in ihrer körperlichen Existenz. Und diese Einheit des menschlichen Geschlechts wurde bis in ihre physikalische Struktur von der Menschwerdung des erlösenden göttlichen Wortes betroffen. Deshalb kann er die biblische Ausstrahlungskraft des Heilands mit realistischen Worten beschreiben ... Durch die magnetische Kraft, die der Leib des Erlösers ausstrahlt, fließt die göttliche Gnade in die menschlichen Seelen über deren Sinne, die fasziniert sind durch die Wunder des Erlösers, durch seinen Tod und seine Auferstehung.«

Dieses Verständnis von Jesus und von Erlösung blieb in der Geschichte der christlichen Mystik bis über das Mittelalter hinaus maßgebend. Alois Maria Haas[25] hat das in seinem wichtigen Aufsatz »Jesus Christus – Inbegriff des Heils und verwirklichte Transzendenz im Geist der deutschen Mystik« für Meister Eckhart und viele andere dargelegt:

»Das Wort nahm in erster Linie die menschliche *Natur* an, um die menschliche Gattung in ihrer Gesamtheit zu adeln ... Mit dieser Lehre vom generischen Sein und der generischen Natur des Menschen, die Christus annahm, schließt sich Eckhart an alte patristische Vorstellungen von der ekklesialen Einheit der Menschheit an, die in der Menschwerdung des Gottessohnes grundgelegt ist. Eckhart betont aber dabei vor allem die mögliche mystische Deutung: In der Annahme einer allgemeinen menschlichen Natur hat Christus uns die Chance gegeben, gnadenhaft Gott und Gottes Söhne zu werden.«

Stimmt es aber wirklich, wenn K.-J. Kuschel[26] mit vielen Theologen (hier mit Hans Küng) karikierend feststellt: »Die mythischen Vorstellungen der damaligen Zeit von einer vorzeitig-jenseitigen Existenz eines von Gott abgeleiteten Wesens, von einer ›Göttergeschichte‹ zwischen zwei (oder gar drei) Gottwesen‹ (seien) heute nicht mehr nachvollziehbar«? Und stimmt die Gegenwartsdiagnose, die er aus dieser angeblichen Entgegensetzung als Schlußfolgerung zieht: »Vielleicht ist es gerade die Chance unserer Zeit, nach dem Zusammenbruch der klassischen Metaphysik in Gestalt der griechisch-hellenistisch-mittelalterlichen Ontologie die biblische Botschaft unverstellter zu hören und die dogmatischen Aussagen im Licht der Schrift für heute neu zu übersetzen.«?

Bietet uns nicht vielmehr genau umgekehrt gerade diese griechisch-hellenistische Ontologie von Jesus Christus, der als eine Person eins ist mit dem Vater und eins mit uns Menschen, eine Chance, lebendig in das Gespräch mit den mystischen Traditionen Asiens einzutreten? Und wird damit nicht genau das Anliegen getroffen, das heute viele Menschen von der landläufigen christlichen Botschaft weg auf esoterische Pfade führt? Und wird in kritischer Aufnahme dieser Anliegen nicht auch der eigene Glaube reicher?

Im Raum des modernen Denkens müssen die metaphysischen Voraussetzungen selbstverständlich anders formuliert werden. Aber die orthodoxe Christin (eine geborene Russin) Myrrha Lot-Borodine hat in ihrem Buch »Die Gottwerdung des Menschen« gezeigt, wie tief verwurzelt diese doch recht »hellenistische« Lehre in der russisch-orthodoxen Kirche ist und dort Garant eines lebendigen christlichen Glaubens geblieben ist. Ein anderer großer Laien-Theologe, Vl. Lossky[27], hat in seiner »Mystischen Theologie der morgenländischen Kirche« diesen Glauben entfaltet.

Es ist an der Zeit, die rationale, von der Aufklärung beeinflußte Theologie zu weiten. Das Gespräch mit der Ostkirche kann hierzu Wege weisen. Dabei wird sicherlich unsere eigene westliche Tradition der Mystik in neuem Licht erscheinen. Nur ein solches Gespräch wird auch Brücken schlagen zur östlichen Religiosität und den Menschen Hilfe bieten, die dort oder in der Esoterik auf der Suche sind.

2. Indische Weisheit – christliche Mystik

So nannte der Benediktiner Dom Le Saux (1910–1973) sein Dialogbuch mit der ostasiatischen Tradition; er gab ihm den Untertitel: »Von der Vedanta zur Dreifaltigkeit«[28]. Bettina Bäumer[29] nennt den Benediktiner mit Recht »ein(en)

Brückenschläger sowohl zwischen indischer und christlicher Spiritualität als auch zwischen der ältesten monastischen Tradition Indiens sowie der christlicher Wüstenväter einerseits und der heutigen Suche nach neuen religiösen Lebensformen andererseits«.

Dem mit dem Dialog der Religionen Vertrauten muß man ihn, der den indischen Namen Swami Abhishiktananda trug, nicht vorstellen. Wohl alle – Christen wie Hindus – stimmen darin überein, daß dieser Einsiedler, der Ramana Maharshi nachfolgte, im christlichen Ashram Shantivanam und in den Höhlen des heiligen indischen Berges Arunchala wie kein anderer die Brücke zwischen den Religionen betreten hat. Seine aus der Erfahrung stammende und auf Versöhnung zwischen den religiösen Traditionen hinzielende Grundintention beschreibt er[30] so:

»Die Vedanta-Erfahrung des Saccidananda ist ohne Zweifel eine der höchsten geistigen Spitzen, die der Mensch außerhalb der ausdrücklichen Offenbarung des menschgewordenen Wortes erlangt hat. Betrachtet man sie jedoch im Licht der trinitarischen Erfahrung, so erhält man doch den Eindruck, sie sei noch monadisch und münde in ein dunkles Schweigen aus. Gilt nicht das gleiche vom OM, in das sie sich auflöst? ... Zweifellos kann der Saccidananda das Leben Gottes, das sich im Alten Testament scheinbar noch ziemlich äußerlich geoffenbart hat, nicht ausdrücken. Viel weniger noch kann er das so viel innerlichere und geheimnisvollere Leben der dreifaltigen Gemeinsamkeit auch nur erraten lassen, die Jesus in der Fülle der Zeiten geoffenbart hat. Muß das statische OM, das sich in sein Schweigen hüllt, nicht gerade dadurch dieses Schweigen für immer über sich schließen?

... Das Sein dagegen ist gerade in seinem Sich-Schließen Erwachen, Auferstehen, Aufquellen (›Ostererwachen‹ heißt die entsprechende Überschrift im Buch). Wenn der Christ aus seiner Advaita-Erfahrung erwacht, so betrachtet er den Saccidananda wie aus seinem Inneren heraus und durch dieses Innere. Bis dahin hatte er gesucht, ihn gewissermaßen von außen her zu durchdringen; aber seine Masse war hart wie Diamant ... Da war einerseits das unmögliche Anderssein und der Dualismus. Andererseits die unbegreifliche, aber unvermeidliche Nichtdualität, die Verschmelzung oder Identifikation, oder genauer das Verschwinden und der Verlust seiner selbst ... Es ist wirklich nur der Herr, der imstande ist, den

Menschen aus diesem Schlaf zu wecken; er tut es durch sein Wort, das das Nichts zum Sein und den Tod zum Leben beruft ... Dieses Erwachen aber vollzieht sich im Schoße und aus dem Schoße des Saccidananda. Der Himmel, in dem sich Gott bis dahin gewissermaßen verborgen hielt, öffnet sich endlich und geht zutiefst im Herzen auf.«

Le Saux findet also gerade mit Hilfe des als hellenistisch gescholtenen Christentums, mit Hilfe des trinitarischen Dogmas den Zugang zur indischen Weisheit, und er kann diese große Spiritualität zugleich bejahen wie in Richtung auf Jesus hin vertiefen: Die Alleinheit-, Nichtzweiheit-Erfahrung vom Absoluten bricht durch Jesus auf zum inneren Leben Gottes, in dem die Wärme der Begegnung, die Zweiheit der Liebe sichtbar wird.

Le Saux faßt seine Erfahrung in poetische Worte und trifft sich darin mit K.-J. Kuschel, der ebenfalls zeigt, daß die tiefsten Ahnungen der christlichen Botschaft ohne das Hinhören auf die Künstler und das Lernen von ihnen nicht mehr legitim auszudrücken sind. Vielleicht liegt hier der Grund für Kuschels Abstand von der patristischen Tradition, daß er sie im Trend der Theologie nur mit rationaler Logik, nicht aber mit poetischer und personaler Intuition liest.

Der Germanist Fr. Ohly[31] schreibt zur Entwicklung der theologischen Sprache: »Die mit ihren Anfängen im 12. Jahrhundert sich ereignende Gewichtsverlagerung von einer exegetisch-schriftgebundenen zu einer systematischen, philosophisch spekulierenden, auf begriffliche und dogmatische Distinktionen ausgerichteten Theologie ... bewirkte einen Sprachwandel ohnegleichen ..., daß die von Augustinus bis ins Hohe Mittelalter dominierende Sprache in Metaphern ... wie mit einem Male ausgelöscht ist.« Le Saux zeigt nun: Im Gespräch mit der Religiosität Ostasiens brauchen wir die so hart kritisierte hellenistische Metaphysik, die aber in der patristischen Theologie bildgebunden blieb. Natürlich ist sie heute auf dem Boden des ausgehenden 20. Jahrhunderts neu zu bedenken und sicher auch neu zu erfahren. Poesie und personale Begrifflichkeit können dabei weiterhelfen. Die Beziehungen zur Sac-cid-ananda-Erfahrung Indiens bedeuten eine Brücke zu einer großen mystischen Traditionen der Welt und sind zugleich ein Hinweis für die Vertiefung der europäischen Theologie.

Auch Raimondo Panikkar[32], ein anderer Vermittler zwischen Indien und Europa, zwischen indischer Religiosität und christlicher Botschaft (die eremitischen Nachfolger Le Saux' und seines Freundes Monchanin haben nach meinem Urteil nicht das Format dieser beiden Vorkämpfer des Religionsdialogs) findet den Weg ins Gespräch über die christlich-hellenistische Tradition der Dreifaltigkeit. Er stellt sich dabei bewußt auf den Boden des Christentums und zeichnet seine Vision nach:

»Alle authentischen Religionen sind auf dem Weg zur einzigen und wahren Religion, sie verwirklichen in verschiedenen Graden das Wesen der Religion.

Ich persönlich glaube – und ich sehe es als eine Pflicht der Aufrichtigkeit an, dies von vornherein zu betonen –, daß diese Einheit, nach der sich alle Menschen guten Willens heute tatsächlich sehnen, das überzeitliche und gleichzeitig geschichtliche Christentum ist. Aber es ist hier nicht meine Aufgabe, dies zu beweisen.«

Nur mit dieser für ihn selbstverständlichen Voraussetzung kann er sich in ein offenes Religionsgespräch begeben. Doch auch dabei weiß er[33]:

»Die eigenen religiösen Überzeugungen vom religiösen Gespräch auszuschließen, kommt dem Versuch gleich, unter Ausschließung des Vernunftgebrauches ein vernünftiges Gespräch zu führen. Letzte Überzeugungen – und religiöe Überzeugungen sind immer letzte Überzeugungen – können nicht eingeklammert werden; es bliebe kein *Täter* übrig, der eine solche Operation überstehen würde.«

Für unsere Fragestellung ist es nun erhellend zu sehen, daß er in diesem Gespräch ebenso wie Le Saux auf die gescholtene, angeblich überholte »hellenistische« Gestalt des Christentums zurückgreift, um überhaupt eine Basis für den fruchtbaren Dialog zu finden[34]:

»Christus wird nicht *nur* als historischer Erlöser, sondern *auch* als alleiniger Sohn Gottes, als die zweite ›Person‹ der Trinität, als das einzige ontologische Bindeglied – zeitlich und ewig – zwischen Gott und der Welt gesehen.«

Diese im sogenannten Hellenismus ausgearbeitete Begrifflichkeit vom »ewigen Wort in Gott«, das Mensch wird, macht sowohl den Dialog mit der indischen Religiosität möglich und ist zugleich auch die Grundlage einer breit überlieferten christlichen Mystik; es ist eine Begrifflichkeit, die historisch gesehen zum Urbestand christlichen Glaubens gehört.

In seinem jüngsten Buch »Der Weisheit eine Wohnung bereiten«[35] wagt Panikkar sogar die für manchen christlichen Bibelwissenschaftler schockierenden Worte vom

»radikale(n) Bruch zwischen dem Christentum und der monotheistischen Tradition des Judentums. Und das ist die Trinitätslehre, die besagt, daß Gott wirklich eingeht in die Welt ... Solange das Christentum nicht den Mut hat, sich hier von den abrahamitischen Ursprüngen zu befreien, wird es eine jüdische Sekte bleiben; aber dann hat es in Afrika oder Asien nichts verloren, denn die kolonialistischen Zeiten sind vorbei«.

In der christlichen Trinitätslehre aber sind zwei Aussagen (Erfahrungen mit Gott!) untrennbar eins: Gott kann (a) Teil dieser Weltzeit werden (in der Menschwerdung des Sohnes, im Wirken des Geistes) und bleibt (b) zugleich in der ewigen Transzendenz (der Urgrund des Vaters) seines trinitarischen Lebens. Diese Zwei-(Drei-)Einheit des göttlichen Lebens, die im Hellenismus – für unsere heutige Vorstellung zu statisch – als trinitarische Theologie bedacht wurde, kann – in einem wohl stärker personalen Ansatz – die Brücke zur indischen Religiosität schlagen und zugleich den eigenen Glaubensvollzug, das Herz der christlichen Mystik vertiefend erneuern.

3. Die Nähe des unbegreiflichen Gottes

Um im Gespräch mit der ostasiatischen Spiritualität zu bleiben, muß man sich die Mühe machen, ihrem Lebensgefühl nachzuspüren und dessen Platz und Bedeutung im eigenen Lebensgefühl auszumachen. Das aber wird kaum ohne (erweiternde?) Korrekturen am eigenen Lebensgefühl gehen. Auch wer sich aufgrund seines christlichen Glaubens an die

Einmaligkeit, die dem inspirierten Zeugnis des Alten und Neuen Testaments zukommt, gebunden weiß, muß sich dennoch zugleich der Zeitgebundenheit und damit auch der Einseitigkeit der biblischen Metaphysik und Weltauffassung bewußt bleiben. Ja, gerade weil einer glaubend an der Inspiration der Bibel festhält, sollte er ernst nehmen, daß sich auch die Erfahrung der biblischen Autoren in einer sprachlichen und gedanklichen Form ausgedrückt hat, die gegenüber dem, den ihre Erfahrung meint, zurückbleibt und daher relativ ist. Einerseits kann keine Sprache adäquat die innere Erfahrung wiedergeben, und darüber hinaus geht es um einen Inhalt, der auch die innere Erfahrung grundsätzlich übersteigt. Seltsam, wie viele Exegeten diese Unterscheidung vergessen, wenn sie die Entwicklung der biblischen Botschaft in spätere sprachlich-gedankliche Fassungen (und Erfahrungen!) hinein kritisieren.

Daß eine Weltsicht inhaltlich und sprachlich relativ bleibt, gilt für den sogenannten »metaphysischen« Hellenismus ebenso wie für den eher existentiellen, historischen Realismus der Bibel. Der »absolute« Halt liegt stets außerhalb sprachlicher Fixierung, wie schon Thomas von Aquin[36] wußte, als er schrieb: »Wir glauben nicht die Sätze, wir glauben die Sache (der christlichen Botschaft).« Doch diese »Sache« ist uns eben nur in Sätzen (und, damit verbunden, in den Erfahrungen!) gegenwärtig – eine Differenz, die uneinholbar bleibt. So schrieb Alfred North Whitehead, der in der angelsächsischen Welt weithin als der bedeutendste Philosoph unserer Zeit gilt, 1950[37]:

»Die Meinung von Historikern, man könne Geschichte ohne Vorurteile, ohne Stütze auf metaphysische Prinzipien oder Weltanschauungen erforschen und darstellen, ist ein Trugbild der Phantasie. Das kann nur für richtig halten, wer im Provinzialismus einer Epoche, einer Rasse, einer Schulmeinung oder in tendenziösen Interessen gefangen ist.«

Gibt es nicht auch einen »Provinzialismus« der Abraham-Religiosität? Man wird in seiner eigenen Religiosität nur reifen und lernen können, man wird ihre »Sache« nur dann tiefer und heutiger erfahren können, wenn man diesen Provinzialismus übersteigt, wenn man auf fremde Religiosität hinhört. Und gerade die »hellenistische« und dann auch mystische Gestalt des Christentums bietet eine Basis für das heute so dringende Gespräch mit einer großen fremden, der indischen Religiosität.

Das Erstaunliche und auch Beglückende im Lebensgefühl dieser ostasiatischen Gotteserfahrung ist die unmittelbare Nähe zu Gott, zum Göttlichen, zum Absoluten, wie es ihre großen Gestalten lebten. Man sollte sich einmal der Frage stellen, was ein Inder, für den die »Avatar«-Existenz der heiligen Männer eine Selbstverständlichkeit ist, mit einer »Christologie von unten« anfangen soll, die sich geflissentlich vor jeder göttlichen Aussage über Jesus Christus hütet. Ein Avatar im hinduistischen Verständnis ist doch[38]

»eine Inkarnation des göttlichen Bewußtseins auf Erden. Ein Avatar(a) wird nicht aus karmischen Konsequenzen geboren wie die gewöhnlichen Menschen, sondern aus freier Entscheidung, und er ist sich während des ganzen Lebens seiner göttlichen Mission bewußt. Er kommt, um neue Wege der religiösen Verwirklichung zu finden und sie seinem Zeitalter anzupassen, und er ist in der Lage, seine göttliche Erkenntnis seinen Mitmenschen durch Berührung, Blick oder Schweigen zu übermitteln«.

Le Saux und Panikkar haben recht: Das Gespräch mit einer solchen Religiosität muß von der dogmatischen Formulierung der christlichen Tradition im Hellenismus ausgehen und nicht von einem existentialistisch gedeuteten und oft minimalistisch und verengt verstandenen biblischen Seinsverständnis. Es geht um das Göttliche, das, ohne seine Göttlichkeit zu verlieren, Geschichte werden und so uns nahekommen kann. Mit der verchristlichten Metaphysik Plotins, die heute nicht zuletzt mit Hilfe moderner exegetischer Erkenntnis neu zu überdenken ist, kann offensichtlich eine Brücke zum Verständnis ostasiatischer Religiosität geschlagen werden und ebenso auch zum religiösen Suchen des modernen Menschen.

Die immer stärker werdende Hinneigung moderner Menschen zur oben skizzierten ostasiatischen oder von Ostasien beeinflußten Religiosität zeigt, wie sehr wir es hier mit dringenden Anliegen unserer Zeit zu tun haben. Aber auch eine philosophische Besinnung legt nahe, daß es zur Bereicherung der eigenen Gotteserfahrung führen wird, wenn das Christentum sich der ostasiatischen Erfahrungsnähe zum Absoluten stellt. Der Geist der Aufklärung, nicht aber der biblische, scheint das stärkste Hemmnis für diese Begegnung zu sein. Denn das neutestamentliche Zeugnis ist in seinen johanneischen und (ps.) paulinischen Spätschriften offen für das hellenistische Denken. Der sogenannte »Frühkatholizismus« im Neuen Testament bezeugt dies.

Die ostasiatische Spiritualität lebt allerdings aus einer Gottes-Nähe, die dazu neigt, die Zeit- und Raum-Gebundenheit dieser unserer Welt regelrecht zu verzehren (aufessen, schreibt Dethlefsen) und damit der Inkarnation Gottes auf andere Weise entgegenzustehen. Doch auch in dieser Gefahrenzone finden sich genügend Berührungspunkte zwischen der christlichen mystischen Tradition und den Erfahrungen östlicher Weisheit, Berührungspunkte, die auch in der Geschichte der christlichen Spiritualität schon bedacht wurden.

Swami Vivekananda[39], der Missionar des Neohinduismus, erzählt eine Geschichte über die »Scheinwirklichkeit« von Raum und Zeit, die an die christliche Erzählung über den Mönch von Heisterbach erinnert:

»Der große Heilige Narada sagte zu Krishna: ›Herr, zeige mir Maya.‹ Einige Zeit darauf bat ihn Krishna: ›Hole mir Wasser!‹ Narada ging dazu in ein Haus, verliebte sich dort in ein Mädchen, heiratete es, bekam Kinder. ›Er lebte, wie er glaubte, sehr glücklich mit Frau und Kindern.‹ Eines Tages kam eine Überschwemmung und zerstörte sein Glück. Beim Versuch, zu retten, was zu retten ist, verlor Narada auch noch Frau und Kinder.« Vivekadanda erzählt nun weiter: »Hinter ihm ertönte eine sanfte Stimme: ›Mein Kind, wo bleibt das Wasser? Du wolltest doch Wasser holen, und ich warte auf dich. Du warst eine halbe Stunde fort.‹ ›Eine halbe Stunde?‹ rief Narada aus. Zwölf Jahre waren in seinem Denken vergangen, und alles das war in einer halben Stunde geschehen! Das ist Maya.«

Auch der Mönch von Heisterbach[40] erfuhr im Klostergarten, in dem er für dreihundert Jahre verschwunden war, die tiefe

Wahrheit des biblischen Verständnisses von Zeit und Ewigkeit nach Psalm 90,4 und 2 Petr 3,8: »Denn tausend Jahre sind für dich wie der Tag, der gestern vergangen ist, wie eine Wache in der Nacht.« Er glaubte – umgekehrt wie Narada –, nur wenige Minuten der Natur gelauscht zu haben; doch es waren dreihundert Jahre unserer Zeit. Hier wird die erlebte Zeit von zwölf Jahren nicht aufgehoben in wenige Minuten, sondern die erlebte Zeit von nur einem Tag wird durch Gottes Kraft zur Wahrheit von dreihundert Jahren.

Die dahinterstehenden Weltsichten berühren sich und werden in ihrer Unterschiedlichkeit vergleichbar: die Absolutheit und der Bestand der Ewigkeit gegenüber dem – hinduistisch mit Vivekananda gesprochen – Maya (wörtlich: »Täuschung, Illusion, Schein«) und Lila (wörtlich: »Spiel«, das göttliche Spiel in der Erscheinungswelt[41]) der irdischen Existenz. Positiv gewendet heißt dies aber: Die Absolutheit Gottes, die Wahrheit seines ewigen Lebens ist den Menschen in der Innerlichkeit ihrer Zeiterfahrung näher, als die Dinge und die Geschehnisse unserer irdischen Existenz es vermuten lassen. Dabei muß der Unterschied der hinduistischen und christlichen Legende beachtet werden: Der Mönch von Heisterbach durfte das »Nunc stans« (Meister Eckhart: das in sich stehende Jetzt) der zeitübergreifenden Ewigkeit in der Zeit erleben. Narada aber erlebte die Nichtigkeit seiner als so schön erfahrenen Lebenszeit.

Die Mystik aller Traditionen wird von ähnlichen Erfahrungen begleitet. Ihre Aufarbeitung weist den Weg in den Dialog mit der irdischen Religiosität. Zu ihm ermutigen die Weisungen des II. Vatikanischen Konzils über das Verhältnis des Christentums zu den großen Religionen[42]: »Die katholische Kirche lehnt nichts von alledem ab, was in diesen Religionen wahr und heilig ist.«

Was Raimondo Panikkar[43] schreibt, sollte auch bei einem evangelischen Christen keinen Widerstand erwecken, selbst wenn er den Ausführungen des indischen Theologen nicht in allen Punkten zustimmen könnte:

»Der unsagbare, transzendente, ewige Gott hat die Menschen nie ohne Zeugen für sich gelassen und sich stets in weiser Voraussicht um seine Geschöpfe gekümmert ... Dasselbe Geheimnis, das durch viele Zeitalter hindurch verborgen am Werk war, zeigt sich selbst in Christus – in den letzten Tagen, in denen sich ein besonderes historisches Bewußtsein entwickelt hat, so daß das Einbezogensein der Völker in die *historische* Dynamik der Weltentwicklung eine besondere Beziehung zu Christus miteinschließt.«

Mit dem Akzent, den Panikkar auf das Wort »historisch« legt, hebt er ebenso die einzigartige Rolle des »Avatar«, der Christus heißt, hervor, wie er fordert, die »Praeparatio Evangelii«, das historische Vorherahnen und Vorbereiten dieser Offenbarung Gottes nicht nur im Judentum, sondern auch in den ostasiatischen Religionen oder in der hellenistischen Philosophie zu suchen. Damit zeigt er wiederum, daß das offene Religionsgespräch nicht nur »auch« eine Angelegenheit des christlichen Glaubens ist, sondern für ihn ein striktes »Muß« bedeutet.

In diesem Gespräch wird es um die Frage gehen: Muß die Erfahrungsnähe zu Gott, die in den indischen Religionen so selbstverständlich gelebt wird, die menschliche Individualität nicht versinken lassen in Gottes allgegenwärtiger Absolutheit? Kann sie auch so gelebt und gefaßt werden, daß das menschliche Individuum und die Realität der Schöpfung mit dieser allumfassenden Absolutheit zusammen existieren kann, ohne sich gegenseitig aufzuheben? Eben diese Frage hat sich Le Saux gestellt und – ähnlich wie schon Dionysios der Areopagite – beantwortet mit der Verwurzelung einer Begegnungsvielfalt im Herzen des Göttlichen, in Gottes dreifaltigem Leben. Dort nämlich lebt das schöpferische Urbild einer umfassenden Einheit (*ein* Gott); in ihr ist die Vielheit (*drei* Personen) nicht aufgehoben, sondern diese lebt aus dieser Einheit.

Nicht in einem irgendwie zu begreifenden Abstand zum Göttlichen, sondern in diesem bleibenden Geheimnis Gottes sehen Dionysios und Le Saux den Unterschied zwischen Gott und Mensch begründet. Bei Dionysios gipfelt der Aufstieg des Menschen zu Gott, den er typologisch am Aufstieg des Mose zum Berg Sinai abliest, in der »Theologia Mystica«; sie ist die helle Dunkelheit der Wolke, in die Mose eintritt und wo er »erfährt«, daß Gott ganz anders ist, als alle vorherigen Begriffe und Erfahrungen besagen. Dionysios muß dem gleichen, vorher im reichen Licht der Aufstiegsstufen vielfältig erfahrenen Gott alles Erkennbare wieder absprechen, weil er das Geheimnis dieser Vereinbarkeit von Vielheit der Schöpfung und All-Einheit logisch und empirisch nicht fassen kann. Aber in eben diesem Geheimnis gründet die Vereinbarkeit. Das von Harnack diskreditierte »Geheimnis«, »Mysterion« (Bouyer) wird zentral für die christliche Erfahrung von Gott und Mensch, von Nähe Gottes in der Vielfalt seiner Schöpfung.

Diese Negation alles Begreifens und Erfahrens ist kein blind vorausgesetztes Postulat, sondern die Aufgipfelung einer vorangegangenen reichen Erfahrungswelt, die vielfältig von ähnlichen »Geheimnissen« durchzogen ist. Panikkar[44] zeigt, daß erst durch den »positiven« Aufstieg zu Gott über die Bedeutungsvielfalt unserer Welt hinaus der Überstieg in Gottes letztlich nur negativ auszusprechendes Geheimnis Sinn hat:

»Selbst eine apophatische Theologie beruht auf der Negation der Bedeutung der Worte, die bedeutungsvoll sind in unserem Kosmos ... Eine Theologie ohne Kosmologie (wird) bedeutungslos ... Eine Kosmologie ohne Theologie wird selbst theologisch.«

In den Fragebereich unseres Anliegens übersetzt heißt dies: Die Erfahrung Gottes, die nur über die »Negation« alles Diesseitigen zu erreichen ist, beruht zugleich auf der Erfahrung des göttlichen Wirkens innerhalb von Raum und Zeit der Welt. Anders gesagt: Ohne die Immanenz Gottes in seiner Schöpfung wäre auch seine Transzendenz nur leeres Schweigen. Im Glauben an Gottes trinitarisches Leben hat diese urreligiöse Erfahrung ihren dogmatischen Niederschlag gefunden. Der Weg zur mystischen Erfahrung des göttlichen Geheimnisses wird gewiesen von Erfahrungen, die Gottes Geheimnis schon in der Immanenz unserer Welt begegnen. Nach Dionysios leuchtet das unbegreifbare Licht Gottes schon in den Licht- und Schattenerfahrungen unserer Welt auf.

Le Saux hat im obigen Zitat Entsprechendes gleichsam umgekehrt formuliert: Das »dunkle Schweigen«, das statisch in sich ruht, wird durch Gottes Offenbarung in Jesus Christus aufgebrochen zum Glauben an ein innergöttliches, dreifaltiges Leben. Das gleiche göttliche Geheimnis auch in nichtchristlicher Religiosität am Werk zu sehen und zu erspüren, kann die (schon oben dargestellte[45]) Aufgipfelung in Jesus Christus verstärken.

Das Problem, das sich hieran anschließt, ist der theologische (und empirische) Ort, an dem diese Immanenz Gottes in seiner Welt zu greifen ist, und die Frage, wie diese Wahrheit sich im Glauben darstellen muß.

C. »DER GEIST DES HERRN ERFÜLLT DEN ERDKREIS«

Das Buch der Weisheit, aus dem die Überschrift dieses Kapitels genommen ist (1,7), gehört zu den deuterokanonischen Büchern des Alten Testaments, denen Luther die Aufnahme in den eigentlichen Kanon der inspirierten Schriften verweigerte, obwohl es vom Gros der Kirchenväter als gleichberechtigt mit den anderen anerkannt und auch von Luther selbst hochgeschätzt wurde. In der modernen Forschung beider Konfessionen hat es an Bedeutung gewonnen; denn als jüngster und griechisch verfaßter Text der alttestamentlichen Schriften dokumentiert es das Gespräch mit der hellenistischen Umwelt, das in einigen Schriften des Neuen Testaments eine Fortsetzung fand[46]:

»Mit dem weitgefächerten Begriff ›Weisheit‹ war ihm ein Substrat an die Hand gegeben, in dem sich das Denken und Empfinden zweier Kulturkreise begegneten. Dadurch gelingt es ihm, die alte biblische Botschaft in einer aktuellen und attraktiven Form darzubieten. Nicht jedoch nur im Hinblick auf Sophia zeichnet sich ein Brückenschlag zwischen Weisheit und hellenistischen Vorstellungen ab.«

Yves Congars Buch über den Heiligen Geist[47] knüpft an die Verbindungen des Alten zum Neuen Testament an und geht von dort weiter zur Entfaltung dieser Weisheits- und Geist-Theologie im Denken und Erfahren der Kirchenväter. Zunächst zitiert er aus dem klassisch gewordenen »Theologischen Wörterbuch zum Neuen Testament«:

»Die Verselbständigung des Geistes im Judentum ist auffallend. In der rabbinischen Literatur redet man sehr oft vom Geist in persönlichen Kategorien ... Das Entscheidende ist, daß der Mensch hier vor einer Wirklichkeit steht, die von Gott her zu ihm kommt, gewissermaßen die Gegenwart Gottes repräsentiert und doch mit ihm nicht identisch ist.«

Congar spannt dann den Bogen weiter ins Neue Testament hinein:

»Der Hauch-Geist Gottes ist in der jüdischen Bibel das Wirken Gottes; Gott zeigt sich in ihm tätig, um im Bereich der Natur zu beseelen und zu beleben. Durch ihn führt Gott sein Volk und erweckt für es Helden ... Der verheißende Messias wird all das überragen und in Höchstform enthalten.

Die ›Ökonomie‹, der Plan Gottes ... läuft auf eine tiefere Innerlichkeit zu. Die Eschatologie wird absolutes Innesein sein: ›Gott alles in allem‹ (1 Kor 12, 6; 15, 28). Im Alten Testament besteht ein offensichtliches Vorwärtsschreiten. Dieses wird im Neuen Testament gipfeln, das mit einer vollkommeneren Offenbarung und Erfahrung des Geistes verbunden ist.«

Schon aus diesen geschichtlichen Notizen läßt sich erkennen, auf welchen theologischen Säulen das Gespräch zwischen »indischer Weisheit und christlicher Mystik« aufbauen muß und wie die Reflexion über die christliche Gotteserfahrung sich hätte weiter entwickeln müssen, um dem Reichtum der tatsächlichen Gotteserfahrung, wie sie in der christlichen Mystik zu finden ist, gerecht zu werden.

1. Gott in allen Dingen finden

Doch die Geschichte der abendländischen Theologie verlief anders. Mit der Trennung von der Ostkirche, die schon lange vor dem endgültigen Bruch begann, traten Theologie und Erfahrung des Geistes Gottes gegenüber Logik und Recht in den Hintergrund. Erst in unserem Jahrhundert beginnt man allmählich diese »Geistvergessenheit« aufzuarbeiten. Vor kurzem noch hätte man das »Gott in allen Dingen finden« als reine Erbaulichkeit abgetan, statt es theologisch-geistlich zu verarbeiten.

Wer im westlichen Christentum dem paulinischen »Gott alles in allem« nachspürt, wird schnell auf die mit Ignatius von Loyola[48] verbundene Formel des »Suchens und Findens Gottes in allen Dingen« stoßen. So antwortet der Heilige brieflich auf die Frage: »Worauf ist beim Gebet zu achten?«[49]: »Die Gegenwart unseres Herrn in allen Dingen suchen, im Sprechen, im Gehen, Sehen, Schmecken, Hören, Denken und überhaupt in allem.«

Doch von der Forschung kaum beachtet ist die Tatsache, daß dieses Wort nicht nur in der christlichen Tradition geläufig war (David von Augsburg, Mechthild von Magdeburg usw.), sondern eine Grundeinsicht der intellektuellen Mystik Meister Eckharts ausspricht und geradezu die formelhafte Zusammenfassung seiner Ethik darstellt. Nach D. Mieth[50] hat Eckhart damit das urchristliche Ethos des Seins und Arbeitens in der Welt wiederentdeckt. Doch Meister Eckhart wird auch zur Zeit immer noch fast nur von der Germanistik und einigen Philosophen, kaum aber von der Theologie beachtet.

Schon in seinen frühen deutschen »Reden zur Unterweisung«[51] (es waren Tischgespräche mit seinen Mitbrüdern) schreibt der Thüringer:

»Ein solcher Mensch, der nur Gott im Sinne hat, trägt Gott in allen seinen Werken und an allen seinen Stätten. Alle Dinge werden ihm lauter Gott. Der Mensch soll Gott in allen Dingen ergreifen. Er muß lernen, die Dinge zu durchbrechen und seinen Gott darin zu ergreifen. Entweder muß er Gott in den Werken zu ergreifen und zu halten lernen, oder er muß alle Werke lassen.

Und darum lernet gern von Gott in allen Dingen und folget ihm, so wird's recht mit euch; denn alle Dinge haben für die innerlichen Menschen eine inwendige göttliche Seinsweise. Der Mensch muß sich daran gewöhnen, in kleinen Dingen das Seine zu suchen und zu ergreifen, vielmehr in allen Dingen Gott zu finden und zu erfassen.«

Mit dem Sprechen von der »Intellektualität der Mystik« Meister Eckharts will die Forschung festhalten, daß bei ihm – wie bei kaum einem vergleichbaren anderen – Erfahrung und theologisch-philosophisches Denken zur Einheit geworden sind. Das Vertrautwerden mit seinem theologischen Denken kann also helfen, sich auch seiner mystischen Erfahrungstiefe zu nähern. Sie bilden bekanntlichweise[52] eine der wichtigsten gemeinsamen Basen im christlichen Dialog mit der hinduistischen und buddhistischen Mystik.

Im Gegensatz zu unseren Denkgewohnheiten, die von der östlichen Weisheit als »dualistisch« gebrandmarkt werden, ist eine nicht-dualistische (hinduistisch: Advaita) Grundsicht des Seins auch für Eckhart die umfassende Voraussetzung seiner theologischen Mystik. Sein Denken beginnt also nicht so, wie es in der üblichen Theologie geschieht: Gott und Mensch werden in ihrer Verschiedenheit gesehen, und dann versucht man mühsam auch ihre Einheit zu begreifen (Schöpfung, Allmacht, Vorsehung usw., und daran anschließend die scholastischen Subtilitäten einer promotio physica oder des concursus divinus[53]). In Meister Eckharts Intuition ist die Einheit des Seins in Gott Rahmen und Grund allen weiteren Denkens; dies war auch die Ursache, weshalb man – ihn mißverstehend(!) – einige Sätze aus seinen Schriften und Predigten verurteilt hat. Er schrieb und predigte z. B.[54]:

»Alle Kreaturen sind in Gott und sind seine eigene Gottheit. Er ist ein Vater der ganzen Gottheit ... Gott ist Eins, er ist ein Verneinen des Verneinens.
Gott ist völlig Eins; er erkennt nur sich allein. Gott gebiert sich vollständig in seinem Sohn; er spricht alle Dinge in seinem Sohn. (Der Mensch) ist eines in jenem Einen, in dem alle Mannigfaltigkeit Eins und eine Nicht-Mannigfaltigkeit ist.
Der Vater und du selbst und alle Dinge und dasselbe Wort sind eins in dem Licht.
Eines mit Einem, Eines von Einem, Eines in Einem und in Einem Eines ewiglich. Amen.«

Doch dieses »Eins-Sein« darf nicht statisch verstanden werden, wie es der Irrtum der mittelalterlichen Kirche und der Irrtum der esoterischen Eckhart-Deutung[55] ist. Eckharts »Eins-Sein« ist nämlich von einer inneren Dynamik geprägt, die zwei Pole hat: Gott, der ganz und gar ein Schenkender ist, und den Menschen, der in seinem innersten Wesen ganz und gar ein Empfangender ist. Und je mehr er Mensch und Person ist (Meister Eckhart spricht vom Seelenfünklein, und selbst dieses Wort erscheint ihm nach der ersten Maria-Marta-Predigt noch zu sehr begrifflich fixiert), desto mehr ist er – als Empfangender wohlgemerkt – eins mit dem einen und einzigen Sein, das Gott ist – Gott als sich ganz und gar Schenkender verstanden.
Karl Rahner[56] hat den gleichen Sachverhalt in moderner Sprechweise oftmals folgendermaßen ausgedrückt: »Im

kreatürlichen Sein wachsen Abhängigkeit von Gott (Eckhart: Einheit mit ihm) und Selbstand (menschliche Freiheit) in gleichem Maß.«

Meister Eckhart wird nicht müde, in immer neuen Bildern diese polare und für das Denken uneinholbare Spannung von dem ungeschaffenen Gott und dem geschaffenen Menschen zu zeigen:

– nur wie ein Spiegelbild ist das Geschöpf eins mit Gott, ganz und gar abhängig von dem, der vor dem Spiegel steht;

– nur wie ein Echo ist es eins mit dem Ruf, der das Echo auslöst;

– nur wie ein Krug ist der Mensch Empfänger des göttlichen Seins; doch anders als der Krug oder das Faß sind auch die Holzdauben noch reines Geschenk, reines Herkommen von Gott;

– nur wie ein Wort, das vernommen wird, ist das menschliche Sein »eigentlicher« in dem, der das Wort spricht – das ist Gott –, als in dem, der es hört, d. h. also in sich selbst. Und so liest man auch z. B. in Eckharts lateinischem Kommentar zum Buch der Weisheit die berühmte Lehre von der Gottesgeburt, besser gesagt, der Geburt des göttlichen Wortes im Grunde der Seele: »Ruhe und Schweigen muß alles umfangen, damit Gott, das Wort, in den Geist kommt durch die Gnade und der Sohn in der Seele geboren werde.« Dieses Theologumenon kann zeigen, wie Eckharts Einheits-Denken und -Erfahren sich zugleich verbindet mit der christlichen Urerfahrung von Gottes Du, in der Gott erfahren wird als jemand, der dem Menschen gegenübersteht.

Wenn alles von Gott, dem Schöpfer und Erhalter, abhängt – in Meister Eckharts Sprache also ein einziges, aber dynamisches Sein bildet –, dann ist Gott in seinem wirklichen Sein überall gegenwärtig. Auch nach Auffassung der klassischen Theologie darf man aus dieser Einheit nun nicht zweierlei machen: auf der einen Seite Gott und neben ihm sein Wirken. Gott ist jedoch von seinem Wirken nicht abzulösen[57]: Gott selbst ist mit und in seinem Wirken – Eckhart sagt: in seinem Sein – überall gegenwärtig. Denn alles hängt von Gott ab. Je tiefer nun einer sich dessen bewußt wird – und diese Tiefe wird in Meister Eckharts Lehre vom Seelenfunken ausgesprochen –, desto unmittelbarer ist in seinem Bewußtsein Gottes eigenes Sein gegenwärtig, oder mit anderen Worten gesagt: Gott in seinem ewigen, dreifaltigen Leben. Das kann aber nichts anderes heißen als »Gottesgeburt in der Seele«. Doch hierbei ist für Meister Eckhart selbstverständlich: Gott ist in seiner Schöpfung und besonders im gnadenhaften Höhepunkt der Gottesgeburt nur gegenwärtig »durch die Gnade«, also als Geschenk des Ewig-Schenkenden; denn Eckharts Vorstellung von Sein ist eine dynamische, die Schenker und Beschenkte umgreift.

Hugo Rahner[58] hat in einer wichtigen Arbeit gezeigt, daß dies keine neue Theologie und Mystik des Eckhart ist, sondern die gemeinsame Lehre einer ehrwürdigen, großen Tradition, die bis in den Ursprung der Theologie hinabreicht. Neu ist bei Eckhart nur, daß er diese Überlieferung aus dem Dämmerlicht zwischen moralischer Anmutung und ontologischer Seinsaussage herauszieht, sie zu einer klaren Seinsmetaphysik reinigt und mit philosophischer Genauigkeit vorträgt.

Auf den Erfahrungsgrund hin befragt, der bei Meister Eckhart zusammenfällt mit der Seinsmetaphysik, heißt dies: Eins-Sein mit dem Absoluten, mit dem Letzten, mit dem Ganzen. Aber zugleich ebenso grundsätzlich: Bejahung der Eigenständigkeit der Welt in Raum und Zeit; und dies gerade wegen der Einheit mit Gott, denn überall ist Gottes Absolutheit seinshaft als Geschenk gegenwärtig und deshalb auch wirksam. Die geschaffene Welt empfängt ihren seinshaften Eigenstand nur aus Gottes ständig wirkender Gegenwart. Am dichtesten ist diese Absolutheit Gottes dort gegenwärtig, wo die Schöpfung ihren höchsten Eigenstand hat, in der Freiheit des Menschen, dort, wo dieser aus seiner Mitte heraus – Eckhart nennt sie Seelenfünklein – lebt, einer Mitte, die in ihrer Seinshaftigkeit reines und ständiges Geschenk von Gott her ist.

Mit anderen Worten: Je mehr der Mensch sein Herkommen-von-Gott und damit die Einheit des Seins-mit-Gott realisiert, desto mehr ist er eigenständige Person und steht zugleich in der Mitte des einen, ewigen Seins. Wie bei Le Saux öffnet sich das »statische Om«, das in seinem »ab-

schließenden Sein« hart wie »Diamant« zu sein scheint –
das wäre ein statisch aufgefaßtes Sein – zur befreienden Dynamik des Auferstehungsmorgens in das Leben Gottes hinein. Das Ja zur hinduistischen Sac-cid-ananda-Erfahrung,
zum Einssein mit dem Unendlichen, ist im Sinne Meister
Eckharts also dann möglich, wenn diese lebendige, sich
übersteigende und als Geschenk sich zum Schenker öff-
nende Dynamik gewahrt bleibt. Aber dann ist dieses Ja zur
Einheitserfahrung – hinduistisch: advaita – nicht nur möglich, sondern notwendig; denn es gehört zur Fülle der mystischen Erfahrung.

Damit ist nichts exklusiv Esoterisches gemeint, sondern die
christliche Mystik wird dort berührt, wo sie nach Karl Rahner[59] »theologischer Kern«, »inneres, wesentliches Moment
des Glaubens« ist. Dies möge ein Text aus den ignatianischen Exerzitien zeigen. Auf dem Gipfel der Exerzitien bietet Ignatius[60] eine »Betrachtung, um die Liebe zu erlangen«
an:

»Schauen, wie Gott in den Geschöpfen wohnt: in den Elementen,
indem er Sein gibt ... in den Menschen, indem er Verstehen gibt;
und so in mir, indem er mir Sein gibt; indem er mich beseelt ...
und indem er mich verstehen macht; ebenso indem er einen Tempel aus mir macht ... Erwägen, wie Gott sich in allen geschaffenen
Dingen aus dem Angesicht der Erde für mich müht und arbeitet ...
Schauen, wie alle Güter und Gaben von oben herabsteigend ... so
wie von der Sonne die Strahlen herabsteigen ...
Die Liebe besteht in Mitteilung von beiden Seiten: nämlich darin,
daß der Liebende gibt und mitteilt, was er hat ... und genauso umgekehrt der Geliebte dem Liebenden.«

Ignatius hätte die Metaphysik Eckharts sicherlich nicht
nachvollziehen können. Sein Genie war das eines Prakti-
kers, nicht das eines Metaphysikers. Aber seine klassisch gewordene Übungsanleitung zur Erlangung der Liebe kann
zeigen, welch solides Fundament die Einheitsmetaphysik
Eckharts auch in der christlichen Frömmigkeit besitzt. In
der ignatianischen Sprache der Liebe kommt doch das gleiche Erfahrungsfeld der Immanenz Gottes zum Ausdruck
wie in der Seinssprache Meister Eckharts. Eckhart hat also
eine urchristliche Frömmigkeitserfahrung in metaphysi-

scher Konsequenz durchdacht und – wie unbestreitbar ist – auch durchlebt.

Um zu dieser Einsicht zu kommen, genügt es auch, das grundlegende Axiom der Erlösungslehre der Kirchenväter und späterer Theologen in eine ontologische Sprache zu übersetzen: »Der Mensch wird Gott – aber nicht aus Natur, sondern aus Gnade!« Das heißt nichts anderes, als daß das dynamische Eigensein Gottes den Menschen umgreift und von innen her neu macht – was aber nur ständiges Geschenk, niemals Besitz ist.

2. Gottes Gegenwart als Gottes Geist

Mit dem vielfach beschriebenen Neuaufbruch einer Geist-theologie, die untrennbar ist von der Bewegung der »Geist-Erneuerung«[61] und sich in vielen konkreten Gestaltungen zeigt, werden in unserer Zeit Wissen und Erfahrung von der Lebens- und Liebeseinheit der Schöpfung und besonders des Menschen, die die frühen Zeiten der Kirche geprägt hat, eingeholt. Damit wird ein neues und auch tieferes Verständnis dessen möglich, was Meister Eckhart in seiner »intellektuellen Mystik« auszuformulieren versuchte. Die nicht zu leugnenden Defizite seiner Theologie in der Christologie, Ekklesiologie und Sündenlehre[62] können zum Teil damit erklärt werden, daß ihm in der damaligen theologischen Situation für die unerbittliche Konsequenz seines Denkens die theologische Wahrheit vom Gottesgeist nicht mehr oder noch nicht zur Verfügung stand. Die viel beklagte »Geist«-Vergessenheit der westlichen Christenheit dauerte ja bis in unsere Zeit. Der Neuaufbruch aber erfordert auch von der Theologie ein neues Denken, das den Rationalismus einer eindimensionalen Logik und den reduktiven Empirismus übersteigt.

Die Besinnung auf die Wahrheit der Geist-Gegenwart Gottes in seiner Schöpfung wird dort, wo sie bewußt, d. h. Geist wird – davon bin ich überzeugt –, die Brückenpfeiler tiefer fundamentieren und weiter festigen, damit sie einerseits das Gespräch mit der fernöstlichen Religiosität intensiver ermöglichen und andererseits in den Reichtum und die Weite mystischer Einheitserfahrung mit Gott hineinführen.

a) In der klassischen Theologie wurde Gottes Geist oftmals ein »universale concretum«, ein »konkretes Allgemeines« genannt. Damit wurde ein Zug seiner nur paradox auszudrückenden Wirklichkeit bezeichnet. Die Einsichten, die von der modernen Geisttheologie und Geisterfahrung bereitgestellt werden, können einen Erfahrungszugang zu dieser Bezeichnung eröffnen.

Richard Schäffler[63] hat die philosophisch-religiöse Verwendung der Worte »Geist« und »Seele« untersucht. Er schreibt:

»Das Wort ›Seele‹ bezeichnet ... ein Prinzip des Lebens und zugleich des Erkennens, dessen Unterscheidungsmerkmal darin liegt, daß es ›sich aus innerem Ursprung bewegt‹ und dadurch das Individuum, unbeschadet seiner Einfügung in die Zusammenhänge der Welt, zu unvertretbarem Eigenstand erhebt ...
Das Wort ›Geist‹ dagegen bezeichnet das Individuum gerade dort, wo es aus innerem Ursprung tätig wird, mit dem Allgemeinen verbindet ...
Das Wort ›Geist‹ ... bezeichnet in religiösen wie in philosophischen Kontexten das, was ›das All erfüllt und zusammenhält‹.«

Ähnliches gilt auch für andere Sprachen, wie z. B. für das Hebräische:

»›Naphasch‹ (Seele) bedeutet: Aufatmen, dadurch neu belebt werden, Empfangen der lebenspenden(d)en Luft;
›Ruach‹ (Geist) bedeutet: hauchen, blasen, ausatmen ...
Ein gleichlautendes (aus einer anderen Wurzel stammendes) Zeitwort (bedeutet) ›weit werden‹. Der ausgeatmete Hauch geht ins Weite und Unumgrenzbare; und gerade er macht es möglich, daß das Wort, das wir aus unserem Inneren sprechen, ins Weite geht und die Ungenannten erreicht.«

Für diese »Erfahrung«, die der Sprachgebrauch mit dem Wort »Geist« ausdrückt, der von »mir«, einer »konkreten« Person ausgeht und sich ins Weite, ins »Universale« erstreckt, fand die Scholastik das paradoxe Wort vom »universale concretum«. Damit aber hat sie das biblische »Geist«-Zeugnis in erstaunlich genauer Weise umrissen.

Denn auch in der Heiligen Schrift erscheint der Geist als eine paradoxe Spannungseinheit: Einerseits ist er das »Innerste meines Inneren« (Augustinus), etwa wenn es heißt: »Wir wissen nicht, worum wir in rechter Weise beten sollen; der Geist selber tritt jedoch für uns ein« (Röm 8,26). »Gott sandte den Geist seines Sohnes in unser Herz, den Geist, der ruft: Abba, Vater« (Gal 4,6). Und zugleich ist dieser »in unsere Herzen ausgegossene Geist« (Röm 5,5) Garant von Freiheit, von Offenheit, von Weite, von Fülle, von Ganzheit, von Universalität (Augustinus: »Höher als mein Höchstes«). So heißt es: »Es gibt verschiedene Gnadengaben, aber nur den einen Geist« (1 Kor 12,4). »Denn das Gesetz des Geistes und des Lebens in Christus Jesus hat dich frei gemacht vom Gesetz der Sünde und des Todes« (Röm 8,2). »Wo der Geist des Herrn wirkt, da ist Freiheit« (2 Kor 3,17). Die Apostelgeschichte ist so recht das »Evangelium des Geistes«, der die eine »konkrete« Botschaft Jesu von der Befreiung des einzelnen Menschen (»Deine Sünde ist dir vergeben« – »Sei heil«) zur »Universalität« des »Gehet zu allen Völkern« (Mt 28,19) werden läßt und die eine Kirche in der Vielzahl der Gnadengaben des Geistes gründet.

Hier ist nicht der Platz, den exegetischen Einzelheiten und Differenzierungen nachzugehen. Die neutestamentlichen Schriften sprechen meist noch undifferenziert von der Universalität und beziehen deshalb z. B. die Einheit des Ganzen oftmals auf Jesus Christus, den Spender des Geistes, »dem Gott den Namen gegeben hat, der über alle Namen ist, auf daß im Namen Jesu sich jedes Knie beuge, im Himmel, auf der Erde und unter der Erde, und jede Zunge zur Ehre Gottes des Vaters bekenne: Jesus Christus ist der Herr« (Phil 2,9–11).

Solche Aussagen liegen auf der Linie der Erfahrung der Gegenwart Gottes in seiner Schöpfung, die schon in den Weisheitsbüchern des Alten Testaments ausgesprochen ist und im achten Kapitel des Römerbriefes[64] eine großartige Aufgipfelung gefunden hat. Dort aber nennt sie Paulus Geist; er beginnt sehr persönlich mit dem »Gesetz des Geistes und des Lebens in Christus Jesus, das dich frei gemacht hat vom Gesetz der Sünde und des Todes.«

Für Paulus hat diese Erfahrung des Geistes ihren Grund in Jesus, und deshalb präzisiert er sie auf Jesus hin, ohne sie einfach zu identifizieren: »Der Geist dessen, der in euch wohnt, hat Jesus von den Toten auferweckt; er wird auch euren sterblichen Leid lebendig machen durch einen Geist, der in euch wohnt.«

Man muß die Einheit von der Grundlegung in Jesus und ihrer Entfaltung, die »Geist« genannt wird, im Gedächtnis behalten. Darauf aufbauend nämlich weitet Paulus diese zwischen Erwartung und Erfüllung liegende Geist-Gegenwart Gottes ins Universale aus, auf die »gesamte Schöpfung, die bis zum heutigen Tag seufzt und in Geburtswehen liegt.« Sie nämlich wartet auf uns und unseren Geistbesitz, der uns als ganze Menschen, in der Einheit von Leib und Seele, betrifft; »sie wartet sehnsüchtig auf das Offenbarwerden der Söhne und Töchter Gottes, die wir den Geist als Erstlingsgabe haben, die wir in unseren Herzen seufzen und darauf warten, daß wir mit der Erlösung unseres Leibes als Söhne (und Töchter) offenbart werden.«

Die Geistgegenwart Gottes im einzelnen Menschen ist von innen her bezogen auf die Geistgegenwart Gottes in seiner Schöpfung; und getragen ist beides von Jesus Christus, dem Ursprung und Ziel der Geistgegenwart Gottes.

Die Kirchenväter nahmen die beiden Glieder des »universale concretum«, die universale Weite und die persönliche Betroffenheit, auf und entfalteten sie zur Theologie des einen Geistes Gottes. J. A. Möhler[65] steht mit seiner vor anderthalb Jahrhunderten geschriebenen »Symbolik« im Strom dieser biblischen und patristischen Zeugnisse vom Geist als »universale concretum«, wenn er schreibt:

»Der Geist teilte sich den Aposteln und den übrigen Jüngern mit, als sie vereinigt am nämlichen Orte, und eines Gemütes zugleich sich ihm entgegensehnten; nicht, während der eine hier, der andere dort an irgendeinem verborgenen Orte sich aufhielt; ja sie waren ausdrücklich angewiesen, in Jerusalem versammelt seiner zu harren ...

So ist hier die Erfüllung der einzelnen mit der Kraft von oben in der Art erfolgt, daß sie nur, insofern sie zugleich eine Einheit bildeten, derselben teilhaftig wurden.«

Es ist eben dieser gleiche Geist, der »über die ganze Welt« (Irenäus von Lyon) ausgegossen ist. Yves Congar[66] hat die Zeugnisse in einer dichten theologischen Synthese zusammengestellt und dies mit einer im Mittelalter oft zitierten Maxime unterstrichen: »Jede Wahrheit, von wem sie auch ausgesprochen werden mag, stammt vom Heiligen Geist.« Mit anderen Worten: In jeder »konkreten« Äußerung von Wahrheit ist der »universale« Geist Gottes anwesend.

Ein ebenfalls von Congar zitiertes Gedicht des Sufi-Mystikers und Poeten Rumi († 1273) kann zeigen, wie diese Geist-Erfahrung auch in einer nichtchristlichen, aber monotheistischen(!) Mystik sich ausspricht und die Universalität der Gegenwart Gottes innerhalb der ganzen Schöpfung feiert. Wenn Rumi dies im Geheimnis der Liebe findet, hat er in erstaunlich genauer Weise die mystische Weltschau Teilhards de Chardin[67] vorweggenommen:

»Wisse, es sind die Wogen der Liebe, die das Himmelsrad sich drehen lassen.
Ohne die Liebe wäre die Welt unbeseelt.
Wie könnte sich etwas Unorganisches zur Pflanze umformen?
Wie könnten die pflanzlichen Wesen sich aufgeben, um geistbeseelt zu werden?
Wie könnte der Geist sich aufgeben für den Hauch, von dem ein Ausfluß Maria geschwängert hat? ...
Jedes Atom ist von dieser Vollkommenheit gepackt und eilt ihr entgegen.
Seine Eile sagt im Grunde: ›Ehre sei Gott!‹«

Solche Verse darf ich als Christ zusammenlesen mit großen Texten des Neuen Testaments:

»Alles ist durch das Wort geworden, und ohne das Wort wurde nichts, was geworden ist. In ihm war das Leben, und das Leben war das Licht der Welt« (Joh 1, 34).
»Denn in ihm wurde alles erschaffen im Himmel und auf Erden, das Sichtbare und das Unsichtbare, Throne und Herrschaften, Mächte und Gewalten; alles ist durch ihn und auf ihn hin geschaffen. Er ist vor aller Schöpfung, in ihm hat alles Bestand« (Kol 1, 16 f).
»(Gott) hat zu uns gesprochen durch den Sohn, den er zum Erben des Alls eingesetzt und durch den er auch die Welt erschaffen hat;

er ist der Abglanz seiner Herrlichkeit und das Abbild seines Wesens; er trägt das All durch sein machtvolles Wort« (Hebr 1, 2 f).

Was diese Schriften des Neuen Testament als »schöpferische Gegenwart des Wortes« in der Schöpfung bezeichnen, wurde in der Reflexion der Kirchenväter als »Geist-Gegenwart« Gottes durch Jesus Christus in der Schöpfung erkannt. Die heutige Theologie greift es in vielfältigen Ansätzen wieder auf. Das innere Gesetz dieser »Geist-Einheit« in der Schöpfung Gottes aber heißt »Liebe« – wieder einer der Begriffe, mit denen die Tradition vom Geist Gottes spricht.

b) Nur erwähnt werden muß nach dem Gesagten, daß die biblische und altkirchliche Geisterfahrung alles andere als leib-fremd war. Es hängt mit der griechischen Philosophie der Dualität von Leib und Seele und der nochmaligen aufklärerischen Verfremdung der biblischen Botschaft zusammen, daß Leib und Geist in statischer Weise neben- und gegeneinander gestellt wurden, statt sie in ihrer organischen Einheit zu verstehen. Denn der Geist ist das Prinzip zum Leben, die Kraft zur Weite, der Mut zum Ganzen. Heute herrscht kein Zweifel mehr darüber, daß die christliche, biblische Geist-Erfahrung nur in ihrer konkreten Leibhaftigkeit, nicht aber als Gegensatz zu Leiblichkeit verstanden werden darf. Wichtig wird dies für den III. Teil unserer Überlegungen, in dem gerade diese mit der Ganzheitserfahrung des Geistes gegebene und oft vergessene Vitalität und Sinnenhaftigkeit der christlichen Mystik zu behandeln ist. Hier aber ist schon darauf aufmerksam zu machen, daß eine von der »Geist-Erfahrung« her verstandene Mystik Dimensionen erreicht, die im gängigen Verständnis, das Mystik nur mit Stille, mit Eingezogenheit, mit aszetischer Strenge verbindet, vernachlässigt worden sind. Die Erfahrungen der »charismatischen Bewegung« mit Gesten und Tanz, mit Spontaneität, Gesang und Musik, mit ganzheitlichem, auch ekstatischem Erleben dürfen ebensowenig aus dem Bereich des Mystischen ausgeschlossen werden wie das Prophetische, das von vielen theologischen Theoretikern[68]; denen leider auch Kurt Ruh[69] gefolgt ist, als Gegensatz zum Mystischen gesehen wird.

c) Entscheidend aber für die Auffassung von »Mystik«, wie sie im christlichen Raum allein Berechtigung hat, ist ein Drittes, nämlich die dynamische Struktur dessen, was mit Geist Gottes umschrieben werden soll. Eine an Meister Eckhart angelehnte Überlegung möge dies in seinem Sinne auch intellektuell verdeutlichen.

Es ist – von der christlichen Glaubensvoraussetzung her betrachtet – denkerisch ebenso legitim, Gottes Wirklichkeit als das Ganze, das Eine zu sehen, in dem allein – und nicht außerhalb von dem – die Schöpfung existiert, wie auf andere, üblichere Weise, Gott und Schöpfung als sich gegenübersehend aufzufassen. Im ersten Fall muß mit Meister Eckhart in der Einheit zugleich die Polarität von Gott und Schöpfung konzipiert werden, im zweiten Fall muß über die Dualität der Bogen der Einheit gespannt werden. Beide Möglichkeiten des denkerischen Aufstiegs zu Gott ruhen zugleich auch auf lebendiger Erfahrung[70] auf. Menschliches Verständnis kann sich dem Verhältnis von Gott und Schöpfung in jedem Fall nur auf analoge Weise, also mit Hilfe von »unähnlichen Ähnlichkeiten« nähern und muß sich daher immer von der jeweils anderen Möglichkeit korrigieren lassen. Sprachlich-logisch kann das Verhältnis nur paradox ausgedrückt werden. Das Zeugnis der Mystik bestätigt dieses Phänomen der Paradoxalität, in dem sich Gottes Geheimnis für die Fassungskraft menschlichen Denkens und Erfahrens alleine niederschlagen kann. Deshalb muß auch das Sprechen von Mystik von verschiedenen, sich widersprechenden Erfahrungsbildern her ausgehen; so aber führt es genauer zur gemeinten Wirklichkeit als eindimensionales Sprechen.

In diesem Sinne konzipierte Nikolaus von Kues[71] ein Denken von Gott, das er »coincidentia oppositorum« – »Zusammenfall der Gegensätze« nannte. Dieser eher denkerische Versuch, das Geheimnis Gottes korrekt auszusprechen, entspricht dem Erfahrungszeugnis der Mystik.

Im Gespräch mit der östlichen Spiritualität geht es um die eine Möglichkeit, Gott und die Welt in Einheit zu erfassen. Und hier zeigt Eckharts mystische Intuition, in der die Erfahrung sich noch in Einheit mit dem Denken befindet, einen Weg, wie die bleibende Polarität von Gott und Schöpfung innerhalb der Einheit des Ganzen begrifflich auszulegen ist und damit einer großen mystischen Erfahrung entsprochen werden kann. Auch in der Konzeption Eckharts wird der Gipfel der Erfahrung im Ich-Du-Verhältnis des geschaffenen Menschen zu seinem schöpferischen Grund in Gott erreicht.

Und eben diese lebendige Klammer von der »einzelnen« Individualität zur »Einheit« des ganzen Seins bezeichnet die altkirchliche Tradition als »Geist«. In diesem durchaus legitimen, analogen (also in »unähnlicher Ähnlichkeit« denkenden) Geist-Verständnis von Mystik muß die Kraft des Geistes eine herausragende Rolle spielen, da sie aus dem einen und allumfassenden Grund des Göttlichen stammend dem geschöpflichen einzelnen zugleich den Bestand seiner Individualität verleiht: eine Kraft, aus der der Mensch im Ganzen bleibend zugleich dem Ganzen gegenübersteht; eine Kraft, die sowohl die Seinseinheit mit dem Ganzen repräsentiert, aus der der einzelne nie herausfällt, wie sie auch dem einzelnen den Eigenstand verleiht, in der er dem Ganzen gegenübersteht. In der Sprache des christlichen Glaubens – die als Sprache immer auch nur ein Versuch bleibt, etwas letztlich Unsagbares dennoch zu sagen – ist diese Kraft der heilige Geist Gottes.

Die Rolle des Geistes im Zusammenspiel von Gott und Mensch, von Urgrund und Schöpfung kann nur in immer neuen, oft paradoxen Worten ausgesagt werden:

– Er ist das Ganze: also Gott in der Einheit mit Vater und Sohn. Und er ist zugleich die innerste Innerlichkeit menschlicher Personalität: also der Seelengrund der mystischen Überlieferung.

– Er ist die Kraft Gottes, das innergöttliche Leben. Und er ist zugleich die Kraft, die dem Menschen seine Individualität schenkt.

– Er ist die Einheit in Gott, die sich auch in der bleibenden Einheit der Schöpfung mit Gott widerspiegelt. Und er ist zugleich die innerste Mitte, in der jeder Mensch seine Einzigkeit erlebt und sich zu Gott hinwenden kann.

Die Kirchenväter wiesen im Laufe der Frömmigkeits- und

Dogmenentwicklung diesem Geist Gottes immer deutlicher das Grundprädikat der Liebe zu und erhoben damit die paulinische Wahrheit zum Glaubenssatz: »Die Liebe Gottes ist ausgegossen in unsere Herzen durch den Heiligen Geist, der uns gegeben ist« (Röm 5,5).

Auch für Teilhard de Chardin, der das Aufblühen der Geist-Erfahrung und Geist-Theologie unserer Zeit nicht mehr miterleben durfte, ist das Stichwort Liebe – wie es schon Rumi erahnte – Grundelement seiner mystischen Synthese vom kosmischen Christus, vom Punkt Omega. Darin aber zeigt sich der diametrale Unterschied der biblischen, christlichen zur esoterischen Mystik. Diese scheint allein in der harten Notwendigkeit kosmischer Gesetze, in der menschlichen Annahme des dunklen Schicksals, wie bei Ödipus, die Einheit des Ganzen finden zu wollen.

3. Das Gemeinsame der mystischen Traditionen

Zu fragen bleibt, ob auch eine mystische Tradition wie die Ramana Maharshis als ebenso diametral unterschieden von der christlichen Mystik beurteilt werden muß oder ob es nicht eine Ebene gibt, auf der die verschiedenen großen mystischen Traditionen zur Einheit finden. Der christliche Glaube weiß, daß Gottes Kraft auch in anderen großen religiösen Gestalten verborgen wirksam ist. Doch hier soll von einer auch rational aufzeigbaren und überprüfbaren Basis aus gefragt werden, ob und wie sich diese Einheit auch auf der Erfahrungsebene darstellt.

Worin also trifft christliche Mystik sich phänomenologisch mit wahrer Mystik außerhalb des Christentums? Woran erkennt man echte Gottesmystik, selbst wenn sie das fremde Sprachgewand einer nicht-theistischen Kultur trägt? Denn darüber besteht heute im christlichen Raum wohl kein Zweifel mehr: Es gibt außerhalb des christlichen Glaubensbekenntnisses, außerhalb einer personalen Gottesvorstellung wahre Mystik, die – von der Erfahrungswirklichkeit, wenn auch nicht von der Sprachgestalt her gesehen – den Gott berührt, an den ich als Christ glaube.

Die Ausführungen über die unterschiedliche Gestalt der Spitzenerfahrung, der »peak-experiences«[72] bei Maslow genügen nicht für diese Kriteriologie. Ihr Maßstab liegt einzig in dem positiven Glückserleben der subjektiven Befindlichkeit. Auch innerhalb der ostasiatischen Traditionen gibt es Kritik an der Festlegung von Mystik auf Bewußtseinserweiterung, wie sie in der von Maslow inaugurierten Transpersonalen Psychologie üblich zu sein scheint. Wichtige Zen-Schulen stellen das Leben im Alltag an die Spitze der Erfahrung. Eine Sprachgebung allein genügt sowieso niemals, um die Wahrheit der mystischen Erfahrung aufzuzeigen. Auch eine »monotheistische« Wortgebung kann ein Hängenbleiben am eigenen Selbst verbergen, ebenso wie unter pantheistischer Gestalt wahre Gottesmystik im vollchristlichen Verständnis leben kann.

Doch eines ist jeder wahren Gottesmystik eigen – ganz gleich, unter welcher kulturell und anders bedingten Gestalt sie sich verbirgt: die weiterführende Offenheit, das »Darüberhinaus«, das mit den »Hyper«-Über-Formulierungen die »theologia mystica« des Areopagiten auszeichnet. Bei Ignatius von Loyola ist es das »mas«, das »Mehr«. Carl Albrecht[73] hat dies in seiner exakten Phänomenologie der Mystik als »Offenheit« und »Ankommen eines Umfassenden« beschrieben:

»In der personalen Erfahrung bildet (das ankommende Umfassende) sofort eine höchste Wertsphäre um dieses ankommende Du. Alle gesonderten Bewußtseinsinhalte werden zu einem einzigen, alles füllenden Bewußtseinsraum.«

Erstaunlich exakt, gut verständlich und überraschend modern formuliert Jan van Ruusbroec, der flämische Mystiker des 14. Jahrhunderts, das gleiche »Über-hinaus«; anders ausgedrückt: die bleibende Dynamik der weiterstrebenden Sehnsucht oder des demütigen Verstummens vor dem stets größeren Geheimnis. Diese offene Dynamik, die eben auch aus den Texten Ramana Maharshis als Demut vor dem Letzten, dem Ganzen spricht, darf mit aller Vorsicht als ein Kriterium wahrer Mystik – das heißt im christlichen Verständnis: Gottesmystik – angesehen werden.

In dieser Offenheit, der Transzendenz zum Geheimnis, nicht in der Immanenz der Erfahrung kommen nun die christliche Mystik und manche große außerchristliche mystische Tradition überein. In seinem Buch über die »Geistliche Brautschaft« setzt sich Ruusbroec[74] mit Pseudo-Mystikern auseinander und kritisiert sie scharf. Zuerst beschreibt er überraschend exakt auch die Sitzhaltung, die in unserer Zeit Harvey Cox als »Nes-Zen« und Ernst Benz als »Zen-Snobismus« charakterisiert haben:

»Wenn der Mensch bloß und ohne sinnliche Bilder ist, ledig und in den höchsten Kräften ohne Beschäftigung, so kommt er wegen seiner bloßen Natur schon in eine Ruhe. Diese Ruhe können alle Menschen finden und ohne Zutun der Gnade Gottes besitzen. In dieser Ledigkeit ist die Ruhe genußreich und groß. In sich selber ist sie keine Sünde, denn sie ist von Natur in allen Menschen, sofern sie sich entledigen können.
Wenn der Mensch nun im Ledigsein diese Ruhe besitzt und ihm jede liebevolle Zuwendung eine Störung dünkt, so bleibt er mit dieser Ruhe auf sich selbst gerichtet, und dann lebt er im Widerspruch. Dies ist der Anfang zu allen geistigen Irrwegen.«

Dieser im »Selbst« statisch verharrenden Ruhe setzt van Ruusbroec die wahre Mystik entgegen. Oberflächlich und von außen beurteilt sieht sie der als Erfahrungsimmanenz getadelten Mystik recht ähnlich; durch ihre Dynamik ist sie jedoch ganz anders strukturiert:

»Diese Ruhe ist der übernatürlichen Ruhe, die man in Gott besitzt, entgegengesetzt, denn jene ist ein minnigliches Verfließen mit einem einfaltigen Einblick in die unbegreifbare Klarheit. Die Ruhe in Gott, die immerfort mit innigem Begehren tätig gesucht wird, die in der genießenden Neigung gefunden und im Fließen der Minne ewig besessen wird, wird, einmal besessen, immerzu gesucht. Diese Ruhe ist so hoch über die natürliche Ruhe erhaben, wie Gott über sämtliche Geschöpfe.«

Hier wird der Zug sichtbar, der jeder wahren Mystik eigen ist und Gottesmystik auf christlichem und nicht-christlichem kulturellen Hintergrund, in monotheistischer oder pantheistischer Sprache kennzeichnet: nämlich die Dynamik, die Sehnsucht nach »Mehr«; die Erfahrung, daß das Erfahrene jede Erfahrung überschreitet; die Offenheit, die nie in Besitz übergeht und dort ausruht, sondern stets weiterführt in das stets noch tiefere Geheimnis.

Im Gespräch der Blinden, die den Elefanten betasten, kann der »christliche« Blinde deutlich machen, daß die Einheitserfahrung des Ganzen nicht der Erfahrung von Gottes Personalität widersprechen muß. Im Gegenteil: Die Einheitserfahrung anderer mystischer Traditionen kann mit Worten wie »Geist« oder »Liebe« eine Intensität bekommen, die zweifelsohne der menschlichen Sehnsucht nach dem wahren Gott entspricht, nämlich der Sehnsucht, sich im und mit dem Partner in Liebeseinheit zu verschmelzen.
Die Erfahrung der Einheit mit dem Ganzen, die im intellektuellen Bemühen vieler mystischen Traditionen leicht zur abstrakten Leere oder zum gestaltlosen Sein weiterentwikkelt wird, bekommt durch die abrahamitische Offenbarung mit dem christlichen Höhepunkt in der Mystik Jesu das Gesicht von »Liebes-Einheit«. In der trinitarischen Theologie wagt es das Christentum sogar, diese Liebeseinheit der Begegnung in Gott selbst zu suchen und gibt ihr den Namen »Geist«, einen Namen allerdings, der auch durch manche innerweltliche Erfahrung gerechtfertigt ist.
Der Zen-Philosoph Masao Abe[75] hat diesen christlichen Akzent mit erstaunlicher Klarheit herausgestellt und damit recht ähnliche Gedanken geäußert, wie sie die Philosophie E. Lévinas'[76] bestimmen. Auch Abe sieht den Unterschied der christlichen zur zen-buddhistischen Erfahrung im ethischen, d.h. personalen Uransatz der christlichen Weltbegegnung, während er, als Zen-Philosoph, mit einer Seinserfahrung anfangen will, die noch »vor« einer ethisch-personalen Ausrichtung liegt. Doch kann es vor oder über dem personalen – und das heißt letztlich ethischen, in der Liebe gipfelnden – Zugang zur Welterfahrung noch einen höheren, apersonalen geben?

III. Teil

Das Konkrete und die Welt
Vergessene Traditionen

Beim groß angekündigten, staatlich geförderten und finanziell hoch dotierten Hannoveraner Kongreß »Geist und Natur« vom Mai 1988 sollten die aus aller Welt zusammengekommenen Mitarbeiter Brücken schlagen zwischen Mystik und Wissenschaft, Mensch und Natur, Transzendenz und Welt. Es wurde bekanntlich ein voller Mißerfolg; nur wenige rechtsstehende Journalisten und Berichte aus der Esoterik fanden ein wenig Lobenswertes an ihm. Die auf einen Miniband zusammengeschrumpften Beiträge des Kongresses (eine Gesamtdokumentation war angekündigt): »Geist und Natur. Über den Widerspruch zwischen naturwissenschaftlicher Erkenntnis und philosophischer Welterfahrung«[1] lassen eine entscheidende Ursache für den Fehlschlag erkennen (es gibt auch andere, wie das esoterische Ambiente, die Diskussionsfeindlichkeit, die Antirationalität, mit der z.B. ein Sir K. Popper ausgepfiffen wurde): Es fehlt der Beitrag der afrikanischen oder schwarz-amerikanischen Kultur, es fehlen die Vertreter der Anliegen, die in der südamerikanischen oder anderen Befreiungstheologien sich Ausdruck verschaffen und die viel mit dem Thema des Kongresses zu tun haben. Alle religiösen oder mystischen Beiträge stammen aus Quellen, die man immer noch arrogant als »Hochreligionen« – in Absetzung also von »Primitiv(!)-Religionen«[2] – zusammenfaßt. Daß – überraschenderweise – auch die feministische Sicht[3] so gut wie völlig ausfällt (auf dem Kongreß wurde sie zum Teil nachträglich eingefügt), liegt ebenfalls an dieser Blindheit (wertfrei ausgedrückt!) gegenüber der Vitalität und Ursprünglichkeit dieser Kulturen und ihrer Mystik.

Man ist versucht, die sarkastische Bemerkung Adolf Holls hierauf zu beziehen. Er spricht in seinem Buch »Im Keller des Heiligtums, Geschlecht und Gewalt in den Religionen«[4] von einer »Praxis der Selbsteliminierung« und analysiert deren Folgen für das 11. bis 15. Jahrhundert als »Weltabsage-plus-Ekstasebereitschaft«. Es wäre einer genaueren Untersuchung wert, den Zusammenhang zwischen leibferner Geistigkeit und den sich daraus ergebenden Ersatzhandlungen und Ersatzerfahrungen aufzuzeigen.

Auch in der christlichen Mystik[5] gibt es exemplarische Fälle dieser Art. Auch sie weist Züge einer Leib-Fremdheit auf, die z. B. Swami Vivekananda[6] zur rationalistischen Aburteilung der Naturreligionen führt:

»Wir sollten ... mit denen sympathisieren, die, weil sie der Vernunft folgen, überhaupt zu keiner Religion gelangen. Denn es ist besser, daß der Mensch, weil er der Vernunft Folge leistet, Atheist wird, als daß er auf die Autorität von irgend jemand hin blindlings an zweihundert Millionen Götter glaubt.«

Selbst die in sich vorzügliche Arbeit des Eckhartforschers Kurt Ruh »Geschichte der abendländischen Mystik I: Die Grundlegung durch die Kirchenväter und die Mönchstheologie des 12. Jahrhunderts«[7] – auf einem anderen humanen Niveau und von der eingegrenzten Forschungsabsicht nicht unberechtigt – grenzt Mystik ähnlich leib- und bilderfeindlich ein, wenn es heißt: »Gotteserkenntnis und -erfahrung – beides ist nicht zu trennen – katà tòn gnophon, in caligine, in der Dunkelheit.« Es geht um die Erfahrung des

»göttliche(n) Dunkel(s) ... jenseits aller Namen, auch jenseits (um mit der Scholastik zu sprechen) der Transzendentalien (das sind die übergreifenden Eigenschaften Gottes wie gut, wahr, schön) ... (um) die Aseität (das Aus-sich-selbst-heraus-Sein) der Gottheit.«

Mit dieser Definition von Mystik muß aber Ruh z. B. Hildegard von Bingen aus der Geschichte der Mystik ausschließen; er muß den Kirchenvätern Augustinus, Gregor dem Großen und vielen anderen, deren Einfluß auf die »Mystik« er anerkennt und sorgfältig beschreibt, dennoch die eigene mystische Erfahrung absprechen.

106

Anders setzt die »Mystik«-Definition an, die der zweite herausragende Eckhartforscher unserer Zeit, Alois M. Haas[8], vorlegt. Sie führt in die gleiche Tiefe, läßt aber Raum für mystische Phänomene, die in der enggeführten Definition Ruhs ausfallen müssen:

»Mystische Erfahrung ist ein am Mysterium orientiertes, nicht leicht mitteilbares, letztlich unsagbares Erkenntnis- und/oder Liebesgeschehen zwischen Mensch und Gott, das vom Menschen als gnadenhafte, ohne Anstrengung empfangene Einigung mit Gott erfahren wird – selbst wenn dabei das Motiv der erfahrungshaften Ferne zu Gott, der regio dissimilitudinis (ein klassischer Topos für Dunkelheitserfahrung, modern übersetzt: das Land der Entfremdung), als Begleitphänomen auftritt.«

Ruh geht von einer eher mental spekulativen Voraussetzung aus, die heute allerdings weitverbreitet ist und der europäischen Aufklärung wie dem intellektuellen Späthinduismus entspricht: Weil Mystik eine Erfahrung des Letzten sei, wird postuliert, müsse sie frei sein von aller sinnenhaften, vorstellbaren Konkretheit. Es wird zu zeigen sein, daß damit dem Reichtum der mystischen Phänomene, der »Erfahrungserkenntnis von Gott«, vom Absoluten, vom Letzten« kaum gerecht zu werden ist oder zumindest wichtige Erfahrungsbereiche ausgeklammert werden. Haas hingegen geht von einer mehr inhaltlichen Vorstellung aus: Begegnung mit Gott, mit dem Absoluten. Dieser Weg eröffnet ein breiteres Spektrum an Erfahrungswirklichkeit.

A. Bild, Gestalt, Konkretheit
in der mystischen Erfahrung

In seinem »Zarathustra« schreibt Friedrich Nietzsche[9]: »Ich würde nur an einen Gott glauben, der zu tanzen verstünde.« Man sollte einen solchen Satz nicht nur dem christentumskritischen Spötter zurechnen. Auch der Theologe Hugo Rahner kann schreiben: »Sag mir, wie du tanzest, und ich sage dir, wer du bist«[10]. Dies war für ihn keine ästhetische und geistreiche Spielerei. Sein Freund Alfons Rosenberg[11] schreibt über ihn als den

»Wiederentdecker der verschollenen altchristlichen Symboltheologie. Seine Mitbrüder im Jesuitenorden hielten seine Wi(e)dererweckung der patristischen Symboltheologie, welche Bild und Dichtung, Mythos und Symbole in die Deutung der Glaubensüberlieferung einbezog, für eine ästhetische Spielerei. Denn durch ihren einseitigen Umgang mit der offiziellen abstrakten Begriffstheologie war ihnen der Blick getrübt worden für die Möglichkeit einer Tiefentheologie, die nicht nur den Intellekt, sondern den ganzen Menschen angeht. Hugo Rahner sprach darum oft, und nicht ohne Bitterkeit, von der ›Vergehirnlichung‹ der Glaubensverkündigung.«

Es ist kein Zufall, daß gerade der von der Kunst zum Christentum hin geführte Jude Alfons Rosenberg sich scharf gegen gestalt- und inhaltlose Meditation (Mystik) – konkret: gegen christlichen Zen und die initiatische Therapie Graf Dürckheims – gewandt hat[12] und sogar in der Astrologie Symbole für menschliche Befindlichkeit entdeckte[13]: Das Bild ist für die christliche Spiritualität (vgl. die große ostkirchliche Tradition) und besonders für die christliche Mystik so etwas wie ein Prüfstein.

In einem hat Rosenberg zweifelsohne recht: Man müßte »Mystik« in akademische Hörsäle, in intellektuelle Gesprächszirkel, in esoterische, um einen Guru versammelte Gruppen verbannen, wenn in ihr nicht die Leiblichkeit, die im Tanzen ihren dichtesten Ausdruck hat, Platz fände.

1. Mystik in den afrikanischen Stammesreligionen

Und man müßte bei einer leibfeindlichen Einschränkung z. B. der Religiosität Schwarz-Afrikas ganz allgemein und grundsätzlich das Element des »Mystischen« absprechen. Denn dort sind die »peak-experiences«, die »Gipfelerfahrungen« untrennbar eingebunden in die lebendige Erfahrung von Leib und Gemeinschaft, von Natur und von Welt. Bewußt oder unbewußt lastet allerdings auf der afrikanischen Religiosität immer noch die abschätzige Bewertung von »Primitiv-Religionen«.[14] Magie, Aberglaube, Geisterfurcht sollen ihren Inhalt ausmachen. Dagegen stellt man eine reine, sich zur Mystik erhebende Religiosität. Noch einmal sei dazu Swami Vivekananda[15], der Schüler Ramakrishnas und Missionar des Neo-Hinduismus, angeführt. In elitärer Verachtung spricht er von »Kindergarten«-Religionen:

»In den Höhen des Himalaja habe ich einen Ort, an dem nichts anderes vorherrschen soll als die reine Wahrheit. Dort möchte ich diese Idee herausarbeiten ... Der Zweck ist, Wahrheitssucher auszubilden und Kinder zu erziehen, die frei sind von Furcht und Aberglauben. Sie sollen nichts von Christus, Buddha, Shiva und Vishnu hören – von keinem von ihnen. Sie sollen von Kindheit an lernen, daß Gott Bewußtsein ist und ›in Geist und Wahrheit‹ verehrt werden sollte. Jeder muß als Bewußtsein betrachtet werden. Das ist das Ideal ... All die verschiedenen Übungen und Methoden, Bibeln und Götter sind nur die Anfangsgründe, der Kindergarten der Religion ... Wie lange muß die Welt warten, um durch diesen langsamen, stufenweisen Prozeß zur Wahrheit zu gelangen? ... Die Menschen sind noch in Erniedrigung hypnotisiert. Es gibt aber einige starke Seelen, die diese Täuschung überwinden. Es wird die Stunde kommen, wo große Menschen sich erheben, diesen Kindergarten der Religion abstreifen und eine lebendige, mächtige und wahre Religion schaffen werden, die Verehrung des absoluten Bewußtseins durch das menschliche Bewußtsein.«

Natürlich ist die konkrete Mystik Indiens von Leiblichkeit usw. geprägt. Vivekananda repräsentiert nur einen Flügel ihrer reichen Tradition und ist überdies von der europäischen Aufklärung beeinflußt. Aber seiner Sicht vom Gipfel des mystischen Menschseins steht besonders die afrikanische Religiosität diametral entgegen. In der Analyse Vivekanandas hätte sie einen Platz weit unterhalb des Christentums und könnte nur primitivster Aberglaube sein.

Gabriele Weiss[16] hat in ihrer Arbeit über »Elementarreligionen« die Wissenschaftsgeschichte der Erforschung dieser und der anderen Urreligionen nachgezeichnet – ein erschreckendes Dokument von rationalistischer Überheblichkeit, von der ganze europäische Forschergenerationen bestimmt sind. Magie, Aberglaube, Götzendienst usw. gelten als Kennzeichen dieser Religiosität, wie es auch in einer schlimmen christlichen Geschichte gepredigt wurde. Nur langsam und nun erfreulicherweise besonders intensiv unter christlichen Forschern setzen sich – gegen eine Sicht wie die Vivekanandas und europäischer Gelehrter – gerechtere Beurteilungen durch. So schreibt der Theologe H. Rücker in seiner Arbeit »Afrikanische Theologie«[17]:

»Abgesehen davon, daß in jeder Religion durch die Fehlbarkeit des Menschen magische Entgleisungen vorkommen, ›gab es Magie nie in Afrika, und man täte gut daran, den Begriff aus der Diskussion wie überhaupt aus der wissenschaftlichen Erforschung der Stammesreligionen auszuschalten‹.«

Der Begrifflichkeit der Mystik, die sich immer noch weithin in sinnenfeindlicher und weltloser Abstraktion bewegt, wird diese Neueinschätzung afrikanischer Religiosität eine formale und inhaltliche Bereicherung bringen. Denn wenn man nicht einen ganzen Kontinent und ganze Menschenrassen mit einer hohen Religiosität aus dem Bereich der Mystik ausschließen will, ist der Begriff der Mystik so zu fassen, daß die schwarzafrikanische Erfahrung darin Platz hat. Das aber hat zur Folge, daß nicht nur diese immer noch viel zuwenig beachtete Religiosität in sich gebührend gewürdigt wird, sondern auch unsere eigene Auffassung von Mystik, Religion und damit auch Christentum Erweiterung und Vertiefung erfährt.

Übereinstimmend meint die Forschung, daß die Menschen des gesamten schwarzafrikanischen Kontinents tatsächlich der Welt in einer einheitlichen Weise begegnen, die sich durch Rassen und Nationen hindurchzieht. Der »mystische« Aspekt der darin beschlossenen afrikanischen Religiosität ist zwar – wie mir scheint – noch kaum bedacht worden; doch Grundzüge lassen sich aus empirischen und theoretischen Studien einigermaßen erheben. Zwei davon sind für unsere Thematik von Bedeutung: die Symbolwirklichkeit der Welt und – im Unterschied zu den »indianischen und chinesischen Religionen, deren Symbolik kosmologisch orientiert ist«[18] – die Orientierung am Menschen und der menschlichen Gemeinschaft; darin ist der kosmologische Aspekt nicht aus-, sondern eingeschlossen.

Th. Sundermeier[19] beschreibt die »symbolische« Wirklichkeitsbegegnung des Afrikaners zusammenfassend folgendermaßen:

»Im Symbol verdichten sich die Analogien (in denen die Wirklichkeiten aneinander gebunden sind) zur Einheit und machen die Wirklichkeit so transparent, daß man mit ihr umgehen kann ... Das Symbol lebt von der Einheit, auch wenn es auf das Partielle zielt, es ruft nicht aus der Wirklichkeit heraus, sondern setzt sie so frei, daß Partizipation möglich ist. Es kommt vom Ganzen her und fächert es auf. Das ›Ganze‹ ist die vorfindliche Welt. Zu ihr gehört wesentlich die unsichtbare Welt hinzu ... Im afrikanischen Denken bringt das Symbol nicht zwei Wirklichkeiten zusammen, wie die griechische Herkunft des Begriffs vermuten läßt, es fügt nichts hinzu, sondern macht den Ausschnitt der Wirklichkeit so zugänglich, daß im Detail der Zusammenhang mit dem Ganzen nicht verlorengeht.«

H. Rücker[20] unterstreicht noch stärker, daß diese afrikanische Symbol-Wirklichkeit nicht mit einer allegorisierenden Auffassung des Symbols zu verwechseln ist, ja auch die abendländische Unterscheidung von Symbol und Symbolisiertem übersteigt:

»Die Unterteilung der Welt in Inhalt und Form oder populär platonisch in Urbild und Abbild wird einem Realitätsbewußtsein weichen müssen, das die ungeteilte Welt in ihrer Ganzheit als Epiphanie einer ›Wirklichkeit‹ betrachtet, die ausschließlich in ihrer eigenen Epiphanie präsent ist. Sie kommt als Welt zu Wort; Welt ist ›Symbol‹. Die umfassende Wahrheit bleibt dem Erkennen entzogen.«

Anders als bei Dethlefsen und seinen hinduistisch-buddhistischen Quellen, in denen die Welt der Symbole ebenfalls eine wichtige Rolle spielt, wird in der afrikanischen Symbol-Erfahrung die konkrete Wirklichkeit nicht überstiegen in das Reich der Eigentlichen hinein, sondern sie selber setzt als Symbol-Wirklichkeit das Symbolisierte gegenwärtig; das bleibend Symbolische zeigt sich daran, daß das Gegenwärtiggesetzte nicht in den Machtbereich des Menschen fällt, also nicht zum »Ding« wird, sondern unverfügbar bleibt. Man kann diese afrikanische Erfahrungsweise nicht intellektuell bewältigen, indem man z. B. Symbol und Symbolisiertes von einem größeren Seinshintergrund her betrachtet und von dorther ihre Beziehung zueinander klärt. Die »Symbol«-Gegenwart des Göttlichen in den konkreten Tatsachen der Welt ist eine Urgegebenheit, die sich der rationalen Auflösung sperrt.

Man verkennt aber diese Welterfahrung ebenso, wenn man den tätigen Umgang mit dieser Symbol-Präsenz des Göttlichen in der Natur, im Menschen, in den Riten usw. als magische Manipulation des Göttlichen deutet und dabei das Symbol als ein Mittel interpretiert, um mit dem Symbolisierten in Kontakt zu kommen. Alle rituellen Begegnungen mit dieser »Symbol-Präsenz« setzen das selbstverständliche Wissen voraus, daß »die umfassende Wahrheit dem Erkennen (und Zugreifen) entzogen bleibt«. Leben, Tätigkeit und Erfahren sind die Grundlage dieser Symbol-Präsenz des Göttlichen, nicht aber ein Seinsbegriff, der das Verhältnis von Symbol und Symbolisiertem in Verstehen auflöst oder eine kausale Beziehung zwischen beiden konstruiert:

»Die Erfahrung einer dem Begriff nicht unterworfenen Wirklichkeit macht das Wesen des afrikanischen Symbols aus. Dieses ist deshalb das fundamentalste Element afrikanischer Weltanschauung ... Das Symbol ist kein Gegenstand unter anderem ... Seine Struktur bildet vielmehr Quelle allen Bewußtseins und Erkennens und ist darum die Basis der ›Welt‹.«

Für den Afrikaner ist also Wirklichkeit in sich schon erfüllt mit »Geistigem«, Metaphysischem, Göttlichem, ohne nun – wie es eine europäische Fehleinschätzung tut – daraus wissende »Seins«-Aussagen zu deduzieren, weder solche der Identität: Das Wirkliche *ist* das Göttliche, noch solche der Trennung: Das Wirkliche manifestiert »nur« das Göttliche. Abstrakte, umfassende Seins-Spekulationen sind Erbgüter des arisch-indischen Geistes. Der Afrikaner bleibt dagegen in der Unmittelbarkeit. Die wissenschaftliche Fehldeutung hingegen, daß ihr Umgang mit der Wirklichkeit ein »magischer« sei, will diese Unmittelbarkeit in Kausalität und Wissen auflösen. So schreibt Sundermeier[21]: »Damit wird die Grundlage der theoretischen Unterscheidung von Magie und Religion hinfällig, eine Unterscheidung, die in den afrikanischen Religionen allemal keinen Anhalt findet.« Religion heißt für den Afrikaner: Leben in der »Symbol-Wirklichkeit«, die in analoger Weise (nicht in seinshafter Absolutheit des Denkens oder in kausaler Magie des Ritus) Mensch und Natur miteinander verbindet.

So steht es dann auch um den zweiten Zug, der für die afrikanische Mystik wichtig ist: die Beziehung der Menschen untereinander in Familie, Stamm und Volk. Erst darin findet die Symbolerfahrung afrikanischer Religiosität ihre Mitte. H. Rücker[22] schreibt:

»Das afrikanische Bewußtsein um Wirklichkeit als um eine Bedingung seiner selbst und der Welt kennt keinen Zugang zur Wirklichkeit ›an sich‹. Nur in menschlichen Kategorien kommt Wirklichkeit zu Wort; ohne solches Hinzutun des Menschen aber schweigt die Wirklichkeit.«

Es ist allseitig akzeptiert, daß Familie, Ahnen, Stamm und Volk im afrikanischen Erfahren eine maßgebliche Rolle spielen. Diese Grunderfahrung ist nun wiederum nicht über »rationalistische« Denkprozesse einzusehen, als könne man Individuum und Gemeinschaft, Identität und Sozialität zuerst in sich betrachten und dann in irgendeiner Weise zusammenfügen. Die eben beschriebene »Symbol«-Erfahrung gilt auch hier. Die erfahrene Einheit der Elemente ist das Urdatum; jede unterscheidende Auflösung ist sekundär. Die Ich-Du-Begegnung (und nicht die Einheit des Seins) als Urdatum der Wirklichkeit, die M. Buber herausstellt, kehrt in neuer (vertiefter?) Form wieder.

Rücker versucht anhand des aristotelischen Grundsatzes der Identität (A = A) den Unterschied des europäischen und des afrikanischen Erfahrens aufzuzeigen:

»Dem Gesetz der Identität (in dem die Wirklichkeiten geordnet nebeneinanderstehen und nicht vermischt werden dürfen, weil A = A) entspricht ein gradliniges Denken, das auf präzise Ergebnisse aus ist. Vom Ausgangspunkt A zielt der Denkweg direkt das Objekt B an ... Dem analogischen Denken (das vieles in Einheit erleben und bedenken kann) entspricht die Annäherung von verschiedenen Seiten. Weil das Gegenüber nicht einfach Objekt ist, sondern ich an ihm schon partizipiere, muß ich mich dem Gegenstand von verschiedenen Seiten nähern.«

Gott, der das Ganze, den Grund und das Ziel darstellt, bleibt für diese symbolhafte »Analogie«-Erfahrung eingebunden in die Welt der Gesamterfahrung, in die Erfahrung von Natur, Familie, Clan; er kommt daher nach Rücker

»nicht anders zur Sprache ... als im Symbol seiner weltlichen Wirksamkeit. Infolgedessen ist auch eine Beziehung zu ihm ... nur über die Symbole seiner Präsenz möglich, d. h. innerhalb der innerweltlichen Relation. Eine ›direkte‹ Beziehung des Menschen zu Gott ... ist nicht anders realisierbar als im scheinbaren Gegenteil: ›anthropozentrisch‹.«

Man kann das Symbolisierte nicht abgelöst vom Symbol in den Griff bekommen; es bleibt jenseits des rational auflösbaren Unterschieds von Symbol und Symbolisiertem und ist daher schon in der Symbolerfahrung voll und ganz gegenwärtig, ohne jedoch mit seiner Symbol-Erscheinung identisch zu sein; denn auch letzteres entspräche wieder dem Denkschema der Identitätsphilosophie, nach der A = A sein muß. »Um Gott zu erfahren, muß man Leben erfahren, was wiederum bedeutet, daß der andere Mensch Leben blühen und nicht verkommen lassen muß.« Leben ist Partizipation, Kommunikation und hat beim afrikanischen Menschen seine lebendige Mitte in der menschlichen Gemeinschaft. Die religiöse Realisation des im Symbol gegenwärtigen Göttlichen fällt also zusammen mit der Erfahrung des Lebens, besonders mit der Erfahrung lebendiger menschlicher Gemeinschaft.

»So wird in allen Variationen das Zur-Sprache-Bringen Gottes identisch mit dem Blühen, bzw. Blühen-Machen des Lebens, der Gemeinschaft.«

Mystik, Gotteserfahrung kann in diesem Daseinsgefühl nur inmitten von Welt- und Gemeinschafts-Erfahrung leben; wer sich darüber in eine »reine Geistigkeit« im Sinne der »gestaltlosen Gotteserfahrung« erheben wollte, hätte sein eigenes Leben und den lebendigen Gott desavouiert.

Es ist beachtenswert, wie stark auch in dieser Welt- und Gott-Auffassung Strukturelemente hervortreten, die man gemeinhin dem Mystischen zuordnet: das Übersteigen der logischen Analyse wegen einer nicht zergliederbaren Ganzheit; die grundsätzlich nur existentiell, nicht aber distanziert zu realisierende Wahrheit. J. Seyppel[23] analysiert auf abendländischem Boden die »Mystik als Grenzphänomen und Existential«. Auch das Einbeziehen der Gesamtwirklichkeit von Welt, das die sogenannte »kosmische Mystik«[24] verlangt, geschieht hier, ohne daß sich die Erfahrung in ein unterschiedsloses Seins-Meer verflüchtigt.

Rücker[25] deutet im letzten Teil seines Buches auch an, wie in dieser Welt-Auffassung die christliche Botschaft Boden finden kann: Jesus Christus muß als Erfüllung und Bestätigung der Grunderfahrung verstanden werden, daß in einem Symbol (wahrer Mensch) die symbolisierte Gottheit (wahrer Gott) sichtbar und erfahrbar wird in der unübersteigbaren und primären Einheit (eine Person) von Symbol und Symbolisiertem:

»Für die afrikanischen Hörer ... war weder die Gestalt der Hypostatischen Union noch die Gottesfrage ein Problem, weil die Hypostatische Union zunächst das Symbolprinzip reproduziert und weil unter ›Gott‹ der afrikanische Gott verstanden wurde ... Spezifisch christlich wird die Hypostatische Union erst dadurch, daß die göttliche Natur Jesu Christi der Gott der neutestamentlichen Offenbarung ist.«

Wie in der Begegnung mit der asiatischen Religiosität zeigt sich auch hier die religionsphänomenologische Fruchtbarkeit der dogmatischen Ausformulierung der neutestamentlichen Jesuserfahrung; sie ist als »Hellenisierung« keine De-

generation des Christentums, sondern – weil tiefmensch-
lich – ein Brückenschlag in das Religionsgespräch.
Die neu erwachende Geist-Theologie kann dem Afrikaner
noch deutlicher versichern, daß seine Welterfahrung ein
genuiner Zugang zu Jesus Christus, dem Spender des Geistes, ist. Rücker schreibt dazu:

»Der Heilige Geist ist das Prinzip der Universalität der Möglichkeit einer Begegnung mit dem Gott biblischer Offenbarung; und
es ergibt sich ein direkter Zusammenhang zwischen der Vernach-
lässigung der Pneumatologie und dem Auftreten von Problemen
mit der Universalität biblischen Glaubens. Mangelndes Hören auf
den Heiligen Geist und mangelnde Öffnung gegenüber dem Leben
der Wirklichkeit sind ein und dasselbe.«

Der afrikanische Theologe B. Bujo[26] entwickelt aus der religiösen Erfahrung des Afrikaners von Lebenskraft auch
eine Theologie des Geistes Gottes:

»Die Lebenskraft, die vom Vater auf den Sohn ausgeht und diesen
zeugt, kehrt vom letzteren zum Vater zurück ... Diese vitale
Union, die zur Interaktion zwischen dem Vater und dem Sohn
führt und so das Band zwischen diesen beiden konstituiert, ist
nichts anderes als jene göttliche Kraft, die, weil innergöttlich, eine
konkrete Gestalt ist und mit dem Heiligen Geist gleichgesetzt werden kann. Wenn es nun um die Menschwerdung Gottes geht, handelt es sich um die personifizierte Zeugung des Vaters in der Person Jesu ... Nachdem er im innergöttlichen Leben initiiert ist, konkretisiert Jesus diese Initiation in der Schöpfung ... So vollendet
Christus Jesus die Schöpfung und führt, zusammen mit dem Vater, die negro-afrikanischen Ahnen in die Fülle des Lebens hinein.«

Rückers zusammenfassende Feststellung ist doch wohl auf
dem Hintergrund des von ihm Aufgezeigten gar nicht mehr
erstaunlich, sondern vielmehr ganz und gar verständlich:
»Erstaunlicherweise denken Theologiestudenten in Afrika
viel über die Formulierungen der alten Kirche zur Zwei-
naturenlehre und zur Trinität nach.« Denn sie sind ein
Schlüssel, mit dem das Christentum den Raum afrikanischer Religiosität betreten kann, wie es Jesus Christus seiner Kirche aufgetragen hat.

Wie selbstverständlich auch entspringen aus einer solchen Auffassung von Religion und Christentum das Handeln, das Leben-Pflegen, -Weitergeben und -Retten, Forderungen, die in der heute immer noch üblichen Auffassung mystikfremd, wenn nicht, wie bei Dethlefsen, mystik- und spiritualität-feindlich sein sollen.

Für die Gotteserfahrung mit ihrem mystischen Gipfel aber ergibt sich ebenso selbstverständlich, daß die Lebendigkeit, der Blick auf das Konkrete, die Erfahrung von Leiblichkeit in Musik und Rhythmus, die Sexualität und alle Sinneserfahrung, das Mitgehen mit der Zeit, der Rhythmus im Stunden-, Tages- und Jahresablauf, das Spontane, die Gemeinschaft in Familie und Volk, die Verbindung mit den »Ahnen«, der Umgang mit und das Leben in der Natur usw. einen wichtigen Platz im mystischen Bereich haben müssen. Denn alles das ist Äußerung der Symbol-Präsenz des Göttlichen, die zwar gestuft sein mag, aber ins Ganze der Mystik integriert werden muß.

Hugo Rahner hätte seine Freude an der Begegnung mit afrikanischem Christentum gehabt. Denn hier heißt Mystik Tanzen! Daß Tanzen unserer blassen Religiosität und damit Mystik-Auffassung gut täte, muß nicht mehr unterstrichen werden. Daß aber damit an eine alte christliche Tradition angeknüpft werden könnte, sollte den Mut zum Gespräch mit der afrikanischen Mystik beleben.

2. Frauenmystik

Doch um eine solche Mystik des Konkreten kennenzulernen, müssen wir nicht auf die Suche ins ferne Afrika gehen. Auch in der christlichen Überlieferung finden sich entsprechende Züge – besonders in der arg vernachlässigten Frauenmystik. Erst im letzten Jahrzehnt begann man, sich intensiver und auch theologischer mit diesem Strom genuiner christlicher Überlieferung zu beschäftigen.

»Frauenmystik findet sich, alle Religionen der Menschheit zusammengeschaut, von den untergegangenen bis zu den noch heute gelebten, einzig im Christentum,« kann der Religionswissenschaftler Günter Lanczkowski[27] schreiben. Unter Hinweis auf die wenigen (scheinbaren) Ausnahmen zeigt er auch den Grund dafür auf: »Das Fehlen von Frauenmystik in vor-, außer- und nachchristlichen Religionen und das Vorhandensein von Frauenmystik im Christentum ist eindeutiges Zeugnis für das Menschenbild und die -bewertung, speziell der Frau in den Religionen.«

Es ist hier nicht der Ort, um auf die von Lanczkowski nur berührte und hier nicht zur Debatte stehende Frage der Mutterkulte und der matrilinearen Gesellschaften einzugehen; sicher deckt sich das dortige Bild von Fraulichkeit als Quell der Fruchtbarkeit und als Ort der Lust nicht mit dem heutigen personalen Bild der Frau. Hier sei der Blick auf den »in der gesamten Kulturgeschichte einzigartigen Höhepunkt mittelalterlichen Geistes« gerichtet, den die christliche Frauenmystik darstellt. Peter Dinzelbacher[28] beschreibt in aller Vorsicht – die Forschung ist noch in den Anfängen – ihre Züge: »psychosomatische Phänomene (wie) Ekstasen, Visionen, Erscheinungen, das donum lacrimarum (Tränengabe).« Doch dies ist nur das äußere Erscheinungsbild typischer Frauenmystik und darf überdies nicht als einziger Wesenszug angesehen werden.

»Denn: Durchwandelten wir die Säle eines musée imaginaire der mystischen Literatur, so stießen wir auf manche Schrift aus Frauenhand, die zwar in ihrem gewichtigsten Teil Herzensergießung sein mag, aber doch auch abstrakt-spekulative Überlegungen kennt.
Auch die mystisch-philosophisch-intellektuelle Spekulation (wurde) von nicht ganz wenigen Frauen der Epoche nicht bloß passiv rezipiert, sondern auch aktiv gefördert.«

Die Charakterisierung als Erlebnismystik setzt daher ebenfalls nur einen, allerdings wichtigen Akzent und gibt keine ausschließliche Bestimmung. Die Weite der fraulichen Erlebniswelt zeigt sich darin, daß Mystikerinnen »manches formuliert (haben), das zum Bleibenden und Ergreifenden der mittelalterlichen Dichtung in gebundener und ungebundener Sprache gehört.«
Wichtige Brücken zur ganzheitlichen afrikanischen Reli-

118

giosität schlägt weiterhin auch folgender frauentypische Zug, der manch einen überraschen wird:

»Mehr als ihre männlichen Geistesverwandten haben sich besonders im späten Mittelalter Mystikerinnen berufen gefühlt, aktiv in das Leben von Kirche und Staat einzugreifen, das in kontemplativer Schau Erfahrene in Handeln innerhalb der Gemeinschaft umzuwandeln.«

Wenn er nicht als Gegensatz zur intellektuellen Durchdringung aufgefaßt, sondern mit dem oft künstlerischen Ausdruck und der Umsetzung von Erfahrung in die Tat zusammengesehen wird, bleibt aber doch der Zug des Erlebens die unterscheidende Eigenschaft der Frauenmystik:

»Ekstatisches Erleben, Vision und Erscheinung, tiefstes Fühlen mit allen Kräften von Leib und Seele, dies möchte ein, wenn nicht vielleicht *das* Typikum der Frauenmystik des Mittelalters sein. Der Anteil am rationalen, theoretischen Denken über Gott mit dem Ziel der Einung tritt dagegen deutlich zurück; dieses bleibt primär Domäne der Männer.«

Für unser Thema ist nicht die Frage: Mann oder Frau?, sondern eine kaum zu bestreitende Tatsache wichtig: Mit dem Ernstnehmen der Frauenmystik dürfen die reiche emotionale Erfahrungswelt und die ganzkörperlichen Erfahrungswege, die in der afrikanischen Religiosität wichtig sind, nicht mehr aus der »Mystik« ausgeklammert werden. Auch das Zeugnis der Frauen muß helfen, den Begriff Mystik vor intellektueller Verengung und rationalistischer Verdünnung zu bewahren – richtiger gesagt: ihn aus dieser doch weithin gegebenen Engführung wieder herauszuführen.
Gerade Hildegard von Bingen (1098–1179)[29], die Kurt Ruh aus dem Bereich der eigentlichen Mystik ausschließen möchte, zeigt die Defizienz des enggeführten Begriffs und die Fülle dessen, was »Mystik« bedeuten muß. Hildegards prophetische Bildwelt stellt ohne Zweifel einen Höhepunkt des Berührtseins vom Absoluten dar – ganz gleich, ob man es Gott oder anders nennt. Ihre Bildwelt aber besteht nicht, wie bei manchem intellektuellen Mystiker, aus nachträglichen Metaphern für eine ursprünglichere Erfahrung, wobei dann diese »ursprünglichere« Erfahrung von allem Bildhaf-

ten zu reinigen wäre. Hildegards Bildwelt ist einfachhin die Erfahrung selbst. Es werden keine vorgängigen Erlebnisse von Ganzheit, Sein oder auch Leere notdürftig in Bildersprache umgesetzt, wie man es z. B. später bei Teresa von Avila[30] feststellen kann, sondern die Schauung ist in sich ursprüngliche Erfahrung.

In ihrem berühmten Brief über die Art und Weise ihrer prophetischen Mystik schreibt Hildegard:

»Das, was ich schaue, kann ich nicht vollkommen wissen, solange ich in der Dienstbarkeit des Leibes und der unsichtbaren Seele bin. Von meiner Kindheit an erfreue ich mich der Gabe dieser Schau. Meine Seele steigt – wie Gott will – in dieser Schau empor bis in die Höhe des Firmaments. Ich sehe einzig in meiner Seele, mit offenen, leiblichen Augen, wachend bei Tag und Nacht. Das Licht, das ich schaue, ist nicht an den Raum gebunden. Es wird mir als ›Schatten des lebendigen Lichtes‹ bezeichnet. In diesem Licht sehe ich zuweilen, aber nicht oft, ein anderes Licht, das mir das ›Lebendige Licht‹ genannt wird. Solange ich es schaue, wird alle Traurigkeit und alle Angst von mir genommen, so daß ich mich wie ein einfaches junges Mädchen fühle und nicht wie eine alte Frau.«

Hildegard beschreibt in damaliger Terminologie (Leib und Seele) den Zustand der Pilgerschaft gemäß der Erfahrung. Aber sie übersteigt dieses Pilgersein nicht in eine abstrakte Leere, sondern empfängt in ihm das »Licht« aus der Höhe. Ihre genaue Beschreibung des »Lebendigen Lichtes« *in* der Licht-Erfahrung der mystischen Bildwelt, erinnert an die große Licht-Mystik der orthodoxen kirchlichen Überlieferung. Es ist Bild*mystik*, die sich dadurch als Hochmystik erweist, daß sie in das ungeschaffene Licht Gottes hineinragt. Und es ist *Bild*mystik, weil die leibdichte Bildhaftigkeit nicht überwunden (wie manche Männermystik von sich behauptet), sondern intensiviert wird.

Wie eng verbunden eine solche Bildmystik mit der ganzheitlichen Erfahrungswelt ist, kann ein Text von Mechthild von Magdeburg[31] (1208–1282) zeigen. Sicher lebt deren »Bildmystik«, wie manche metaphorische Züge zeigen, nicht mehr aus der Erfahrungsunmittelbarkeit Hildegards; die Entwicklung ist inzwischen hundert Jahre weitergeschritten. Aber gerade an ihrer Zwischenstellung kann man

120

erkennen, wie psychosomatisch-ganzheitlich auch die Erlebnisweise Mechthilds gewesen ist. Sie darf nicht auf eine leibfreie, abstrakte Erfahrung reduziert werden. So schildert sie zum Beispiel den Aufstieg der Seele zu Gott in den Bildern eines tanzenden Liebesspiels; dessen deutlich erkennbare »Metaphorik« hat aber ihren »Sitz im Leben« einer vitalen tanzenden Erfahrung, im konkreten leib-seelischen Erleben Gottes:

»Da senden sie Boten aus, denn sie will tanzen ...
Da kommt der Jüngling und spricht zu ihr: Jungfrau, Ihr sollt so anmutig nachtanzen, wie euch Meine Auserwählten vorgetanzt haben. Da spricht sie: Ich kann nicht tanzen, Herr, Du führtest mich denn ...
Darauf spricht der Jüngling: Jungfrau, in diesem Lobetanz habt Ihr Euch sehr schön geschwungen. Ihr sollt mit der Jungfrau Sohn Euren Willen haben ...
Nun geht die Allerliebste zu dem Allerschönsten in die verborgene Kammer der unsichtbaren Gottheit. Dort findet sie der Minne Bett und Gelaß und Gott übermenschlich bereit. Da spricht unser Herr ...«

Das sind Metaphern, aber Metaphern, die eine mystische Ganzheitserfahrung mit dem psychosomatischen Erleben so eng verbinden, daß eines ohne das andere nicht verstanden und realisiert werden kann. Nur wer das Tanz-Erlebnis kennt, kann mit dieser Mystik mitfühlen. Hugo Rahner[32] weist deshalb auf Rainer Maria Rilkes fünfte Duineser Elegie hin. Dort wird der Höhepunkt der Seinserfahrung zusammengefaßt in einer »blumigen, schwungigen Aufschrift«:

»›Subrisio saltat‹. ...
Das Lächeln tanzt. Es lächelt der Tänzer.«

Wie sehr man sich hüten muß, solche Erfahrungen durch Reduzierung auf abstrakte Geistigkeit zu verdünnen, zeigen auch die Nonnengeschichten, in denen nun ganz konkret von Visionen und Begegnungen mit Gott in körperlicher Unmittelbarkeit erzählt wird[33]:

»Eine Schwester hieß Beatrissa von Birgensee, die hatte im klösterlichen Gehorsam große Mühe und Arbeit gehabt. Die saß drei

Tage vor ihrem Tode in ihrer Zelle; da kam unser Herr in Gestalt eines Kindleins und war unmäßig schön und spielte vor ihr ...«

Sowenig man solche Geschichten in ihrer naiven Direktheit als historische Ereignisse ansehen darf, so wenig darf man sie aber auch auf kindische oder gar krankhafte Trugbilder reduzieren[34] oder als legendäre Fabeleien mißachten. Es spricht sich nämlich in ihnen ein Erfahrungszug der Mystik aus, der zwar schnell entarten oder auch pervertieren kann, der aber ins Gesamtbild der Mystik hineingehört. Das ist die leib-seelische Ganzheit.

Die Parallelen aus anderen mystischen Traditionen zeigen, wie wichtig es für die Deutung von Mystik ist, diese Phänomene überaus ernst zu nehmen. An diesen Parallelen läßt sich allerdings auch zeigen, daß immer wieder diese leibliche Unmittelbarkeit der Erfahrung dem intellektuellen Zugriff von Theologie und Philosophie zum Opfer gefallen ist. Von den ältesten Zeugnissen hinduistischer Mystik, den Veden mit der Poesie des Rigveda über die Upanishaden bis hin zur Vedanta, »der philosophischen Schlußfolgerung aus den Veden«[35], gehen »Entkörperlichung« und »philosophische Durchdringung« Hand in Hand. Ob in der tantrischen Tradition Indiens die Körpererfahrung (z. B. die der Chakren als körperliche Energiezentren) nur benutzt wird um eines geistigeren Zieles willen oder ob diese Leib-Erfahrung ganz in die »mystische« Erfahrung integriert ist, entzieht sich meiner Beurteilung; die Frage ist im »westlichen« Drang nach Eindeutigkeit nicht eindeutig zu beantworten. Sicher aber weist der Tantrismus auf eine leibnahe Mystik hin, die im Gegensatz zu anderen Strömen indischer Mystik steht.

Auch die christliche Überlieferung stand und steht in der Gefahr, das Leibliche als »nur leiblich« abzuwerten und aus der Mystik herauszulösen, es vielleicht als einen aszetischen Weg zu Höherem zu benutzen (mystische Askese[36]), aber nicht in den eigentlichen Sinn und den Vollzug der mystischen Erfahrung zu integrieren. So war dem Mystiker Ignatius von Loyola[37] die »applicatio sensuum«, die »Anwendung der Sinne« Höhepunkt des meditativen Bemühens um Gottesbegegnung. Aber seine Nachfolger machten aus dieser Übung, die nach H. Rahner an der Tür zum mystischen Geschenk Gottes steht, eine Anfängerform, die für schläfrig Ermüdete, aber nicht mehr für in vollem Sinn Meditierende hilfreich ist. Denn – so hat man es auch formuliert – die eigentliche Gottesbegegnung könne nur rein geistig sein.

3. *Vielfalt der Mystik*

Dies also muß die christliche Beschäftigung mit Mystik von Schwarz-Afrika lernen: Die Erfahrungsqualität von Mystik darf nicht in einen sogenannten »rein geistigen«, übermateriellen Bereich aufgelöst werden. Damit wäre doch auch der Grundsinn der Menschwerdung Gottes, der Inkarnation herabgewürdigt zu einem mehr oder weniger wichtigen Mittel zum Zweck, zu einer Hilfe, um die vermeintlich höhere, rein geistige Gottesbegegnung zu erlangen. Die für das Christentum grundlegende Bedeutung der Menschwerdung Gottes muß auch in der christlichen Erfahrung mit ihrem Höhepunkt der Mystik von Bedeutung sein, wenn überhaupt Mystik im Christentum einen genuinen Platz hat. Rücker[38] macht darauf aufmerksam, was dies für das Erscheinungsbild der christlichen Mystik bedeutet; er weist darauf hin, daß die »klassische Missionarstheologie« den Inkarnationsgedanken als »methodischen Vorgang« umgedeutet hat, so als brauche man nur das sprachliche Kleid zu wechseln, um den gleichbleibenden und in sich klar umgrenzten Inhalt in eine andere Kultur zu übertragen:

»Während die frühe klassische Theologie um den nicht identifizierenden Charakter des christologischen ›ist‹ (Gott *ist* Mensch) weiß, somit einerseits Jesus als geschichtlichen Menschen lehrt und andererseits gerade sein Menschsein als Offenbarung Gottes glaubt, so daß Jesus Gott ist, da identifiziert die Missionarstheologie Jesus und Gott (ohne zu beachten, daß dies nicht heißt: das Göttliche – die Natur – ist dieser Mensch) ... Weil Inkarnation als Methode der Offenbarung Christi und Christus als Identifikation von Jesus und Gott gelehrt wird, steht Offenbarung Gottes stillschweigend geschichtslos und nicht inkarnatorisch da. Inkarnation bildet bloß einen allegorischen Prozeß, der den absoluten Inhalt sichtbar werden läßt: ›Inkarnation Christi‹. Es war die Missionarstheologie selbst, die sich zur Bewältigung ihrer Aufgabe auf die Offenbarung in Jesus Christus und die ›Methode‹ der Inkarnation berief. Doch die frühe Kirche nahm beide biblischen Komponenten (die Einheit und die Unterschiedenheit von Gott und Mensch) in ihrer Aussage der Offenbarung in Jesus Christus hinein, um gerade in der Behauptung der Zusammengehörigkeit dessen, das keine Einheit ergibt, über die Begrenztheit der Begriffe und Sätze hinauszuweisen: ›Gott und Mensch, ungetrennt und unvermischt.‹ «

Mit anderen Worten gesagt: Wenn ich am Menschen Jesu das Göttliche der Offenbarung ablese, ohne auf die Bedingtheit dieser »Offenbarung« Gottes durch die historische und persönliche Eigenart dieses Menschen zu achten, verkenne ich das Dogma von der Menschwerdung Gottes, ganz gleich, ob ich dies mit dem sprachlichen Werkzeug von Wörterbuch oder Grammatik, mit der philosophischen Brille eines bestimmten Systems oder mit dem exegetischen Anspruch tue, daß der Bibeltext oder die in Worte gefaßte Botschaft Jesu auch in der historisch-kulturellen Zeitbedingtheit absolut sei. Damit wäre die echte »Inkulturation« allegorischer Kostümwechsel. Doch nur in seinem vollen Menschsein, also in den geschichtlichen Bedingtheiten seiner individuellen, jüdischen Existenz, die relativ bleibt (!) und als solche nicht an der Absolutheit der geglaubten Offenbarung teilnimmt, weiß der christliche Glaube von dem Menschen Jesus Christus, daß er Gott wie der Vater ist. Das ist mit der Formulierung »zwei Naturen, eine Person«, gemeint.

Das aber besagt, so führt Rücker mit ständig neuen Beispielen aus, daß die Theologie keine vorgegebene rationale oder andere Struktur irgendeines Denkens oder irgendeiner Kultur (auch nicht der jüdischen) als Offenbarungsgehalt festschreiben darf. Das Menschliche an Jesus ist nicht vergöttlicht, sondern der Mensch Jesus ist Gott. Auch die inhaltlichen, in menschliche Sprache gebrachten Aussagen der Offenbarung und die Verhaltensweisen Jesu bleiben an den

Kulturraum gebunden, in dem und für den sie ausgesagt werden. Sie müssen daher in den neuen Kulturraum hinein übersetzt werden, in dem die Verkündigung verstanden und gelebt werden soll; denn Jesu Gott-Sein ist nicht identisch mit seinem geschichtlich kontingenten Mensch-Sein, sondern nur in Jesu Personsein ist beides vereint. Dieses gottmenschliche Personsein aber geht nicht in menschlichen Begriffen auf; denn Begriffe, gleich welcher Kultur, bewegen sich wesentlich in dem Raum, den das Inkarnationsdogma mit »Natur«, also mit dem Menschsein Jesu ausdrückt. Der Unterschied zwischen dem, *was* der Glaube glaubt, und dem, *wie* er es oder in welcher Sprachgebung er es glaubt, kann von seinem Wesen her weder sprachlich noch gedanklich ausgemerzt werden, weil Sprache und Gedanke stets kulturell geprägt sind. Er wird nur im Vollzug des lebendigen Glaubens überwunden.

Das neue Gesicht eines afrikanischen Christentums also darf nicht allein darin bestehen, daß man festbleibenden Offenbarungsinhalten eine neue Form gibt, sondern auch der Inhalt muß geprägt sein von der Gestalt schwarzafrikanischer Religiosität. In ihr soll er gelebt und verstanden werden. So wurde in der Geschichte die Offenbarungswahrheit grundsätzlich und auch normierend geprägt vom Judentum Jesu. Doch dieser Anfang bekam schon im hellenistischen Seinsverständnis der Kirchenväter auch als sprachlich ausgedrückter Inhalt neue Züge. Für diese rational nicht mehr zu vermittelnden unterschiedlichen Weltbilder errichtete das konkrete Leben, nicht aber der denkerische Ansatz, die Pfeiler der Brücken, die den Glauben von einer Kultur zur anderen tragen. Ähnliches ist heute der lebendigen Mission als Aufgabe gestellt – und es ist wegen des größeren Unterschieds der Weltbezüge von noch größerer Tragweite. Mit Schlagworten wie »Inkulturation« ist dies – wie Rücker zeigt – nur unvollkommen beschrieben.

Der oben dargestellte Symbolbegriff kann den Brückenschlag zwischen den Weltbildern erläutern helfen; denn er läßt auf der einen Seite Gottes Sein sichtbar werden im Symbol (der Mensch Jesus *ist* Gott), bewahrt zugleich den nie einzuholenden Unterschied des sichtbaren Symbols zur

Präsenz des Geistes, der im Symbol (nicht dahinter) erfahrbar ist (das Menschsein Jesu *ist nicht* sein Gottsein). Nicht logisch eingesehen, aber lebendig erfahren werden im Umgang mit Jesus kann diese Mitte der inkarnatorischen Mystik.

Die so verstandene Glaubensaussage von »Gott und Mensch, ungetrennt und unvermischt«[39] ist nun auch der Grund für die Pluralität mystischer Erfahrung, wie sie gerade im Christentum zu finden sind. Es gibt kaum ein besseres Kriterium für die christliche Mystik (und damit auch für »christliche« Züge in anderen mystischen Traditionen) als diese erstaunliche Vielfalt des »Mystischen«. Sie läßt sich auf keinen eindeutigen Erfahrungs- oder Systembegriff bringen. Die gemeinsame Eigenschaft des »Mystischen« läßt sich nur in der vollzogenen »Beziehung-zu ...« sichtbar machen, nicht aber an einer aufdeckbaren Erfahrungsqualität dieser Beziehung und noch weniger durch die Reflexion darüber. Und so ergibt es sich, daß eine fremde, auf den ersten Blick ungewohnte Erfahrungswelt sich als mystisch im voll-christlichen Verständnis entpuppen kann – sobald man den Weg von objektivierten Sätzen und umschreibbaren Erfahrungsqualitäten her in den Vollzug hinein geht.

Evident wird dies schon, wenn christliche Gotteserfahrungen[40], denen man gemeinhin den Namen »mystisch« zubilligt, miteinander verglichen werden: die auf das Lob Gottes auslaufende und in der Nachfolge Christi sich verwirklichende Natur-Mystik des Franz von Assisi und die sprachgewaltige, aber intellektuelle Mystik Meister Eckharts; die kosmischen Visionen Hildegards von Bingen und die so lieblichen Visionen in den Nonnengeschichten, von denen oben eine wiedergegeben wurde; oder Teilhards de Chardin gewaltige Welt- und Gottes-Schau, die er immer von neuem in Worte zu fassen und in komplizierten Sätzen auszudrükken versuchte, gegenüber den so schlicht anmutenden Meditationen Charles' de Foucauld, die sich wie naive Bibelzitate ausmachen.

Die Einheit des bunten Fächers der christlichen Mystik liegt in der Richtung auf den einen und einzigen Gott, nicht in einer Erfahrungsqualität, die eindeutig zu um-

schreiben wäre. Der Grund für die Vielfalt der Erfahrungs-
bilder von Mystik liegt in der Individualität der Mystiker,
die von Gottes Übermacht nicht aufgesogen, sondern
durch die Begegnung mit Gott bestärkt wird.

Nach Rückers Überlegungen zum afrikanischen Symbol-
denken wird dieser Zug der Mystik durch die Offenbarung
in Jesus Christus noch potenziert. Auch *das* Symbol Gottes:
Jesus Christus als Gottes Offenbarung, darf in seiner Individualität des Juden aus dem 1. Jahrhundert nicht verallge-
meinert werden zu einer absoluten Wahrheit, die nur ein
jüdisches Sprach- und Kulturgewand trägt; sie wird vielmehr je neu und je lebendig in der völkischen oder individuellen Eigenheit künftiger Mystiker erfahren, wie sie sich
uns in Jesus Christus als einmalige Tat Gottes darbietet.

Die Beliebigkeit des Redens über Mystik, die aus solchen
Überlegungen zu folgen scheint, wird nicht durch Systematik, sondern – wie schon gezeigt – nur durch das lebendige
Gespräch überwunden. Es ist ein Gespräch über diesen Jesus, das davon lebt, daß Gottes Wahrheit immer noch größer und tiefer ist.

Verständlich ist, daß andere mystische Traditionen, in denen die konkrete leib-seelische Existenz des Mystikers in
ihrer Einmaligkeit aufgehoben wird in eine vermeintlich
geistige Abstraktheit und Allgemeinheit der Erfahrung hinein, auch dazu neigen, die Pluralität der mystischen Erfahrung aufzulösen und den Fächer der Erfahrungen (»Fächer
der Stile« – H. U. von Balthasar) zusammenzuklappen zu einer einzigen Mystik.

B. Mystik im Unterwegssein

Die Rückbindung der mystischen Erfahrung an die Konkretheit von Welt und Leben, von Mitmensch und Familie, von Tanz und Gesang, die von der schwarzafrikanischen Kultur verlangt wird, stellt nun den mit der christlichen Tradition Vertrauten erneut und in zugespitzter Weise vor die Fragen, die schon mehrmals angeklungen sind[41]: Es gibt doch breite Ströme innerhalb der christlichen Mystik, die sich bewußt von der Welt der Bilder und der Buntheit des Lebens abzulösen scheinen. Die Christlichkeit des zu Beginn erwähnten Dionysios mag für manche Theologen noch zweifelhaft sein. Doch mit dem Kirchenlehrer der Mystik, Johannes vom Kreuz[42], soll ein Zeuge zu Wort kommen, dessen Christlichkeit in breiten Kreisen auch außerhalb der katholischen Kirche rundweg anerkannt ist. Auch er warnt ständig vor den Bildern. So macht er schon zu Beginn seines »Aufstiegs zum Berge Karmel« eine radikale Absage an das Sinnenhafte und Bildhafte und feiert anscheinend das »Nichts«:

»Um hinzukommen zum Schmecken des Alles,
   kümmre dich nicht und schmecke in nichts.
Um hinzukommen zum Wissen des Alles,
   Kümmre dich nicht und wisse in nichts.
Um hinzukommen zum Sein des Alles,
   Kümmre dich nicht und sei in nichts.
...
Um hinzukommen zum Was-du-nicht-bist,
   Mußt du hindurch, dort, wo du nichts bist.«

In einer etwas gefälligeren Übersetzung geht es weiter:

»Sowie du bei etwas verweilst,
   eroberst du nimmer das Ganze.
Um zum Ganzen zu kommen,
   ist das Ganze zu lassen.«

Oftmals warnt Johannes vom Kreuz ausdrücklich vor allem Bildhaften:

»Von all diesen Formen muß es (das Gedächtnis) bloß und leer sein, auch trachten, deren Phantasiebilder zu vergessen. Weniger darf es nicht sein. Das Gedächtnis muß sich durchaus aller Bilder entledigen, wenn es sich mit Gott vereinigen will. Dies kann nicht geschehen ohne totale Trennung von allen Formen, die nicht Gottes sind; denn Gott fällt unter keinerlei Form noch Erkenntnis. Da es von Gott kein dem Gedächtnis faßbares Bild gibt, so folgt daraus, daß die Erinnerung in der Vereinigung mit Gott ohne Form und Gestalt verbleibt. Denn diese Göttliche Vereinigung entleert die Phantasie, streicht alle Formen und Erkenntnisse aus und erhebt das Gedächtnis in die Übernatur.«

1. Psychosomatische Begleiterscheinungen

Noch vor der nochmals gestellten grundsätzlichen Frage nach Bildhaftigkeit oder Bildlosigkeit der Mystik und damit nach konkreter Geschichtlichkeit oder übergeschichtlicher Abstraktheit soll eine andere Frage den Zugang zu diesem zentralen Fragenbereich öffnen. Die Konkretheit von Bild und Form wird nämlich potenziert greifbar in den Phänomenen, die man oftmals einfachhin »mystisch« nennt: Erscheinungen, magische Kräfte, Wundmale, Nahrungslosigkeit. Glossolalie (was gerne mit Zungenreden übersetzt wird), Kardiognosie (Herzensschau), Heilkräfte, körperliche Zeichen bis zu Levitationen, also Schwebezuständen, die nicht nur von dem heiligen Franziskaner Joseph von Copertino (1603–1663) glaubhaft berichtet werden.
Eine Frau, die durch solche Phänomene in breiten katholischen Kreisen bekannt wurde, ist Anna Katharina Emmerick[43] (1774–1824). Durch ihre von Clemens von Brentano herausgegebenen visionären Schriften (z. B.: Das arme Leben und bittere Leiden unseres Herrn Jesus Christus) übt sie bis heute nicht nur in Deutschland einen tiefen Einfluß auf die christliche Volksfrömmigkeit aus. Ihre Berichte vom Leben Jesu (und Mariä) gehen den biblischen Gestalten Schritt für Schritt nach und beschreiben Ortschaften, Umstände, Personen, Handlungen, Gespräche usw. bis ins Detail so genau, als hätte ein moderner Reporter mit laufender Kamera Tag für Tag Jesus begleitet. Als ihr Arzt bedauerte »daß wir

nicht eine genauere Geschichte der frühen Lebensge-
schichte Jesu besäßen ..., sagte sie mir (ihm), sie wisse alles
so haarklein, als wenn sie alles selbst gesehen hätte. Auch
die Geschichte der Mutter Jesu wisse sie ganz genau. Sie
wunderte sich selbst darüber, daß ihr alles so lebhaft vor-
schwebe ...«

Es gibt viele Hinweise, daß die Visionen Anna Katharinas
auf ihren imaginativen und auch parapsychologischen Fähigkeiten beruhten und daß sie ihre »mediale« Fähigkeit
durch meditatives Gebetsleben und ihr langes Krankenlager
vertiefte.

Solche in allen mystischen Traditionen berichteten Phänomene bezeugen zunächst einmal die psychosomatische
Ganzheit dieser Erfahrungen. Wahre Gotteserfahrung muß
sich, gerade weil sie überaus intensiv ist, in der leib-seelischen Ganzheit des Mystikers niederschlagen.

Karl Rahner[44] ist dem Problem von einer ähnlichen Fragestellung aus und für den speziellen Fall des Visionären
nachgegangen. Er untersuchte, was denn eigentlich in onto-
logisch-geschichtlicher Realität geschehen sei, als z. B. Ber-
nadette Soubirous in Lourdes die Madonna sah und sprechen hörte; oder genauer gesagt, was geschehen sein müsse,
damit ein Katholik in christlich legitimer Weise nach Lourdes wallfahrten könne, um dort die Gottes-(Marien-)begeg-
nung zu verehren. Rahner meint:

»Es wird wohl nicht grundsätzlich zu bestreiten sein, daß es *kör-*
perliche Visionen geben könne; man wird aber wohl selten im Einzelfall tatsächlich eine solche stringent nachweisen können. Im
allgemeinen wird es sich bei *echten* Visionen um *einbildliche* handeln« (Hervorhebungen J. S.).

Das aber heißt: um die Echtheit einer solchen Vision anzu-
nehmen, muß man keine körperliche Gegenwart des Ge-
schauten postulieren; es genügt für die »Wahrheit«, daß die
Erscheinung »nur« Projektion des Visionären ist. Dazu nun
Rahner weiter:

»Der Inhalt der imaginativen Vision wird somit unvermeidlich,
wenn auch in verschiedener Dosierung der Elemente, deren Verhältnis im Einzelfall schwer feststellbar sein wird, die Resultante

aus der göttlichen Einwirkung *und* all den subjektiven Bedingtheiten des Visionärs sein. Ein psychologisch nicht geschulter, einfacher Visionär (hält) sich an das Imaginäre seines Erlebnisses.«

Diese Analyse kann die grundsätzliche Stellung zu den außergewöhnlichen Begleiterscheinungen der Mystik erläutern.

Zuerst ist negativ zu sagen: Die Begleiterscheinungen hängen ab von natürlichen Veranlagungen des »Mystikers« und deren (meditativer oder sonstwie gearteter) Kultivierung. Maria erscheint den Kindern von La Salette oder Lourdes oder Fatima in der Form, wie diese sich eine schöne Frau vorstellen. Das Bild ist mitgeprägt von der Subjektivität der »Mystiker«. Selbst Teresa von Avila schreibt, daß ihre Schauungen nur »imaginativ« gewesen seien, also projiziert von ihrer eigenen, natürlichen Vorstellungskraft (die allerdings in ihrer Personmitte von Gott her angestoßen wurde). In einem solchen Fall kann es auf rein empirisch-phänomenologische Weise nicht gelingen, den – wie der Glaube sagt – übernatürlichen, in diesem Augenblick von Gott geschenkten »Inhalt« (das innere Angerührtsein von Gott) eindeutig von dem zu trennen, was sich in der Psyche des Mystikers um diese Berührung herum entwickelt. Dies ist einer der Gründe, weshalb im christlichen Raum eine mystische Erfahrung immer auch dem Diskurs der Gemeinschaft unterliegt.

2. *Die Bildhaftigkeit*

Im eben Dargestellten ging es um Phänomene, die zwar das Mystische berühren, aber doch nur Niederschlag der leibseelischen Ganzheit sind, in der der Mystiker von Gott berührt wird. Entsprechendes gilt für alle empirisch aufzeigbaren und rational beschreibbaren mystischen Erfahrungen. Soweit sie empirisch beschreibbar sind – seien es Stigmata oder Heilungskräfte, seien es innere Erfahrungen wie Bewußtseinserweiterung oder Kontakte mit vermeintlich »Jenseitigen« –, sind sie herausgetreten aus dem unmittelbaren Vollzug[45] und daher zumindest mitgeprägt von den psychosomatischen Vorgegebenheiten, die die Psyche des Erfahrenen ausmachen. Sie gehören in die oben erwähnte »zweite Zeit« der Gottesbegegnung. Daher unterliegen sie einer natürlichen, medizinischen oder psychologischen Beurteilung. Und hier ist das ablehnende Urteil des Johannes vom Kreuz[46] ernst zu nehmen:

»Ich sage also: Mit all diesen Wahrnehmungen und bildhaften Visionen und irgendwelchen anderen Formen oder Vorstellungen, wie sie sich unter Bildern und Einzelerkenntnissen darbieten mögen ... darf sich der Verstand nicht belasten noch sich von ihnen nähren. Auch darf die Seele sie weder zulassen noch festhalten wollen.

Der Grund hierfür ist dieser: Sämtliche angeführten Formen bieten sich der Wahrnehmung in irgendeiner begrenzten Art und Weise dar; die Weisheit Gottes aber, der sich der Verstand vereinen soll, hat keinerlei Art und Weise, noch ist sie in Schranken oder deutliche Einzelerkenntnisse zu fassen, denn sie ist ganz rein und einfach.«

Diese Jenseitigkeit Gottes – auch und gerade in der Mystik – muß aufgrund heutiger psychologischer Erkenntnisse so weit gefaßt werden, daß selbst die »Bilder« des Nichts, der Leere, der Unendlichkeit gegenüber der Transzendenz Gottes Bilder bleiben. Das Nichts der Erfahrung ist im Blick auf Gott ebenso eine Bildvorstellung, so subtil sie auch sein mag, wie ein Baum oder ein Menschengesicht.

Was in der Abgrenzung negativ klingt und alle Gottesbilder (auch die der Leere und des Nichts!) relativiert, heißt positiv: Es kann keine Gottesbegegnung ohne Bild geben – das Wort Bild diesmal in dem weiten Verständnis gebraucht, das Vorstellung, Bewußtseinsinhalt, sinnenhafte Berührung usw. einschließt. Denn der Mensch erfährt Gott nur in der eigenen leib-seelischen Ganzheit; und je tiefer er ihn erfährt, desto stärker ist auch seine leib-seelische Ganzheit mit engagiert. Im Sinne des afrikanischen Weltbildes gesagt: Es gibt keine Gotteserfahrung, die Gottes symbolhafte Präsenz auflöst in die symbol-lose Eindeutigkeit von Denken oder Erfahren. Je inniger die Gotteserfahrung ist, um so greifbarer muß auch die Symbolpräsenz Gottes sein.

Die Beschreibung von Mystik darf sich also nicht auf ein Jenseits unserer raum-zeitlichen Existenz stützen. Ein solcher Überstieg ist einerseits unmöglich. Und der Versuch, es dennoch zu tun, läuft Gefahr, etwas Nicht-Göttliches zu vergöttlichen – sei es das goldene Kalb Israels, sei es eine Selbsterfahrung, die in ihrer Gegenstandslosigkeit nur ein absichtsloses Ruhen in der eigenen leib-seelischen Ganzheit ist, sei es ein Nichts- oder ein Ganzheitserlebnis. Gott selbst bleibt der Je-andere und ist nur in der Dynamik der Begegnung zu erfahren, nicht aber in einer statischen Festlegung. Afrikanisch gesagt: Nur im Symbol kann das Symbolisierte erscheinen, nur im »Bild« – verstanden in dem weiten Sinn des empirisch Greifbaren und mental Aufzeigbaren – wird Gott zur Erfahrung.

Die Frage ist also nur: Welches der menschlichen »Bilder«, also Erfahrungen, bietet in seiner Symbolkraft die größtmögliche Offenheit für die Präsenzerfahrung Gottes? Darüber handelten wir zu Beginn.[47] Wie kann man Erfahrung schützen gegen eine eindimensionale Verfestigung, gegen den Götzendienst, der Symbol und Symbolisiertes verwechselt? In wieder anderer Begrifflichkeit gefragt: Wie kann der Vollzug des Mystischen bewahrt werden vor einer Fixierung in statischen Kategorien – sei es die einer Raum-Zeit-Koordinate, sei es die eines abstrakten Seinsbegriffs oder sei es die einer empirischen (und empirisch bleibenden) Erfahrung?

Hier muß sich auch die Systematik (nicht die Erfahrung!) eines Johannes vom Kreuz Kritik gefallen lassen. Das Begriffssystem der damaligen Philosophie brachte ihn nämlich dazu, den grundlegenden dynamischen Zug der mystischen Erfahrung, den Vollzug, der allein der grundsätzlichen Transzendenz Gottes gerecht wird, zu schnell mit Hilfe der statischen Begriffe dieser Philosophie zu begreifen. Damit leistete er Fehldeutungen Vorschub, als gehe mystische Gotteserfahrung in gestaltlose Leere hinein.[48] H. U. v. Balthasar[49], der den Kirchenlehrer unter die wenigen großen Zeugen der Einheit von Theologie und Spiritualität, von christlichem Denken und Leben zählt, kritisiert aus den dargelegten Gründen zugleich ausdrücklich die »augusti-

nisch-sanjuanistische« Engführung seiner mystischen
Theologie. Mit einem Begriffssystem, das aus Strukturgrün-
den zum statischen und dualistischen Trennen von Leib
und Geist, von Natur und Übernatur neigt, läßt sich die
mystische Erfahrung nicht umschreiben.

3. Eine dynamische Auffassung

Die Darstellung von Mystik muß jeden immanent logischen Denkansatz sprengen. Dies zeigt sich schon im Erfahrungsbereich selbst. Es gibt verschiedene Möglichkeiten,
den Sachverhalt, daß Mystik selbst in noch so sublimen Systemen nicht aufgeht, zum Ausdruck zu bringen.
Man kann auf die »Bildhaftigkeit« (nach Rücker: Symbol)
hinweisen und – wie bei der Kunst – von den offenen Eigenschaften der Mystik sprechen. Bilder haben Tiefenschich-
ten, die sich der linearen, eindimensional festgelegten Interpretation versperren. Nicht umsonst bevorzugen Mystiker
die poetische Sprache; Johannes vom Kreuz[50] etwa führt
aus, daß seine Mystik zutiefst in der Poesie und nicht in der
Philosophie zu Hause ist, daß der Erfahrungsgehalt seiner
mystischen Gedichte nicht aufgeht in der nüchternen
Theologie seiner mystischen Kommentare:

»Es würde Unwissenheit verraten, zu glauben, es ließen sich zur
Erklärung dieser Strophen, die in Wahrheit nur Ergüsse der Liebe
und der menschlichen Erkenntnis sind, die rechten Worte finden.
Meine Auslegung (der Gedichte) gibt nun Erklärungen dieser Art,
aber man muß sich nicht daran binden. Denn die mystische Weisheit, die von der Liebe eingegeben ist und von welcher vorliegen-
der Gesang handelt, erfordert kein bestimmtes Verständnis, um in
der Seele Liebe und Begeisterung zu wecken.«

Eine andere Möglichkeit ist es, sich in Paradoxien und Tau-
tologien auszudrücken, um das Übersteigen der engen logischen Regeln im Sprechen über Gott und Gottesbegegnung
zu fassen. Diese Weise des mystischen Sprechens findet
man besonders bei den intellektuellen Mystikern im Stile
Meister Eckharts. Hierher gehört auch das berühmte Wort

des Nikolaus von Kues[51] von der »coincidentia opposito-rum«: Gott ist der »Ineinsfall der Gegensätze«, und Gottes-mystik ist davon zuinnerst bestimmt. Dieser Eckhart-Schü-ler zeigt ganz im Sinne seines großen Meisters zugleich, daß dies keine Irrationalität meint, sondern daß damit die Ra-tionalität aufgebrochen wird zu ihrem tieferen Grund. In seinem Buch »De visione Dei« (Über die Schau Gottes) um-schreibt Nikolaus die Dynamik der Gotteserfahrung mit Hilfe solch paradoxer Worte:

»Was die Einsicht einsieht, ist mithin nicht das, was sie sättigt, oder ihr Ziel ist. Auch das kann nicht sättigen, was die Einsicht überhaupt nicht einsieht, sondern nur das, was sie durch Nicht-Einsehen einsieht. Denn das Einsehbare, das sie erkennt, sättigt nicht, noch sättigt das Einsehbare, das sie gar nicht kennt, sondern das Einsehbare, das sie so sehr (als) einsehbar erkennt, daß es nie-mals völlig eingesehen werden kann.«

Natürlich ist die Praxis von Meditation und Gebet das wichtigste Tor zum Bereich der Mystik. Doch wie gesagt: Jede mystische Erfahrung muß sich schon aufgrund ihrer durchgängigen Subjektivität und der darin beschlossenen kulturellen »Vorurteile« (Gadamer) anderen Erfahrungen, die von außerhalb kommen, stellen. Daher sollte im Hin-weis auf die notwendige Praxis, die allein Erfahrung schenkt, immer auch der Hinweis auf das notwendige Spre-chen über diese Erfahrung zu finden sein; dadurch wird diese erweitert, korrigiert und vertieft. Nicht nur in der christlichen Tradition spiegelt sich die Haltung zur offenen Kommunikation oftmals in Worten wie »Demut« wider, also Sich-beugen-vor und Sich-einfügen-in das Je-Größere dessen, der in der Mystik als präsent erfahren wird; und deshalb bedarf es auch des Hörens-auf-andere, um die ei-gene Erfahrung zu vertiefen. Diese Demut meint – wie nicht mehr zu zeigen ist – keine sogenannte »buckelige« oder kompensatorische Haltung, welche die eigene Minder-wertigkeit zur Tugend umdeutet, sondern bekennt sich zur Wahrheit der eigenen seinshaftigen Begrenzung.
Das alles aber führt zu einer Feststellung, die für unsere Frage wichtig ist. Der Fehler oder, richtiger gesagt: der zeit-

bedingte Umstand, der Johannes vom Kreuz und viele andere die Mystik als ein Jenseits von Leiblichkeit und Bildhaftigkeit auffassen ließ, spiegelt die damalige Theologie und Philosophie, die sich in einer statischen Unbeweglichkeit der Begriffe und des Denkens bewegte. Das Mißverstehen Meister Eckharts als Häretiker oder als New-Age-Vorläufer hat nicht zuletzt darin seinen Grund, daß man seine dynamische Seinserfahrung statisch zu verstehen suchte: Aus dem Sein als einer Bewegung, einem Fließen von Gott, dem Schenkenden, zum Geschöpf, dem Empfangenden, wurde das unbewegliche Sein, das alles gleichmacht. In solch statischer Interpretation kann man Eckhart gar nicht anders als pantheistisch verstehen.[52] Das geschichtliche (W. Dilthey) und existentiale Denken stellt uns aber heute begriffliche Strukturen bereit, die bessere Zugänge eröffnen. Für den hier gesuchten Erfahrungsvorgang hat der englische Sprachphilosoph Jan T. Ramsey[53] – wie schon gezeigt – die dynamische Formel geprägt: observable and more than observable. Er stand vor der Frage: Wie kann man von Gott sprechen, da er doch außerhalb der Sprache mit ihren Abgrenzungen und grammatikalischen Regeln sein muß. Mit dieser Formel lehnt er sich an einen mystischen Sprachgebrauch an, den heute E. Lévinas aufgreift und den in der Patristik besonders Dionysios Areopagita[54] mit Hyper-Super-Über-Attributen pflegte. So heißt es zu Beginn von dessen Mystischer Theologie:

»Dreifaltigkeit, *über*wesenhaft und *über*göttlich und *über*gut, Bewahrerin der Gottesweisheit der Christen, führe uns auf den *über*unerkennbaren und *über*hellen und höchsten Gipfel der mystischen Worte ...«

Von diesem Sprachgebrauch, aus der Alltagserfahrung genommene Worte zu *über*steigen, leitet Ramsey das Grundgesetz des Sprechens von Gott ab: bei Erfahrungen aus dieser Welt anzusetzen, aber dann sie zu *über*steigen und zu *über*steigern in Richtung auf den Gott, dessen Existenz der Mensch letztlich nur vertrauend glauben kann. Diese Bewegung der Sprache spiegelt die Bewegtheit der Erfahrung wider.

An zwei Faktoren ist der Überstieg auf seine sprachliche wie erfahrungsmäßige Legitimität zu überprüfen. Man braucht zunächst einen Ausgangspunkt, der den Ansatz zum Überstieg ermöglicht: Ramsey spricht von einer disclosure situation – Erschließungssituation, in der die Möglichkeit einer *Über*höhung liegt. Das besagt für die Erfahrung: Nur in echter Betroffenheit oder Sehnsucht oder Trauer, in denen die reine Vorfindlichkeit nicht mehr genügt, bekommt der Überschritt Sinn.

Den anderen Faktor nennt Ramsey qualifier, Qualifikator. Damit ist ein Richtungsweiser gemeint, der dorthin zeigt, wohin sich das »Über-« öffnet. Christlich besteht er vor allem in der Glaubensüberzeugung vom gütigen Gott, der sich in Jesus Christus, seinem ewigen Sohn, uns geoffenbart und damit zu sich zurückgeführt hat.

Auch die mystische Erfahrung muß von den vier Faktoren des »observable and more than observable« gekennzeichnet sein, um – vor unserem menschlichen Urteil – als Gottesmystik gelten zu dürfen:

– Die »*disclosure situation*«: Mystik als »Erfahrungsweisheit von Gott« hat ihren Anfang darin, daß der Mensch betroffen ist in einer Situation, mag es die Glückserfahrung, die Trauer, die Sehnsucht, die Sinnsuche usw. sein.

– Das »*observable*«: Die dynamische Erfahrung kann nur in etwas gründen, das in unserer Um- oder Innenwelt vorkommt und in dem die »disclosure situation« lebendig wird. Anders wäre das Mystische für den Menschen in seinem Auffassen und Erfahren einfachhin nicht existent. Gewiß können wir den Raum unserer Sinneserfahrung fast unbegrenzt erweitern, aber wir können ihn niemals verlassen in die Unmittelbarkeit von etwas, das jenseits der Sinne liegt – wobei die »Sinne« in einem weiten Sinn zu verstehen sind, der z.B. auch das ganzheitliche, »ungegenständliche« Bei-sich-Sein einschließt. Selbst die Tatsache, daß man in der Geschichte immer wieder einen anderen Ausweg suchte und eine »un-sinnenhafte«, rein geistige Erfahrungsmöglichkeit postulierte, dokumentiert die Offenheit des »observable«, das nicht statisch zu begrenzen ist.

– Der »*qualifier*«, also der Richtungsweiser, der den Menschen gewiß macht, daß sein Überstieg, seine Sinnsuche nicht ins Chaos, in die Unsinnigkeit, sondern ins göttliche Du des christlichen Glaubens hineinführt, und der das »observable« zum »more than observable« öffnet.

– Das »more than observable«, das den unendlichen Gott meint und zugleich die Bewegung auf ihn bestimmt. Denn auch das muß beim Nachsinnen über die Mystik deutlich geworden sein: Gott ist – wie es durchgängig in den Exerzitien des Ignatius von Loyola heißt – »je mehr«; nur wenn der Mensch, auch der mystische, unterwegs bleibt, also suchend findet und findend sucht, wie Augustinus schreibt, kann er Gott erfahren. Meister Eckhart[55] predigt deshalb, man müsse »Gott um Gottes willen lassen«.

C. Das Mystische am Christentum – das Christliche an der Mystik

Das Gespräch der Blinden über ihren Elefanten, den sie betasten durften, wird nie zu Ende kommen; denn im »mystischen« Betasten entdecken »wir« Blinde unseren Lebenssinn; im Gespräch darüber weiten sich die Perspektiven und werden neue Erfahrungen möglich. Es liegt ebenso an der Beschränktheit menschlicher Erfahrung wie an der Unendlichkeit Gottes, daß dieses Gespräch innerhalb der Menschenzeit nie zu Ende gehen wird.

Daß damit nicht die Wahrheit Gottes relativiert wird, daß damit andere Erfahrungen nicht desavouiert werden und daß damit die eigene Erfahrung des Glaubens und der Mystik nicht verlassen und ihr Anspruch, für alle richtig zu sein, nicht verraten wird, kann letztlich nur der verstehen, der sich mutig in dieses Gespräch hineinbegibt, nicht aber der, der – wie der König in der Parabel – darüber schweben will.

Das gemeinsame Fundament eines solchen interreligiösen Gespräches besteht im positiven Verhältnis des Menschen zum Sein und zur eigenen Existenz trotz aller enttäuschender Erfahrungen. Viktor E. Frankls Logotherapie beruht z. B. auf dieser grundsätzlichen Sinnbejahung, die nicht rein rational zu »beweisen«, sondern nur im »Bejahen« zu verstehen ist.

Das Ziel dieses interreligiösen Gesprächs ist der ewige Gott in seinem Geheimnis, das kein Denken und keine mystische Erfahrung auflösen kann. Auch die christliche Glaubensüberzeugung löst dieses Geheimnis nicht auf, sondern verneigt sich vor ihm als dem Sinngrund alles menschlichen Suchens. Und hierin trifft sie sich mit anderen religiösen Traditionen.

Was Karl Rahner[56] mit dem Stichwort »anonymer Christ« auszudrücken versuchte, muß für unser Thema der Mystik als »anonyme christliche Erfahrung«[57] angesprochen werden. Wie immer man über diese Begrifflichkeit denken

139

mag, sie bringt zum Ausdruck, daß es von einer explizit christlichen Mystik Verstehensbrücken zu jeder echten Mystik gibt, wie auch umgekehrt, daß jede wahre Mystik Züge trägt, die ins Christentum führen.

Unsere Schlußüberlegung zeigt schon durch ihre Gliederung: Alle bisherigen Ausführungen waren getragen von der christlichen Überzeugung, daß, wie W. Kasper[58] ausführt, die Lehre von der Dreieinigkeit Gottes auch »Grammatik und Summe einer (solchen) theologisch verstandenen Mystik (Theologie)« darstellt.

1. *Identität, weil bejaht von Gott – Urvertrauen zum Vater*

Wer mit fernöstlicher Mystik in Berührung kommt, ist beeindruckt von der Ruhe und Ausgeglichenheit ihres Daseinsgefühls. So spricht der Gott Krishna im fünften und sechsten Gesang der Bhagavadgita[59]:

»Wer mich im Weltenall erblickt / Und auch das All in mir erblickt,
Dem werd' ich nimmermehr entrückt / Und er wird nimmer mir entrückt.
Wer mich in jedem Ding verehrt / Und aller Wesen Einheit kennt,
Der Fromme, wie er wandeln mag / Wird nimmermehr von mir getrennt.
Sie gleichen mir nach Lust und Leid, / Das gleiche Selbst in ihnen weht.
Wer dies von allen Wesen weiß / Zum höchsten Gleichmut sich erhebt.«

Diese eher »ontologische« Aussage stellt den vorsichtig ausgedeuteten Hintergrund der »Ethik«, einer hohen, gelebten Sittlichkeit dar:

»Wer so im Geist die Andacht übt / Beherrschten Denkens, frei von Gier,
Der geht zum Frieden, zum Verwehn, / Das wurzelt ganz und gar in mir.
Nicht ist ein Yogi, wer zuviel, / Noch auch wer nichts ißt, Ardschuna,

Noch wer zuviel des Schlafes pflegt, / Noch wer stets wacht, o Pandava.

Wer maßvoll speist und sich erholt, / Wer maßvoll handelt jederzeit,

Wer maßvoll schläft und maßvoll wacht, / Bei dem tilgt Yoga jedes Leid.

Wer einen wohlbezähmten Sinn / Im Innern tief befestigt hat,

Von keinerlei Begier befleckt, / Der hat der Andacht sich genaht.

Das Licht an einem stillen Platz, / Das nicht des Windes Hauch bewegt,

Ein Gleichnis für den Yogi ist's / Der steten Sinns der Andacht pflegt.«

Eine solche beherrschte, maßvolle Haltung gegenüber allen Dingen hat ihren Ursprung in der »yogischen Haltung«, die über dem Auf und Ab von Wünschen und Enttäuschungen, von Schmerzen und Freuden, von Glück und Unglück in einer Gelassenheit ruht, die das seelische Innere unberührt sein läßt vom Umtrieb des Alltags. Krishna, der göttliche Wagenlenker des Königssohns Ardschuna aus dem Pandaver-Geschlecht, nennt dies Brahma:

»Es jubelt nicht und klagt auch nicht / Ob Glück, ob Unglück ihn ereilt,

Wer unbeirrt das Brahm' erkennt / Und immerdar im Ew'gen weilt.

Wen nicht berührt die Außenwelt, / Wer klug sich hält von ihr zurück,

Wer in das Brahma sich versenkt, / Der findet in sich selbst das Glück.

Denn der Genuß der Sinnenwelt, / O Ardschuna, gebiert den Schmerz.

Was anfängt und zu Ende geht, / Erfreut niemals des Weisen Herz.

Im Brahm' verweh'n die Weisen einst / Befreit von aller Sünde Macht.

Von Zweifel rein, bezähmten Sinns, / Auf aller Wesen Wohl bedacht.

Wer Sinne, Herz, Vernunft beherrscht, / Von Gier, Furcht, Zorn sich hat befreit

Und einzig die Erlösung sucht, / Der ist erlöst für alle Zeit.

Wer seine Pflichten treu erfüllt / Nicht nach dem Lohn der Taten fragt,

Der ist ein wahrer Yogi nur / – Nicht wer vom Brauch sich losge-
sagt.
Denn Andacht ist, o Ardschuna, / Dasselbe, was Entsagung heißt,
Andächtig ist, o Pandaver, / Nur einer, der entsagt im Geist.«

Als Befindlichkeit – noch nicht auf einen reflektierten
weltanschaulichen Hintergrund projiziert oder durch einen
religiösen Glauben gedeutet – läßt sich diese Erfahrung
als ein Verankertsein in etwas Absolutem umschreiben, als
ein Getragensein von einer Mitte jenseits der Fährnisse des
Alltags.
Im Religionsgespräch darf und muß man sich als Christ fragen, ob dieses Verankertsein notwendigerweise als Auflösung des Ich, des Selbst im pantheistischen Sinne, zu interpretieren ist, als Überwindung der Subjekt-Objekt-Span-
nung, der Ich-du-Begegnung in eine seinshafte Einheit hinein, die grundsätzlich jede Differenzierung übersteigt. Man
muß fragen, ob die ruhigen Hinweise, die Ramana Maharshi[60] zur »mystischen« Erfahrung des Selbst macht, in der
harten, monistischen Weise gedeutet werden müssen, die
Thorwald Dethlefsen[61] in westlich-rationalistischer Weise
aus entsprechenden Erlebnissen heraus schlußfolgert.
Auch Meister Eckhart[62] sah sich ähnlichen Schlußfolgerungen gegenüber, die man aufgrund seiner Predigten und
Schriften zog und ihm als Häresie vorwarf. Seine berühmte
2. Predigt über Maria und Marta, die Geschwister von Beta-
nien, scheint mit ihrer Abweisung häretischer Anschauun-
gen zugleich eine Rechtfertigung und Präzisierung seiner
Mystik zu sein. Es geht um die Frage, ob einer sich so weit
aus der Vielfalt der Welt in die Einheit zurückziehen darf
und auch kann, daß ihn deren Vielfalt nicht mehr berührt;
daß er also ganz im Sinne Thorwald Dethlefsens die zeitlose
Einheits-Wirklichkeit jenseits der »unwirklichen« Zeit- und
Raumvielfalt erreichen kann. Meister Eckhart setzt sich
sehr klar von dieser Fehldeutung der mystischen Einheitserfahrung ab und beschreibt dagegen seine eigene Erfahrung
in differenzierter Sprache folgendermaßen:

»Du befindest dich bei den Dingen; aber diese befinden sich nicht
in dir... (Solche Menschen) stehen ganz nahe bei (den Dingen);

und besitzen diese doch so, als ob sie selbst sich dort oben am Horizont der Ewigkeit befänden ... Eine Seele mag ganz und gar einfältig dastehen ... einzig auf den Horizont der Ewigkeit hin gerichtet; aber dennoch ist sie begrenzt, da sie durch etwas vermittelt wird; sie kann nicht dort oben bleiben in Freude.«

Diese »einfältige« Erfahrung hebt das Stehen-in-der-Vielheit nicht auf, sondern gibt ihm die Reife eines Menschen, der auf Gott vertraut. Aus der Sicht der Eckhartschen Metaphysik gesprochen: Die Einheit des all-umfassenden göttlichen Seins steht nicht im Widerspruch zum Eigenstand des geschaffenen Seins der Geschöpfe. Das Gegenteil muß vielmehr gelten: Gerade weil Gottes Sein so umgreifend und allmächtig-allumfassend ist, kann der Mensch, der in Gott verankert ist, sein eigenes, verantwortetes Leben führen, d. h. »bei den Dingen sein«. Das »Sein« wird also nicht statisch verstanden, sondern als Macht Gottes, mit der er seinen Geschöpfen eigenständiges Sein verleiht. Meister Eckhart spricht es im Paradox aus: »Das ist eines und zwei zugleich.« Er läßt die Differenz von Mensch und Gott, von Subjekt und Objekt oder richtiger: von Subjekt und Subjekt, bestehen; ja, er bekräftigt sie sogar und findet zugleich in dieser Differenz die Einheit.
Deshalb wendet Eckhart sich in dieser Predigt scharf gegen »gewisse Leute, (die) so weit kommen wollten, daß sie des Wirkens ledig werden. Ich aber sage: das kann nicht sein«. Es geht dabei um Menschen, die das tätige Dasein in dieser Welt verlassen, um ganz in der Einheit des Absoluten zu ruhen; Menschen, die die Welt nicht mehr »verändern«, sondern mit Dethlefsen sie in ihrer Nichtigkeit »durchschauen« möchten. Eckhart charakterisiert sie weiterhin: »Biedere Leute wollen gar so weit kommen, daß das Anwesendsein sinnfälliger Dinge ihnen nichts mehr bedeute. Das gelingt ihnen nicht.« Sie meinen, die Vielfalt der Welt habe sich nur als Schein – Dethlefsen meint: nur als subjektive Projektion – entpuppt. Die gleichen Leute sagen: »Man müsse so vollkommen werden, daß uns keine Freude mehr bewegen könne und daß man unberührbar sei durch Freude und Leid. Sie haben unrecht.« Das philosophische Ideal ei-

nes Menschen, der so ganz in der Einheit des Jenseits steht, daß ihn das Diesseits nicht mehr berührt, hat schon Hieronymus entlarvt und dies mit der leblosen Härte eines Steins verglichen.

Eckhart aber setzt auf ein anderes Ideal:

»Aber dahin muß man kommen, daß nämlich der besonnenere, Gott wohlgefällige Wille sich loslöst von allem natürlichen Wohlgefallen. Das besagt, wenn die Einsicht dahin kommt, dem Willen zu gebieten, sich abzukehren, daß dann der Wille spricht: Ich tue es gerne.«

Eckhart verlegt also die erfahrene »Einheit« von einem statischen Ideal hinein in den Vollzug der Personmitte, aus der ein Mensch Gott anerkennen und lieben kann. Man kann auch im Gespräch mit der Kyoter Zen-Philosophie formulieren: Er nimmt das »Ethische« ernst. So predigt er: »Grundlegend ist, daß man den Willen aufgibt in Gott hinein...« In der Ausrichtung des Willens also, oder richtiger gesagt: der Personmitte, nicht aber in der Auflösung des Selbstseins und der Abwertung der Weltexistenz ereignet sich die Einheit mit dem Ganzen. Durch diese Einheit des Willens, der Liebe, des Vertrauens, des ganzheitlichen personalen Engagements aber wird die Zweiheit von Gott und Mensch nicht aufgehoben, sondern in ihrer Tiefe bestärkt:

»Das Herz kann so gepeinigt werden, als ob der Mensch nicht in Gottes Gnade stände, und dennoch verharrt der Wille in einfacher Geradheit bei Gott und spricht: ›Herr: ich dir und du mir!‹ Was ihm auch dabei zustößt, das hindert die Seligkeit der Ewigkeit keineswegs; denn es betrifft ja nicht den obersten Wipfel, dort nämlich, wo er mit Gottes allergütigstem Willen vereint ist.«

Für Meister Eckhart ist der ontologische Grund der mystischen Einserfahrung keine statische Einheit, sondern eine Bewegung, eine »Aufgipfelung« hinein in die Mitte Gottes. Karl Rahners Paradox hat in heutiger philosophischer Sprache das gleiche gesagt und damit Martin Buber[63] das Wort gegeben, der – wie mir scheint – in seiner »Ich-Du-Philosophie« diese Erfahrung am eindringlichsten ausgedrückt hat. In der Geschichte der christlichen Spiritualität findet man die entsprechende Erfahrung unter Stichworten wie »Indif-

ferenz«, »Gelassenheit«, »Leidenschaftslosigkeit« (Apatheia)
beschrieben. Der Streit um die Ausdeutung der Mystik des
Evagrios Pontikos[64] zeigt, wie mißverständlich Äußerungen
und Berichte über diese »mystische« Erfahrung auch innerhalb des christlichen Glaubensgebäudes sein können. Die
Gefahr, diese »Leidenschaftslosigkeit« pantheistisch zu verstehen wie bei einem Nachfolger des Evagrios, bei Bar Sou-
daïli, kann aber bestätigen, daß auch die Worte und die Erfahrung Ramana Maharshis in verstehender Offenheit aus-
gelegt werden dürfen, daß also ein Christ auch bei diesem
hinduistischen Heiligen Sehnsüchte seines eigenen Glaubens entdecken darf.
Natürlich wird hiermit ein so bedeutender Mann (und andere) nicht nachträglich zum monotheistischen Christen
erklärt. Es soll nur Verständnis dafür geweckt werden, daß
seine Erfahrung Platz hat im christlichen Vollzug, daß das
Gespräch mit seiner Mystik die eigene christliche Erfahrung bereichern und uns gemeinsam der absoluten Wahrheit näherbringen kann. Meister Eckhart deutet den Angelpunkt des Gesprächs an, wenn er philosophisch scharfsin-
nig vom »Willen«[65] spricht, der sich in seinem »Wipfel« in
der Ewigkeit Gottes festmacht.
In moderner Sprache müßte man hier Worte wie »Urvertrauen« oder »Liebe« benutzen. In der christlichen Dichtung – von Ps 139: »Du umschließt mich von allen Seiten«,
bis zu Dietrich Bonhoeffers Abschiedslied: »Von guten
Mächten wunderbar geborgen« – finden sich unzählige Äußerungen dieser Grundhaltung zu Gott, in der ein Mensch
sich ganz und gar losläßt in die Sorgsamkeit seines Gottes
hinein. Jesus selbst hat diese Erfahrung in das Wort »Vater«
gelegt und uns das »Vater unser« zu beten gelehrt. Dieses
Gebet muß aus dem Verschleiß der Gewöhnung herausge-
löst und auf seinen Grundgehalt befragt werden: Wenn es
christliche Mystik gibt, dann ist die Erfahrung des »Vater
unser« mystisch bis ins Herz hinein. Daß dabei das Wort
»Vater« in übergeschlechtlicher Weite zu verstehen ist, so
wie es doch auch im Munde Jesu klang, muß nicht groß erläutert werden.
Romano Guardini führt in der kurzen, aber wichtigen

Schrift: »Die Annahme seiner selbst«[66] in den anthropologi-
schen Grund dieser Mystik hinein, die als Urvertrauen zum
Vater-Gott zu kennzeichnen ist:

»Die Fragen der Existenz: Warum bin ich der, der ich bin? Warum
geschieht mir, was mir geschieht? Warum ist mir versagt, was mir
versagt ist? Warum bin ich so, wie ich bin? Warum bin ich überhaupt, und nicht vielmehr nicht? – diese Fragen bekommen ihre
Antwort nur in Beziehung auf Gott. Allerdings müssen wir sofort
hinzufügen: sofern diese Beziehung nicht nur abstrakt gedacht,
sondern lebendig erfahren wird... Eine solche Erfahrung ist wohl
Gnade; aber es ist verheißen, daß sie – »die gute Gabe schlechthin«
– denen gegeben wird, die im Ernst und der Geduld ihres Herzens
darum bitten und sich betend und meditierend darum mühen.
Das ist das A und O aller Weisheit.«

Guardini stellt diese Weisheitserfahrung der Grundbefind-
lichkeit der Moderne entgegen und beruft sich dafür auf die
Philosophie seiner Zeit: Sein heiße In-Angst-sein. Dagegen
stellt er das Ideal des Menschen, so wie er von Gott gedacht
ist:

»Die erste Endlichkeit, der Mensch in seinem Anfang, wußte sich
geschaffen und ins Eigensein freigegeben durch Gott, welcher der
Wahrhafte und Gütige ist. Diese Endlichkeit wurde als Glück, als
aller Erfüllung fähige Möglichkeit erlebt. Die Angst kam erst, als
der Mensch sich dagegen empörte, endlich zu sein; nicht mehr
Ebenbild, sondern Urbild.«

Nur wenn er seine eigene Endlichkeit hineinsenkt in die
Unendlichkeit Gottes – Gott ist nach Meister Eckhart »son-
der warumbe«, ohne Warum –, kann der Mensch zu sich
stehen. Nur in dieser Gelassenheit blüht die Freude auf, das
Geborgensein, das Eins-Sein mit dem Ursprung:

»Diese Einheit ist Liebe. Vom Menschen gibt es kein kaltes Wissen. Kein Wissen in Gewalt. Nur in jener Großmut und Freiheit,
die Liebe heißt. Die Liebe beginnt aber in Gott: darum, daß Er
mich liebt, und ich fähig werde, Ihn zu lieben; und Ihm dankbar
bin für seine erste Gabe an mich, die heißt: ich-selbst.«

2. Personalität, weil stehend vor Gott – Schauen auf Jesus

Mit dem Hinweis auf die Existenzangst schlägt Guardini ein Thema an, das in den letzten Jahren durch Eugen Drewermann – für viele Christen erschreckend neu – ins Gespräch gekommen ist. Auch Eugen Biser[67] findet hier den Ansatz zur Diagnose und Therapie des heutigen Christentums: »Der wahre Gegensatz des Glaubens ist, wie vor dem Hintergrund des verstummenden Atheismus längst schon deutlich geworden sein sollte, nicht der Unglaube, sondern die Angst.« Gregor Fehrenbacher[68] faßt die diagnostische Analyse Drewermanns folgendermaßen zusammen:

»In der Angst erfährt sich die Freiheit des menschlichen Geistes in ihrer eigenen Möglichkeit. Angst wird erlebt in der ›Freiheit als Möglichkeit, überhaupt zu *können*, als Erfahrung des Nichts, das in dieser Möglichkeit liegt‹.«

Der zur Freiheit gekommene Mensch steht vor dem Nichts; weil ihn nichts mehr trägt, kann er sich frei in dessen Abgrund stürzen, das heißt: sich von nichts mehr gebunden wissen als von der eigenen Möglichkeit zur Freiheit. Läuft nicht alle Sündhaftigkeit letztlich darauf hinaus, diesen Schritt zu tun? Doch damit bewegt der Mensch sich in dem Teufelskreis, der in der kirchlichen Lehre von der Erbsünde festgeschrieben ist: Je mehr einer sich in (und an) seiner Freiheit »festhält«, desto schauriger wird die Abgründigkeit des Nichts, das sich ihm in der Möglichkeit der Entscheidung auftut; desto angstvoller aber will er sich an sich selbst in seiner Freiheit festhalten und reißt damit den Abgrund des Nichts noch tiefer auf. Was der schlichte Sündenkatalog als egoistisches Sich-selbst-in-die-Mitte-Stellen anprangert, wird in dieser an Sören Kierkegaard angelehnten Existenzphilosophie zum inneren Konflikt der Freiheit. Aber, so schreibt Drewermann[69]:

»Vor Gott ist es *nicht notwendig*, daß der Mensch in seiner Angst beginnt, wie im Schwindel nur noch um sich selbst zu kreisen, nur noch in das eigene Loch zu starren und darin abzustürzen.«

Denn, so lautet eine durchgängige Grundthese Drewermanns, die dem oft geäußerten Gnosis-Verdacht diametral

entgegensteht: »Die Angst der Existenz beruhigt sich nur durch das Vertrauen in die Liebe einer anderen Person.«
Es geht um die Mitte der menschlichen Existenz; deshalb gilt zwar[70]: »Jede Gotteserfahrung ist zunächst psychologisch als eine besonders intensive Form der Selbsterfahrung zu verstehen.« Doch Drewermann fährt ganz im Sinne der transzendentalen Theologie K. Rahners fort:

»In der psychologischen Reflexion der Bedingung der Möglichkeit solcher Erfahrungen wird man im Hintergrund des Erlebens auf ein Vertrauen stoßen, das nur möglich ist, wenn das im seelischen Bild Geschaute theologisch in der Tat als etwas ›von außen‹ Geschenktes, mithin als etwas auf eine Macht jenseits des Menschen Verweisendes begriffen wird... Und ihre (der Visionsberichte) theologische Wahrheit wird man darin erblicken müssen, daß es prinzipiell nur im Gegenüber einer absoluten Person möglich ist, ein eigenes Ich zu gewinnen.«

Zusammenfassend schreibt Drewermann[71] in einem der Vorworte zu seinem Grundwerk:

»Ohne das Gefühl, in einem absoluten Sinne vorweg zu allen zwischenmenschlichen Beziehungen in Gott akzeptiert zu sein, zerfällt das menschliche Dasein notwendig in ein Feld frontaler Konkurrenz.«

Es bedarf daher, so wird Drewermann von Fehrenbacher[72] zitiert, »einer absoluten Person..., um uns aus dem Kerker unserer Selbst im Getto der Angst herauszuführen.« Diese psychologisch-theologischen Analysen skizzieren einen Weg zur Gotteserfahrung, eine Bereitung zum Mystischen.
In der heutigen Diskussion ist besonders das ostkirchliche Jesusgebet als Einübung, »exercitium« auf diesem Weg zu nennen. Es führt überdies unmittelbar ins Religionsgespräch hinein, denn es scheint dem »Mantra«-Singen oder -Rezitieren des indischen Subkontinents sehr ähnlich zu sein. Das »Lexikon der östlichen Weisheitslehren«[73] beschreibt Vorgang und Sinn der Mantra-Meditation:

»Eine kraftgeladene Silbe oder Folge von Silben, die bestimmten kosmischen Kräften und Aspekten der Buddhas Ausdruck gibt, manchmal auch der Name eines Buddhas. Als Form der Meditation wird die ständige Wiederholung von Mantras in vielen buddhistischen Schulen geübt; sie spielt jedoch im Vajrayana (Tibetischer Buddhismus) eine besondere Rolle. Hier ist Mantra als ein Hilfsmittel definiert, das den Geist schützt. In der durch die spirituelle Praxis herbeigeführten Umwandlung von ›Körper, Rede, Geist‹ ist das Mantra der Rede zugeordnet, und seine Aufgabe liegt in der Sublimierung der Schwingungen, die im Akt des Sprechens freigesetzt werden.«

Es ist nun eine vielfach erprobte Tatsache, daß ein solches ruhiges Wiederholungs-Singen oder -Sprechen, vielleicht auch mit einem rhythmischen Bewegen verbunden, dem Menschen zu einer Selbstfindung verhelfen kann: Er lebt sich dabei in eine Befindlichkeit hinein, in der er abschaltet, zu reflektieren aufhört, gleichsam in sich selbst ruht und im eigenen Selbst verharrt, ohne von der Vielfalt des äußeren Lebens sich beeinflussen zu lassen. Für sich allein betrachtet aber beruht der »Erfolg« und die Wirkmächtigkeit dieser Übungen auf psychologischen und physiologischen Naturstrukturen; sie wurden oft nachgeprüft und sind auch leicht nachzuvollziehen. In ihrer psychologischen Kausalität also haben sie noch nichts mit Mystik oder Transzendenz zu tun, wie es die sogenannte »transzendentale Meditation« oder auch die Anthroposophie[74] verkünden.

Beim Autogenen Training z. B. ist ihre Kausalität wohl bekannt. Die ruhige Wiederholung einer Silbenfolge, einer Melodie, eines Rhythmus verleiht dem Übenden eine innere Ruhe, die sogar körperlich (Blutdruck, Gehirnströme) meßbar ist; wenn die rhythmische Folge anders strukturiert ist, kann sogar eine bis zur Ekstase reichende leib-seelische Erregung entstehen. Die afrikanische Religiosität, schamanistische Trance-Übungen, aber auch Rockmusik, machen sich diese Kraft der Wiederholung ebenso zu eigen wie Wiegenlieder oder auch das katholische Rosenkranzgebet.

Der Arzt und Psychotherapeut Jürgen Krug[75] spricht nüchtern von »formelhaften Vorsatzbildungen«:

»In der Hypnose suggeriert der Arzt dem Patienten einen, einem Vorsatz gleichenden Vorstellungsinhalt, der dann ins Unbewußte sinkt und sich nach der Hypnose von selbst auswirkt.

In der Versenkung des Autogenen Trainings suggeriert man sich solche Inhalte in passiver Konzentration selbst. Sie sind beim Autogenen Training formelhaft gefaßt. Die Formeln sind kurz. Sie haben einen ruhig-gleichmäßigen Sprachrhythmus.«

Für Schlafstörungen, »eine der wichtigsten Indikationen des Autogenen Trainings«, schlägt Krug deshalb vor:

»Das Einschlafen darf nicht gewollt werden. Man stellt sich so ein, als führte man das Autogene Training um der Entspannung und Ruhe willen durch. Es ist möglich, zusätzlich eine Vorsatzformel zu verwenden, die dazu dient, das Schlafenwollen in den Hintergrund zu schieben. Eine solche Formel, die bewährt ist, lautet: ›Schlaf kommt von selbst‹.«

Wir haben es also bei einer solchen Übung – psychologisch gesehen – nicht mit Mystik zu tun, sondern mit einem medizinisch-greifbaren psychosomatischen Vorgang. Es wäre daher falsch, in der Wiederholung von Formeln – und seien es auch christliche – schon einen Schlüssel (»trigger«, Auslöser) zur Mystik zu sehen; es sei denn, man reduziert Mystik auf einen medizinisch-therapeutischen Prozeß.

Doch im ostkirchlichen »Mantragebet« will die Ruhe, die durch das Wiederholen bewirkt wird, nur den Raum errichten, in dem das innere Beten lebendig werden soll. Und dieser tiefere und eigentliche Sinn des Jesusgebetes ist schon in der Polarität ausgedrückt, die für die Gebetsformel konstitutiv ist. So schreibt Kallistos Ware[76]:

»Man hat das Jesus-Gebet ein ›christliches Mantra‹ genannt; doch das führt auf einen Irrweg. Es ist nämlich nicht einfach ein rhythmischer Gesang, sondern es enthält eine ausdrückliche personale Beziehung und einen bewußt gemachten Glauben an die Menschheit Gottes. Ziel ist nicht einfach das Zur-Ruhe-Kommen alles Denkens, sondern die Begegnung mit jemanden.«

Dieses Gebet, das in der Kurzform: »Herr Jesus, hab' Mitleid« und in der verbreitetsten Form lautet: »Herr Jesus Christus, Sohn Gottes, hab' Erbarmen mit mir (uns)«, hat nach Erzbischof Ware vier »konstitutive Züge«:
1. die Anrufung des heiligen Namens »Jesus«;
2. das Bitten um Gottes Mitleid, das mit einem Gefühl von Trauer oder Schmerz über die Sünde verbunden ist;
3. die Übung der häufigen oder ständigen Wiederholung;

4. die Sehnsucht nach dem nicht-diskursiven, wortlosen
   Gebet.

Ware zeigt weiterhin, daß das letzte, mystische Element
wohl erst durch Evagrios Pontikos mit der Technik des Jesusgebets eng verknüpft wurde. Doch dies ist keine Will-
kür; denn die Technik des Wiederholens läßt das verstand-
liche Denken und Verknüpfen zur Ruhe kommen und begünstigt schon körperlich den Zustand des Verharrens, des
nicht-diskursiven Schauens, des einfachen Da-Seins.

Wir stehen hier also gleichsam an einer Nahtstelle zwischen aktiver Bereitung und mystischem Ergriffensein. Die
ostkirchliche Spiritualität wehrt sich – ähnlich wie die
schwarzafrikanische Religiosität – gegen die scharfe Trennung des abendländischen Rationalismus zwischen Gottes
Transzendenz und seinem wirkenden Sein in der Schöpfung, also zwischen Geschenk von außen und innerer göttlicher Kraft.Das »Einüben« ist stärker als bei uns schon
durchzogen vom »Ergriffensein«.

Die im Meditieren des Jesusgebets zur Ruhe gekommene
menschliche Befindlichkeit (das Innere) ist aus ihrem Wesen heraus zugleich ausgerichtet auf Jesus (von außen kom-
mend). Schon die Gebetsformel ist polar gespannt zwischen
Jesus, dem Herrn, und dem Betenden, der sich als Sünder
bekennt, d. h. als jemanden, der ganz und gar auf das befreiende Geschenk, auf die Liebe Jesu angewiesen ist. Wer also
den Inhalt der »Mantra-Formel« mitvollzieht, begibt sich
auch innerlich in die Dynamik des Überschreitens, Tran-
szendierens hinein. Er vollzieht das, was E. Drewermann als
die Möglichkeitsbedingung der Selbstannahme und K. Rahner als transzendentale Analyse abstrakt darstellen.

Die gleiche körperliche Technik ohne die polare Spannung
führt im tibetanischen Mantra-Singen – sobald es sich religiös erweitert – zum pantheisierenden Einheitsgefühl mit
dem Absoluten, zum Maitri, zu dem »von Zuneigung freien
Wohlwollen allen Wesen gegenüber«.[77] Im ostkirchlichen
Jesusgebet, das nur in der polaren Spannung legitim ist,
führt es zur »liebenden Zuneigung zu Jesus, dem menschgewordenen Sohn Gottes«. Vor seiner Güte muß – wie das Gebet formuliert – der Mensch sich als »Sünder«, als stets von

neuem Beschenkter erfahren. Die auffallende Ähnlichkeit der Wege darf nicht – wie es in manchen Meditationskreisen[78] geschieht – die Unterschiede der beiden Meditationsweisen willkürlich verwischen. Erst wo der Unterschied gesehen und bejaht ist, wird der Religionsdialog wahrhaftig, und es können tragkräftige Brücken errichtet werden. Sicherlich aber lebt manches tibetanische Mantra-Singen, weil es in der Demut vor dem Größeren realisiert wird, schon insgeheim – »anonym« – in der zu Gott geöffneten Polarität.

Für die christliche Erfahrung aber sind die beiden unterscheidenden Züge wesentlich:

– daß die durch das Jesusgebet geöffnete mystische Erfahrung Geschenk – theologisch formuliert: Gnade – ist und Geschenk bleibt. Die ostkirchliche Mystik leitet aus diesem Zug sogar die Ermächtigung ab, von der »Vergöttlichung« des Menschen zu sprechen. So schreibt Kallistos Ware[79]:

»Der Ganz-Andere ist ebenso in einzigartiger Weise uns nahe, wie er – ohne daß die Transzendenz gemindert wird – sich den menschlichen Geschöpfen in einer Einheit der Liebe verbindet. Wir Menschen aber werden durch diese Einheit ›vergöttlicht‹ (deified), und, ohne unsere persönliche Identität zu verwirken, sind wir ganz und gar in das göttliche Leben hineingenommen.«

– Der zweite und diese »Vergottung« vertiefende Zug aber ist die Begegnung mit Jesus, dem Gottmenschen, wie das athanasianische Adagium es ausspricht: »Gott wurde Mensch, damit der Mensch Gott werde – durch Gnade, nicht durch Natur.« Diese Wahrheit ist, wie John Meyendorff[80] in dem erwähnten Sammelwerk schreibt, »für das Verständnis der griechischen Spiritualität die Norm, selbstverständliche Voraussetzung und bleibender Maßstab«.

Ein Gebet, das es wagt, Gott mit »Du« anzusprechen, ist religionsphilosophisch zweifelsohne ein kühnes Unternehmen. Es steht, wie das ostkirchliche Jesusgebet zeigt, im christlichen Vollzug und untrennbar verbunden mit dem Glauben, daß Gott in Jesus Christus uns sein Angesicht gezeigt hat. Auch nach Drewermann[81] wäre das Du-Sagen zu Gott nicht möglich ohne Jesus,

»(dessen) Sterben ... einzig deshalb eine Auferstehung (ist), weil ihm in seinem Bewußtsein Gott unendlich lebendiger war und blieb als all das, was Menschen einander zufügen können, (der) imstande ist, den Selbsteinschluß der Angst der menschlichen Existenz im Feld der Gottesferne wieder auf Gott zu öffnen.«

Die Brücke zum dogmatischen Glauben an Jesus aber schlägt Drewermann[82] folgendermaßen:

»Mit Bezug zu Christus (muß) gezeigt werden, wie der Glaube an Gott erst in der Gestalt des ›Menschensohnes‹ die Form gewinnt, den Menschen in allen Facetten seiner Daseinsangst wahrhaft zu erlösen ... Gottessohnschaft (aber) beruht in einem Totalvertrauen gegenüber der Macht, der wir unser Leben verdanken und die Jesus ›Vater‹ zu nennen wagte.«

Die Rolle, die Jesus im christlichen Vollzug spielt, wird aber nur der voll würdigen können, dem die Erfahrung eines menschlichen Du, eines lebendigen Angesichts geschenkt ist. Es lohnt daher, Max Picards[83] Klassiker »Das Menschengesicht« zu verinnerlichen, um die Erfahrung aufleben zu lassen, daß eine solche zwischenmenschliche Begegnung in Wahrheit eine »peak-experience«, eine Gipfelerfahrung im Sinne Maslows ist; sie hat eine Ahnung von Endgültigkeit in sich, die in Gott ihre Gewißheit erhält und in Jesus uns geschenkt ist. Nach christlichem Glauben trägt Gott in seinem menschgewordenen Sohn ein Menschenantlitz:

»Betrachtet einer ein Menschengesicht, so wird das ganze Wesen des Betrachtenden betroffen: Gefühl, Verstand, Wille und auch jene Tiefe, in der Gefühl, Verstand und Wille noch dunkel beieinander sind. Erst vor Gottes Ebenbild ist sein Wesen wieder ganz geworden ...
Gott ist gerade dadurch unerforschlich, daß er sich zeigt, und je mehr er sich zeigt, desto unerforschlicher ist er. Das Menschengesicht ist das Ebenbild Gottes, und seine Unerforschlichkeit hat die Ursache in Gott ...
Gott offenbart sich in dem milderen Leuchten des Menschengesichts, weil der Mensch das Feuer des göttlichen Gesichts nicht erträgt ... Ja, selbst wenn Gottes Blick allein zu sich zurückkehren müßte, so würde noch dies und vielleicht gerade dies: daß Gottes Blick zu sich selbst zurückkehrt, daß Gottes Blick sich selber anschaut, gerade dies würde alle Gesichter retten ...«

Weil Gott zum Menschen spricht – »viele Male und auf vielerlei Weise, in dieser Endzeit aber durch den Sohn, den er zum Erben des Alls eingesetzt hat und durch den er auch die Welt erschaffen hat« (Hebr 1, 1–2) – und weil dieses Sprechen in und aus Gottes Herrlichkeit alles trägt und durchdringt – »er ist der Abglanz seiner Herrlichkeit und das Abbild seines Wesens; er trägt das All durch sein machtvolles Wort, hat die Reinigung von den Sünden bewirkt und sich dann zur Rechten der Majestät in der Höhe gesetzt« (Hebr 1, 2–4) –, deshalb gibt es Mystik – nicht nur im Christentum. Doch wir Christen dürfen dankbar sein, daß Gott uns die Mitte seiner Mystik kundgetan hat: »Und das Wort ist Fleisch geworden und hat unter uns gewohnt, und wir haben seine Herrlichkeit geschaut, die Herrlichkeit des einzigen Sohnes vom Vater, voll Gnade und Wahrheit« (Joh 1, 14).

Ob nicht die afrikanische Religiosität, mit ihrem ganzheitlichen Rhythmus (vgl. das Jesusgebet) und ihrer person-bezogenen Spiritualität (vgl. Ahnen-Verehrung) einen neuen Weg zu dem »mystischen« Glaubensvollzug öffnen kann, daß Gott den Menschen, daß er mich anschaut und daß ich ihm, dem Ewigen, von Angesicht zu Angesicht begegnen darf? Diese »Mystik« aber trägt in der christlichen Spiritualität den Namen Jesus Christus.

3. Universalität, weil ruhend in Gott – Leben im Geist

Die afrikanische Religiosität kann auch den Weg weisen zu einem vielleicht »mystisch« zu nennenden Umgang mit der Natur, den man im westlichen (Miß-)Verständnis oft als »magisch« abwertet. Jesus Christus ist nach Rücker in ihr als Einheit (Person) des naturhaften Symbols (Mensch) mit dem Symbolisierten (Gott) verstanden. Ähnlich, wenn auch weniger dicht, durchdringen sich nach der afrikanischen Religiosität auch in der Natur und in uns Menschen das geschaffene Symbol und das göttliche Symbolisierte. In allem Geschaffenen (insoweit es nicht sündhaft sich von Gott, dem Symbolisierten, getrennt hat) darf (und soll!) der Christ einen Hauch, einen Lichtschein des Göttlichen finden. Dieses Lehrstück afrikanischer Spiritualität läuft parallel zum klassischen mystischen Auftrag, Gott in allen Dingen zu suchen, zu finden. Und es entspricht nicht nur dem afrikanischen Weltgefühl, wenn das Göttliche besonders in den Menschen, in den Ahnen gesucht wird. Die christliche Tradition wußte – wie man augenblicklich besonders bei Hildegard von Bingen neu entdeckt –, wie sehr die göttliche Kraft auch in der Natur zu finden ist.

Doch im konkreten christlichen Vollzug ist das Wort: »Gott in allen Dingen finden« zur aszetischen Anstrengung geworden, deren »seinshafte« Grundlegung vergessen ist. Es bedeutet meist nur, daß der Mensch den »Willen« Gottes durch sein Tun und Handeln auszuführen hat. Meister Eckharts[84] Größe war es nicht zuletzt, diesen Grundsatz als ontologische Wirklichkeit ernst zu nehmen: Es ist nicht nur Auftrag Gottes, seinen Willen zu erfüllen und ihn somit »in allen Dingen zu finden«, sondern ein gottoffener Mensch begegnet wirklich und wahrhaftig Gottes ewigem Sein »in allen Dingen«.

In der neuplatonischen Form, die es bei Eckhart angenommen hat, können wohl nur wenige heute das »Gott in allen Dingen finden« nachvollziehen. Aber der Dialog mit der afrikanischen Religiosität ist ein Auftrag, diese aszetisch klingende Maxime auf einer tieferen, theologischen Ebene neu zu bedenken und dadurch auch vor der materiefremden Sublimierung zu bewahren, die das ostasiatische Weltgefühl nahelegt.

Wir stehen damit auch vor der Welterfahrung, die nach dem Kanadier Richard M. Bucke[85] etwa seit der Jahrhundertwende »kosmische Mystik« genannt wird und die von der Esoterik, von New Age und Post-New-Age wie eine neue Heilsbotschaft verkündet wird. Die augenblicklich laut verkündete Synthese des amerikanischen Dominikaners Matthew Fox[86] ist jedoch zu schnell hingeworfen und zu oberflächlich zusammengestellt, um ernst genommen zu werden und weiterführen zu können.

Anders steht es um den von New Age und Post-New-Age eifrig zitierten Jesuitenmystiker und Naturforscher Teilhard de Chardin. Seine Sicht ist differenzierter, christlicher, als es in seiner Rezeption ansichtig wird, und sie widerstrebt der schnellen Vereinnahmung. Eine Auseinandersetzung mit ihm wird – wie uns scheint – weiterführen.

In »Das Herz der Materie«[87] hat Teilhard 1950 seine mystische und kosmische Weltsicht zusammengefaßt – nicht zuletzt auch, um eine biographische Selbstrechtfertigung gegenüber den Verdächtigungen des kirchlichen Amtes niederzulegen. In einem ersten Teil über »Das Kosmische oder das Evolutive« beschreibt er seine natürliche Hinneigung zur »Kosmischen Mystik«: »Die subtile Neigung, zu einer niederen Form des Pantheismus abzugleiten: dem Pantheismus des Sich-Ausgießens und der Auflösung. Besitz der Welt durch Hingabe, Passivität und Verschwinden im Schoß eines grenzenlos Amorphen.« Doch über die Entdeckung der Evolution, der Weltentwicklung wurde Teilhard bewußt, daß ein Ziel diese Entwicklung durch eine Art Anziehungskraft bestimmen, »finalisieren« muß, daß »das Herz der Materie« kein »Ausgießen« und »Auflösen« ist, sondern nur in einem möglichst komplexen wie gesammelten Ganzen bestehen kann.

Die Hinneigung zur Komplexität (= eine Einheit, welche die Glieder der Vielheit nicht auflöst, sondern in ihrem Eigensein konstituiert) findet Teilhard schon in den Urstoffen der Materie: »Eine außerordentliche Fähigkeit zur ›Konsolidierung durch Komplexifikation‹ (manifestiert sich) im Innersten des kosmischen Stoffes.« Der Mensch aber, der in seiner »vergeistigten Materialität« eine höchst komplexe Einheit von differenzierter Vielheit darstellt, ist als Gipfel der kosmischen Evolution ein (vorläufiger) Höhepunkt dieser »Konsolidierung durch Komplexifikation«. Für Teilhard ist aber auch er in der bunten Vielfalt seines Existierens noch nicht das Letzte – es muß noch eine dichtere, umfassendere Einheit möglich sein, in der die »Individualität« des Menschen und seiner Welt noch weniger als vorher aufgehoben, sondern in einer neuen Ganzheit von noch selbständiger gewordenen Einzelpersonen vollendet wird:

»Zoologisch und psychologisch gesprochen: Der Mensch, endlich in der kosmischen Integrität seiner Flugbahn wahrgenommen, befindet sich (in seiner gegenwärtigen Existenz) erst noch in einem embryonalen Stadium, oberhalb dem sich schon ein breiter Streifen des *Ultra-Menschlichen* abzeichnet.«

Dort schaut Teilhard de Chardin

»unter der Gestalt des *Punktes Omega* die Konsistenz des Universums, zusammengefaßt (ich wüßte nicht zu sagen, ob eher über mir oder eher im Grund meiner selbst) in einem einzigen unzerstörbaren Zentrum, *das ich lieben kann.*«

Aus seiner bis ins hohe Alter kindlich gebliebenen und selbstverständlichen christlichen Frömmigkeit weiß der Franzose, daß dieses Zentrum der kosmische Jesus Christus, der menschgewordene Gott ist. Als zugleich »Gott vor uns« wie »Gott über uns« ist er der »Pantokrator«, der wiederkommende Christus, der als wahrer Mensch Teil und Zielpunkt der Evolution und als wahrer Gott das allmächtige Leben ist, das die Kraft der Evolution ausmacht. Er ist gleichsam der reale Fluchtpunkt in der Zukunft, auf den alle Entwicklung hinausläuft; gleichsam ein Magnet am Ende der Zeiten, der alle Zeiten auf sich hin zieht.
In diesem kosmischen Christus fand Teilhard seine verschiedensten Sehnsüchte und Einsichten vereint:
– die Ganzheit und Einheit des Kosmos;
– die Entwicklung auf eine sammelnde Mitte hin;
– die Personalität als höchster Wert, der dem Absoluten zukommen muß, und in dessen Liebe die Individualitäten der Schöpfung nicht ausgelöscht, sondern in ihrem Eigenstand bestärkt werden.

»Anders gesagt, der ›entwickelte‹ Monotheismus, um den sich die besten religiösen Energien der Erde zu konzentrieren scheinen, wird sich logischer- und biologischerweise in Richtung eines gewissen Pan-Christismus vollenden. – Wahrhaft ein Super-Christus, ganz strahlend von Super-Liebe.«

Für Teilhard nun ist die »Liebe« der entscheidende »ontologische« Einigungs-Impuls dieser Christusmystik. Er versuchte dies durch naturwissenschaftliche und philosophische Überlegungen zu untermauern, was sicherlich viele Schwächen beinhaltet.[88] So fand er Anfänge der »Liebe«, des polaren Zugeordnetseins, schon in den Urbewegungen der leblosen Materie; ihre Polaritäten sah er dann bis zur personalen Liebe zwischen Mann und Frau sich entwickeln und erkannte – in einer mystischen Intuition – den künftigen Höhepunkt der Entwicklung im »Punkt Omega«, im »kosmischen Christus«:

> »Bis zum Extrem in Richtung eines kosmischen Pols der Einigung getrieben, wird jede Leidenschaft (und selbst jede Vision) eine einmalige ›Neigung‹ zeigen, in Liebe *sich umzuformen.*«

Die Grundstruktur dieser vom Materiellen bis zum Personalen, bis in Gott hinein, reichenden Liebe (Dreifaltigkeit) wird von Teilhard immer neu durchdacht und mit der ständig wiederkehrenden, einfachen Formel ausgedrückt[89]: »Einheit differenziert.« Das besagt: Je mehr der Mensch eins ist, desto differenzierter sind seine Glieder, seine Lebenszellen usw.; je mehr die Menschen und der Kosmos eins werden, desto individueller, desto persönlicher werden auch die Glieder von Menschheit und Kosmos, die einzelnen Menschen und die sie umgebenden Dinge.

Der perspektive Einheitspunkt, der alles sammelt, aber ist Jesus als Punkt Omega, als »Kosmischer Christus«[90]. Damit greift Teilhard das Dogma der Inkarnation in einer überraschend neuen Weise auf; sie ist zugleich modern wie traditionell: Jesus muß wahrer Mensch sein, weil der materielle Kosmos mit den Menschen in seiner Anziehungskraft die Mitte findet; und er muß zugleich wahrer Gott sein, denn nur in Gott liegt die Kraft schöpferischer Einigung. »Nicht mehr metaphysisch, sondern *physisch* gesprochen sollte die Energie der Inkarnation in immer umgreifendere und gewaltigere Umfassungsformen fließen, um sie zu erleuchten und zu erwärmen.«

Teilhard versucht in dieser Synthese sowohl den Irrweg der »regressiven Materialisation« des Marxismus zu vermeiden, wie den der »entmenschlichenden Vergeistigung« fernöstlicher Spiritualität, von der er sich oftmals bewußt distanziert[91]: »Entweder der orientalischen und heidnischen Linie folgend mein Sein sich entspannen und sich in der universalen Sphäre auflösen lassen. Oder im Gegenteil, außerhalb dieser durch Losreißen und Bruch versuchen, mich abzusondern.« Dagegen gibt ihm der Glaube an die Inkarnation und an die Kraft der Liebe, die »durch Einigung differenziert«, die Möglichkeit, zugleich die bleibende Vielheit des Materiellen, die Individualität der einzelnen wie die »geistige« Einheit des Kosmos zu schauen.

Zwei Pfeiler tragen also diese mystische Vision: der Kindheitsglaube an das Du Gottes:

»Dank einer Art immer schon angenommenen Gewohnheit habe ich in keinem Augenblick meines Lebens auch nur die geringste Schwierigkeit empfunden, mich an Gott zu wenden als an einen höchsten *Jemand*.«

Und der zweite Pfeiler ist die Liebe, die Teilhard nicht zuletzt durch die Begegnung mit großen Frauen geschenkt wurde:

»Die Liebe. Seit jeher hat diese seltsame Kraft die Meister des menschlichen Denkens in ihren Bann gezogen und fasziniert. Doch jetzt stelle ich fest, daß sie erst im christozentrischen Bereich eines Universums in Noogenese (Vereinigung durch Vergeistigung), indem sie ihren Reinzustand herausbildet, ihre erstaunliche Macht zeigt, *alles zu transformieren* und *alles zu ersetzen*.«

Sein Biograph, G. Schiwy[92], verbindet zu Recht diese Akzentuierung der »Liebe«, die bei Teilhard immer stärker wird, mit seinen Freundschaften zu Frauen: »Das Tagebuch bezeugt es. Die spiritualistische Deutung des Ewig-Weiblichen gibt Teilhard die Möglichkeit, in seiner Leidenschaft zu Marguerite und dem Gelübde der Jungfräulichkeit keine Gegensätze, sondern sich verstärkende Momente der Hingabe an Christus zu sehen.« Doch wenn Schiwy dann deutet: »Der Preis ist freilich hoch: Teilhards geliebte Materie erscheint als das, was überwunden werden muß«, verkennt er die christliche Kraft der teilhardschen Mystik. Denn Teilhard sah gerade in seinem Gelübde der Jungfräulichkeit eine gelebte Verheißung, daß sich die Materie, die er hymnisch als das »Ewig-Weibliche«[93] besang, vergeistigen wird, ohne entmaterialisiert zu werden; das meint in seiner oft eigenwilligen Sprache: zur »differenzierten« Einheit (»Einheit differenziert!«) sich entwickeln wird. Dann aber werde das totale und daher ausschließliche Ja zu der »einen« ganzen Materie nicht mehr dem Ja zu einem Menschen, einem Teil in der »differenzierten« Materie widersprechen. In seiner zölibatären Freundschaft zu Frauen erfuhr der Franzose die Verheißung der kommenden Vollendung. Teilhard de Chardin bekannte sich zu seinem zölibatären Leben, weil er wußte, daß er im Gelübde der keuschen Ehelosigkeit sein Ja zur Ganzheit des Materiellen, zum »Ewig-Weiblichen« – zwar unvollkommen, weil noch in der Evolution sich befindend – realisiert. Der erwähnte Hymnus von 1918 muß also mit dem Aufsatz »Die Entwicklung der Keuschheit« von 1934 und den noch unveröffentlichten Tagebuchnotizen zusammengesehen werden, um der Mystik Teilhards gerecht zu werden.

Teilhard de Chardin nannte seine Weltschau bewußt »mystisch«. Das bedeutet objektiv: in einer Seins-Einheit gipfelnd. Und das bedeutet subjektiv: auf einer Erfahrung aufruhend, die nicht gänzlich von wissenschaftlicher Reflexion einzuholen und aufzulösen ist. Die systematische Ausarbeitung seiner mystischen Intuition muß daher der naturwissenschaftlichen und auch philosophisch-theologischen Kritik ausgesetzt werden. Doch gerade für letztere ist es erstaunlich, wie nahe seine moderne Sicht der johanneischen wie der paulinischen Christologie des Neuen Testaments kommt – sobald man deren Wortlaut nicht zu einem nur moralischen Aufruf abschwächt, sondern in ihrer seinshaften, die Ethik begründenden Aussagekraft ernst nimmt:

»Die gesamte Schöpfung seufzt und liegt in Geburtswehen bis zum heutigen Tage ... (auf die Hoffnung hin), befreit zu werden zur Freiheit der Kinder Gottes« (Röm 8, 21 f.).
»Wer hat die Gedanken des Herrn erkannt? Aus ihm und durch ihn und auf ihn hin ist die ganze Schöpfung« (Röm 13, 34–36).
»Alles gehört euch, ihr aber gehört Christus, und Christus gehört Gott« (1 Kor 3, 22 f.).
»Wir haben nur einen Gott, den Vater. Von ihm stammt alles, und wir leben auf ihn hin. Und einer ist der Herr: Jesus Christus. Durch ihn ist alles, und wir sind durch ihn« (1 Kor 8, 6).
»Er ist das Ebenbild des unsichtbaren Gottes, der Erstgeborene der ganzen Schöpfung. In ihm wurde alles erschaffen, im Himmel und

auf Erden. Er ist vor aller Schöpfung, in ihm hat alles Bestand. Denn Gott wollte mit seiner ganzen Fülle in ihm wohnen, um durch ihn alles zu versöhnen. Alles im Himmel und auf Erden wollte er zu Christus führen« (Kol 1, 15–20).

»Alles ist durch das Wort geworden, und ohne das Wort wurde nichts, was geworden ist. In ihm war das Leben, und das Leben war das Licht der Menschen. Aus seiner Fülle haben wir alle empfangen« (Joh 1, 3–16).

Keine exegetische Subtilität kann den seinshaften Untergrund solcher Aussagen in rein existentielle, moralische Impulse auflösen. Die Seinswirklichkeit und der existentielle (oder sonstwie benannte) Impuls sind in diesen Aussagen innerlich verbunden. Bei Teilhard de Chardin konzentriert sich die Qualität der Einheit – wiederum recht biblisch – in dem Wort« und der Sache: »Liebe«. Doch auch Liebe darf nicht von der Ontologie losgelöst werden.

Biblisch und frühchristlich aber sind die Ontologie der Liebe und die Vision der Einheit eng verknüpft mit dem Heiligen Geist Gottes. So kommt Klemens von Alexandrien[94] noch vor der patristischen Entfaltung der »Geist«-Theologie, wenn er über Gottes Liebe spricht, ähnlich wie Teilhard de Chardin auf frauliche Züge Gottes zu sprechen:

»Was gehört notwendiger zu Gott als die Geheimnisse der Liebe? Betrachte doch den Schoß des Vaters, den nur Gott der eingeborene Sohn dir auslegt: Gott ist die Liebe, und aus Liebe gab er sich in unsere Hände. In seiner Unsagbarkeit zwar ist er uns Vater: durch seine zärtliche Liebe zu uns wurde er Mutter. Liebend wurde der Vater wie eine Frau.«

Diese Wahrheit Gottes wurde immer deutlicher entfaltet zur Theologie des Geistes als der Liebe Gottes. Wilhelm von St. Thierry[95], der Mystiker und gelehrte Freund Bernhards von Clairvaux, faßt eine große Tradition von Gebet und Meditation zusammen:

»Du liebst dich also in dir selbst, liebenswürdiger Herr, wenn vom Vater und vom Sohn der Heilige Geist ausgeht – die Liebe des Vaters zum Sohn, die Liebe des Sohnes zum Vater, eine so hohe Liebe, daß sie Einheit, eine so tiefe Einheit hervorbringt, daß Vater und Sohn eines Wesens sind.

Und du liebst dich in uns, wenn der Geist des Sohnes – in unsere Herzen gesandt – in der Zärtlichkeit der Liebe und in der Glut des Wohlwollens ›Abba, Vater!‹ ruft, und du machst, daß wir dich liebend lieben.
So lieben wir dich oder vielmehr liebst du dich in uns; wir liebend – du wirksam, indem du uns eins machst in der Kraft deiner Einheit, will sagen, deines Heiligen Geistes, den du uns gegeben hast.«

In dieser Schau von Geist-Liebe-Einheit liegt wohl die Hauptlinie, auf der Teilhards »Mystik« weiter zu entfalten ist. Das Fehlen einer Geisttheologie ist sicherlich mit daran schuld, daß Teilhards Sprache kompliziert und technisch klingt. Die Dokumentation im »Teilhard de Chardin-Lexikon« zeigt aber, wie sehr die »Geistwirklichkeit« bei ihm lebt, wenn auch ihre theologische Begrifflichkeit (Pneumatologie) noch fehlt. Mit ihr aber kann das von Teilhard genial und mystisch Angestoßene in die Anliegen unserer Zeit hinein weitergeführt werden und den Dialog mit der afrikanischen wie mit der ostasiatischen Religiosität befruchten.
Was oben schon von Gottes Geist gesagt wurde – das »universale concretum«; die im einzelnen wie über den einzelnen hinaus sich realisierende Ganzheit; die Dynamik in Gott und zwischen Gott und seiner Schöpfung – muß im Sinne von Teilhards Hinweis auf die »Liebe« nochmals vertieft und in der Erfahrung verankert werden. Einige von A. Haas[96] gesammelte Zitate mögen zeigen, welchen zentralen Platz sie in seiner Mystik innehat – Liebe, die sich aus den polaren Kräften der Natur heraus entwickelt und in einer »Totalisation« gipfelt, die nur in der Kraft der menschgewordenen Liebe Gottes möglich ist:

»Die Liebe ist die universalste, die ungeheuerlichste und die geheimnisvollste der kosmischen Energien.
Sie schließt die Liebenden enger zusammen, ohne sie zu verschmelzen. Nur die Liebe vermag durch Vereinigung die Wesen als solche zu vollenden.
Liebe, das totalisierende Prinzip der menschlichen Energie:
– Durch die Liebe Totalisation der individuellen Akte.
– Durch die Liebe Totalisation des Individuums in sich selbst.
– Durch die Liebe Totalisation der Individuen in der Menschheit.

Die Liebe ist in uns die bewußte Spur der Tätigkeit, die uns schafft, indem sie uns vereinigt.

Lieben: das heißt, sich selbst in einem anderen als man selbst wiederfinden und vollenden.

Es ist eine wesentlich katholische Betrachtungsweise, zu glauben, die Welt lasse – nicht nur im einzelnen oder in der Nation, sondern im ganzen Menschengeschlecht – eine eigentümliche Kraft zu erkennen und zu lieben heranreifen. Diese Kraft gipfelt und verklärt sich in der Nächstenliebe. Aber sie wurzelt im Erforschen und Hochschätzen von allem, was in der Schöpfung wahr und schön ist.

Die christliche Liebe, die das Evangelium so feierlich verkündet, ist nichts anderes als die mehr oder weniger bewußte Kohärenz der Seelen, die durch ihr gemeinsames Zusammenstreben in Christo Jesu geschaffen wird.

Ohne aufzuhören, physisch zu sein, um physisch zu bleiben, wird die Liebe geistiger werden. Das Sexuelle wird für den Menschen (l'homme = Mann oder Mensch) seine Vollendung durch das reine Weibliche finden. Besteht nicht darin die Wirklichkeit des Traums von der Keuschheit?«

Liebe und Personalität – als Seinswirklichkeiten und nicht nur als moralische Aufforderungen – sind es auch, die Meister Eckharts Einheits-Mystik für unsere Zeit einleuchtend machen können. Aber um seine »intellektuelle Mystik« ungebrochen in unser heutiges Denken zu integrieren, muß noch ein Zug zum mittelalterlichen Denken hinzukommen, der Teilhards Mystik entband: das Element des Evolutiven.

Dies aber entspricht wiederum sehr genau der biblischen Botschaft vom Geist. In der Jetztzeit haben wir erst einen Anteil am Geist: »Gott aber, der uns gerade dazu (zum Leben) fähig gemacht hat, er hat uns auch als ersten Anteil den Geist gegeben« (2 Kor 5, 5; 1, 22). Doch es ist der Geist, der uns Menschen zur Herrlichkeit Jesu Christi führen wird, der Geist, »den Gott in reichem Maß über uns ausgegossen (hat) durch Jesus Christus, unseren Retter, damit wir durch seine Gnade gerecht gemacht werden und das ewige Leben erben, das wir erhoffen« (Tit 3, 5).

Wie die Geschichte, so ist auch die Hoffnung in die Geschichte hinein ein Zug, den gerade die Geist-Theologie in

Eckharts Seinsdenken einbringen kann. Und dies ist wiederum ein Zug, der für das Religionsgespräch von großer Bedeutung ist.

Kardinal Ratzinger[97] hat in einem sehr frühen Vortrag darauf aufmerksam gemacht,

»daß in Jesu eigener Botschaft der Universalismus reine Verheißung sei... (Er) steht gerade nicht am Anfang seines Wirkens, nicht einmal am Ende... Die Dimension des Universalen ist eschatologisch gemeint... Die universale Zukunft ist Gottes Sache, an den Jüngern ist es, lehrend in die Hauslosigkeit zu ziehen, wie Jesus es tat.«

Das muß auch für die Wahrheit gelten, in der sich die Menschen guten Willens und die von Gott geschenkten Religionen (von denen das II. Vatikanum spricht) finden werden. Diese eschatologische Dimension der Hoffnung muß mitbedacht sein, wenn vom Geist der Einheit und der Liebe zwischen den Religionen gesprochen wird.

An einem zentralen Begriff der »kosmischen Mystik« sei zuletzt noch einmal aufgezeigt, wie sehr ihre Anliegen in der Geist-Mystik des lebendigen dreifaltigen Gottes aufgegriffen und vertieft werden. Netzwerk ist eines der Worte, mit dem diese Mystik, aber ebenso New Age und viele andere ähnliche Bestrebungen einen ihrer wichtigsten Impulse ausdrücken. Mit Netzwerk[98] ist das Geflecht der Kontakte und Beziehungen gemeint, wodurch sie die Vielheit der Einzelnen zur Einheit bindet:

»Die Teilnehmer können Neurone, Zellen, Individuen, Gruppen oder Nationen sein, doch es ist die essentielle Autonomie der untereinander verbundenen Teile, die ein Netzwerk identifiziert.«

Netzwerk, so könnte man auch das Liebesgeflecht nennen, das der Geist Jesu Christi unter den Menschen errichten will, das wir Menschen aus der Kraft dieses Geistes errichten sollen, ein Netzwerk unter uns Menschen und ein Netzwerk mit der uns tragenden Natur. Doch wenn wir das Anliegen Teilhards de Chardin aufgreifen, dann muß ein Zweifaches die Eigenart und Kraft des christlichen »Netzwerkes« charakterisieren:
– Die Würde des Menschen: In ihm ist die freie Geistigkeit,

die Gott in seine Schöpfung hineingelegt hat, zum erstenmal ganz zu sich selbst gekommen. Deshalb ist auch die dialogische Liebe, und nicht ein sich auflösendes Mitleid, der Höhepunkt der Schöpfung. Diese freie Geistigkeit und Liebe ist aber weit davon entfernt, den Menschen von seiner Verflechtung mit der Schöpfung zu entbinden – im Gegenteil: Er ist dadurch erst voll und ganz in die Verantwortung für sie hineingestellt.

– Jesus Christus: Er ist das menschgewordene Wort Gottes, in dem der Vater uns seine Liebe und die Kraft des Heiligen Geistes schenkt. Sicherlich, das ist ein theologisches Faktum, das ich als Christ letztlich glauben muß und niemals in die logische Beweiskraft des Denkens hinein auflösen kann. Doch was ich kann und was in diesen drei Kapiteln zu zeigen versucht wurde, ist aufzuweisen: Wie sehr der christliche Glaube, wenn ich ihn nur tief genug verstehe, dem Weg entspricht, den heute so viele Menschen einschlagen möchten, und wie offen dieser christliche Glaube für das Gespräch der Religionen ist.

Bleibt noch eines zu sagen: Das Gespräch unter den Blinden, die den Elefanten betasten durften, geht weiter. Es hat die Sicht des christlichen Gesprächsteilnehmers vertieft; so wenig wie Gott selbst kann man auch die Begegnung mit Gott, die Mystik, in eindimensionaler Logik verstehen. Es sind die drei Dimensionen Gottes, die der Christ im Glauben an die Dreifaltigkeit verehrt, die auch in der Gottesmystik zum Ausdruck kommen: die Erfahrung des Urvertrauens, die Tiefe der Begegnung und die einheitsstiftende eschatologische Kraft der Liebe. Das Gespräch hat noch andere Aspekte, die wenig berührt wurden: Aktivität und Engagement, Leiden und Tod, Gottesleugnung und Gleichgültigkeit gegenüber Gott. Aber schon dieser Versuch hat gezeigt: Es ist kein leeres Gespräch zwischen Blinden, sondern es führt näher heran an die Wahrheit, tiefer in das Sein und leuchtender hin zur Herrlichkeit, aus der jeder Mensch und jede echte Religion leben.

Zwei Texte des Dialogs

MEDITATION AUS INDIEN

P. Le Saux OSB, Abishtikananda
Aus dem Tagebuch, 26. Dezember 1956 (Paris 1986, 232 f)

Friede!
– Zurückgekommen gestern abend. Aber heute morgen sehr ermüdet aufgewacht.
Wenn ich von neuem glauben könnte, hätte mein Leben von neuem Sinn; ich würde – als weniger Christ – Christus bezeugen, inmitten meiner Freunde – die weniger advaitische Shiva-Anhänger wären.

In jedem Sein liegt ein Geheimnis,
und in der Welt liegt ein Geheimnis.

Es ist der Mensch, der das Innere des Geheimnisses verrät,
das Innere des Seins, das vom Vater herkommt.

Und in jedem Menschen liegt ein Geheimnis;
Christus ist es, der das Geheimnis dem Menschen offenbart
in seinem eigenen Herzen,
dort, wo er als Ewiger wach ist auf das Sein hin
im Schoß des Vaters.

Und in jedem Volk liegt ein Geheimnis.
Es ist die Kirche, die dem Volk sein Geheimnis enthüllt,
den Geist, der fruchtbar ist in seinem Innern,
der es überschattet, wie bei der Verkündigung an Maria,
damit auch in ihm das Wort geboren werde,
aus dem Schoß des Vaters.

Und im Herzen Indiens liegt ein Geheimnis.

Unsere Rishis haben im eigenen Grund das Sein erahnt;
auf ihnen ruhte der Schatten des Geistes;
bewegt von seinem Atem

166

sprachen unsere Rishis aus dem Seinsgrund ihrer Tiefe,
aus dem Grund ihres Herzens, mit ihren Worten,
VAK, das ewige Wort aus.

Das Wort selbst, Fleisch und Seele des Menschen geworden,
hat das ganze bleibende Geheimnis den Menschen
offenbart, zumindest so, daß die Menschen es verstehen
und mit ihren Worten es wiedersagen können:
das endgültige *brahmavidya*, die Weisheit des Vaters,
das endgültige *atmavidya*, die Weisheit des Geistes,
und Ihn, die Weisheit in Person, *Prajna paramita*.

Er aber enthüllte das Geheimnis des Aufstiegs,
den Weg des Glaubens und den Weg der Liebe,
das Geheimnis, wie der Mensch in menschlicher
Gemeinschaft aufsteige.

Das (der) OM, den unsere Rishis in ihren Seelen erklingen
hörten,
wenn sie in die letzten Tiefen ihrer selbst hinabstiegen,
tiefer als ihre Gedanken, tiefer als alle ihre Sehnsüchte,
in die Wesensstille des Seins.

Das (der) OM, der im Ton der Blätter klingt, die im Winde
zittern,
das (der) OM, der erbraust im Ungewitter
und seufzt im Zephir,
das (der) OM, der brüllt im wilden Sturm
und dessen zarter Klang im Fluß friedvoll zum Meer
hinabsteigt,
das (der) OM des Sphärenklangs am Sternenhimmel,
und das (der) OM, der im Inneren des Atoms erzittert.

Er, der im Gesang der Vögel ist,
der sich ausliefert in das Brüllen der wilden Tiere,
das (der) OM des Lachens der Menschen,
das (der) OM ihres Schluchzens,
das (der) OM, der in ihren Gedanken, ihren Sehnsüchten
vibriert,
das (der) OM ihrer Worte vom Krieg, von der Liebe oder
von anderem,

das (der) OM, der nach vorwärts schreitend Zeit und
Geschichte schafft,
das (der) OM, der den Raum erbaut, da er in die Zeit
eintritt.

Dieses(r) OM brach plötzlich ganz und gar auf,
in einem Weltenwinkel,
in einem verlorenen Moment der Zeit,
in unteilbarer Fülle,
damals, als aus dem Schoß Marias der Menschensohn
geboren wurde, das Wort, Gottes Sohn.

Gestern hatte ich bittere Gedanken: Die Kirche rühmt sich,
den Geist zu besitzen. Sie hat recht; aber sie hat ihn einge-
sperrt im Gefängnis – oder im Schrank, wenn es wirklich
nur ein Schrank ist...

Rishi: Allgemeine Bezeichnung für Seher, Heilige, inspirierte
Dichter, besonders für die »sieben Großen«, von denen die vedi-
schen Hymnen stammen.

VAK: »Rede, Stimme, Sprache«; nach den Veden Träger der göttlichen Offenbarung, die schaffende Urkraft, mit der Brahma das
Universum ins Dasein »singt«.

Brahmavidya: »Wissen, Erkenntnis« (vidya) von Brahma, Gott, in
seiner schöpferischen Kraft (nicht zu verwechseln mit Brahman, der höchsten, nicht-dualen Wirklichkeit.

Atmavidya: »Wissen, Erkenntnis« (vidya) vom Atman, dem wirklichen, unsterblichen Selbst des Menschen; weil identisch mit
Brahman, trägt es auch dessen Eigenschaften.

Prajna paramita: »Bewußtsein oder Weisheit« (prajna), die das andere Ufer erreicht hat (paramita), transzendent ist.

OM: Als Silbe, als Klang (A-U-M) ist OM die Manifestation der spirituellen, schöpferischen Kraft des Universums.

Gebet aus Afrika

Afrikanische Jugendliche zur 50-Jahr-Feier (1978)
der Diözese Bobo-Dioulasso
Aus: Der schwarze Christus, Wege afrikanischer Christologie
(Freiburg – Basel – Wien 1989, 186 f)

Die Entdeckung des Herrn

Herr, Gott Jakobs, Gott Jesajas, Gott der Menschen,
wo bist Du?
Wo verbirgst Du Dich?
Ich habe meine »bugo so« (Strohhütte) verlassen – Ich habe
den weiten Raum durchlaufen,
Ich habe alle Horizonte befragt – ich komme, Dich zu besuchen,
Mich Dir zu Füßen zu werfen – Oh! Retter der Welt...,
Ich habe gehört, daß Du hierher gekommen bist –
vor 50 Jahren; ja,
Es sind 50 Jahre, daß ich Dich suche,
Ich habe gehört, daß Du mit den Männern gekommen bist;
Ich habe Pater de Montjoie, Bischof Lesourd, genannt.
Sie sind hier anwesend.
Aber Du, Herr, wo bist Du?
– Da! ... Da!...
Aber wo denn, Herr?
– Ich bin in deinem Geist, Ich bin in deinem Herzen,
– Ich bin in deinen Worten – Ich bin in der Kirche,
– Ich bin in der Moschee – Ich bin in der Fetisch-Hütte,
– Ich bin in der Menge... – Ich bin überall ... in allem.
– Ich bin der UN-SICHT-BA-RE.
Ich werfe mich Dir zu Füßen, Herr, Du bist mein alles.
Kein anderer in dieser Welt verdient diese Ehrerbietung.
Denn deine Gottheit ist unendlich.
Du bist der Schöpfer – Du weißt alles,
Du machst alles – Du kannst alles,
Du, der meine Schritte lenkt.

169

Ich nenne Dich Wouró (bobo) – ich nenne Dich Windé (moore),
Ich nenne Dich Allah (jula) – Aber vor allem:
All-Mächtiger.
Die einen sprechen von Deiner Güte,
Die anderen von Deinen Nicht-Sein und von Deiner Bosheit,
Ich weiß nur, daß Du immer unsichtbar bist, unsichtbar gegenwärtig in allem Dasein.
Ich anerkenne Dein Wissen und Deine Macht.
Du kannst allen das Leben geben.
Du kannst das Glück vermehren – Wie auch das Unglück,
Du machst den Regen – Du machst das schöne Wetter – Aus Gnade.
Hab Erbarmen mit mir, Du, der Du über die Nächte wachst,
Hab Erbarmen mit mir, Du, der Du über die Tage wachst,
Du wachst über uns bei Nacht und bei Tage – Oh! Ihr Zeichen!
Zeichen ist der Fetisch des alten Tounouma;
Zeichen das Kreuz, das wir verehren – Die dunkle Kirche ist Zeichen, Zeichen der Besuch des Priors – Der unbestrittene Glauben,
Alles ist Zeichen Deiner Gegenwart.
Herr, Meister des Universums,
Gott der Muslime – Gott der Atheisten,
Gott der Katholiken – Gott der Fetischisten,
Gott der Marabuts – Gott der Wodus – Gott der Götter,
Sei mein Licht und mein Heil
An der Schwelle dieses fünfzigsten Jahrestages.

I. Teil: Das Personale und das Dialogische.
  Die christliche Tradition

[1] Vgl. Th. Sundermeier, Evangelisierung und Wahrheit der Religionen, in: K. Müller/W. Prawdzik, Ist Christus der einzige Weg zum Heil?, St. Augustin 1991, 183–199, 186. Nach dem sogenannten Pali-Kanon, der die kanonischen Texte des Theravada-Buddhismus enthält, soll Buddha selbst die Geschichte erzählt haben. Auch das zen-buddhistische »Fuji-Modell« (die Religionen sind Spiegelbilder des einen Mondes in vielen Wassern, ebd. 187) stellt den urteilenden Zuschauer heraus, der *absolut* die Relativität der Bilder durchschaut. Die sufitische Fassung der Elefantengeschichte scheint sich zum erstenmal bei Dschelaleddin Rumi zu finden; vgl. G. Schweizer, »Ungläubig sind immer die anderen«, Frankfurt 1990, 91 f.; wie selbstverständlich das Elefanten-Gleichnis indischer Besitz ist, zeigt die Erwähnung bei Ramakrishna, Das Vermächtnis (Goldmann-Taschenbuch Nr. 11 857, 1991) 143.

[2] G. Scholem beginnt seine Darstellung der »Jüdischen Mystik in ihren Hauptströmungen« (Frankfurt 1980) mit der Feststellung, daß es wohl so viele Definitionen von Mystik gebe wie Autoren, die über Mystik schreiben. Die Umschreibung des heiligen Thomas: »cognitio dei experimentalis«, Erfahrungserkenntnis, Weisheit von Gott, vom Absoluten, vom letzten Sinn (STh II–II., q. 97, a.2) mag einen ersten *formalen* Anhalt geben; doch *inhaltlich* variiert sie je nach der Auffassung von Gott-Absolut-Sinn und von »Erfahrungserkenntnis«.
In seinem hervorragenden Buch, The Origin of the Christian Mystical Tradition. From Plato to Denys (Oxford 1972, XV) gibt A. Louth einen ähnlichen Zugang, der bei einer menschlichen Erfahrung ansetzt: »It can be caracterized as a search for and experience of the immediacy with God. The mystic is not content to know *about* God, he longs for union with God. ›Union with God‹ can mean different things, from literal identity, where the mystic loses all sense of himself and is absorbed into God, to the union that is experienced as the consumation of love, in which the lover and the beloved remain intensely aware both of themselves and the other.« Einen ähnlichen, eher psychologischen Weg weist P. Mommaers in: »Was ist Mystik?«, Frankfurt 1979. Eine gute, neuere Einführung in die christliche Mystik-Diskussion findet sich bei R. Körner, Mystik – Quellen der Vernunft. Die Ratio auf dem Weg der Vereinigung mit Gott bei Johannes vom Kreuz, Leipzig 1990, 3–10. M. Wagner-Engelhaaf, Mystik der Moderne, Die visionäre Ästhetik der deutschen Literatur im 20. Jahrhundert, Stuttgart 1989, entwirft eine gute nicht-theologische Übersicht über die literarische, ästhetische, philosophische, psychologische, physikalische (am Rande auch: religiöse) Diskussion.
Hilfreich waren mir weiterhin die in meinem Band »Das Mysterium und die Mystik. Beiträge zu einer Theologie der christlichen Gotteser-

fahrung«, Würzburg 1974, zusammengestellten Aufsätze, besonders der vielzitierte von H. de Lubac: Christliche Mystik in Begegnung mit den Weltreligionen (77–110), die auf nüchterner Wortstatistik beruhende Analyse L. Bouyers: »Mystisch« – Zur Geschichte eines Wortes (57–76), und die aus marxistisch-germanistischer Feder stammende, ertragreiche Untersuchung von J. Seyppel: »Mystik als Grenzphänomen und Existential« (111–153).

[3] »Ein Dialog, in dem sich die Gesprächspartner nicht engagieren, ist kein Dialog«: H. Waldenfels, Begegnung der Religionen, Bonn 1990, 22.

[4] Reinbek b. Hamburg 1990, 8.

[5] M. M. Davy baut ihre umfassende »encyclopédie des mystiques« (I–III, Paris 1972) ganz auf der überkulturellen Einheit der Mystik auf (VIII, XI): »Tout mystique, indépendamment de la religion à laquelle il appartient, est enseigné intérieurement... Ce fond d'âme où tout est Un est le lieu du mystique.«

[6] J.-E. Berendt, Das dritte Ohr, Frankfurt 1985, zitiert zustimmend J. Blofeld: Der Beter »bleibt an Dualismen hängen... Das Gebet ist bestenfalls eine Vorform der mystischen Vereinigung. Und was Gebete betrifft, die eine Bitte enthalten, kann wohl kaum etwas unspiritueller, ungeistlicher sein, als um Sieg oder um bestimmtes Wetter oder um Glück zu beten, was doch letztlich immer nur auf Kosten anderer erreicht werden kann.«

[7] Wörterbuch der Religionen, A. Bertholet/H. v. Campenhausen/K. Goldammer, Stuttgart 1976, 400 f.

[8] Vgl. die Analyse bei J. Sudbrack, Mystische Spuren. Auf der Suche nach der christlichen Lebensgestalt, Würzburg 1990, 233 f.

[9] Von Buddha bis C. G. Jung. Religion als lebendige Erfahrung, Olten 1990, 19 f.29.

[10] So der zweifellos lehrreiche, aber keine Transzendenz berücksichtigende Versuch von Chr. Türcke, Sexus und Geist. Philosophie im Geschlechterkampf, Frankfurt 1991.

[11] W. E. Paden, Am Anfang war Religion. Die Einheit in der Vielfalt, Gütersloh 1990.

[12] In: Das wahre Wort der Ewigkeit wird in der Einsamkeit gesprochen. Meister Eckharts Seinsmystik und die Erfahrung der Wüste (zusammen mit W. Ligges), Würzburg 1989, analysiere und meditiere ich den deutlichen Monotheismus in Eckharts Denk- und Erfahrungsform.

[13] Zitiert nach meiner Übersetzung in: Christliche Mystik. Texte aus zwei Jahrtausenden (zusammen mit G. Ruhbach), München 1989.

[14] Zur Geschichte dieses Satzes vgl. meine Arbeit: Die geistliche Theologie des Johannes von Kastl. Studien zur Frömmigkeitsgeschichte des Spätmittelalters I. Darstellung, Münster 1967, Index.

[15] Hilde Domin hat dies in einem bitteren Gedicht aufgegriffen: »Nichts weiteres sagt er / ist vonnöten / Nennt / das Runde rund / und das Eckige eckig.« Vgl. J. Sudbrack, Neue Religiosität, Mainz ³1989, 74.

[16] Vgl. H. Krüger, Verständnis und Wertung der Mystik im neueren Protestantismus, München 1938, 17 f; J. Sudbrack, Neue Religiosität

(Anm. 15), 76 ff; unverständlich, daß in dem modernen »Praktischen Lexikon der Spiritualität«, Freiburg 1988, unter dem betreffenden Stichwort einfachhin behauptet wird: »›Mystik‹ wird von Clemens von Alexandrien und Origenes im Hinblick auf das Christusmysterium als Schlüssel zum Verstehen der ganzen Schrift gebraucht« usw.

[17] H. de Lubac hat dies in seinem vierbändigen Werk »Exégèse médiévale. Les quatre sens de l'écriture«, Paris 1959–1964, dargestellt.

[18] L. Bouyer, »Mystisch« – Zur Geschichte eines Wortes, in: J. Sudbrack (Hg.), Das Mysterium und die Mystik, Würzburg 1974, 57–75; ders. Mysterion. Du mystère à la mystique, Paris 1986.

[19] W. Burkert, Antike Mysterien. Funktion und Gehalt, München 1990, 14.

[20] E. Lévinas, Wenn Gott ins Denken einfällt. Diskurse über die Betroffenheit von Transzendenz, Freiburg [2]1988, schreibt (123): »Ich denke, daß das Unendliche ein Bereich ist, wo solche Unterscheidungen (Adjektiv-Substantiv-Adverb) aufhören. Das ist keine rhetorische Antwort. Ich denke, wenn das Unendliche *ein* Unendliches wäre, unter dem es Substanz gäbe, *ein Etwas überhaupt* (was den Ausdruck Substantiv rechtfertigen würde), dann wäre es keinesfalls das absolut Andere, es wäre ein anderes ›Selbes‹ ... Das ›Un‹ des *Un-endlichen* bedeutet zugleich die Negation des *Endlichen* – das Nicht und das *In* –, das Menschliche Denken als Suche Gottes.«

[21] Kurzgefaßtes Handbuch der buddhistischen Lehren und Begriffe in alphabetischer Anordnung, Konstanz 1989; vgl. Lexikon der östlichen Weisheitslehren. Buddhismus – Hinduismus – Taoismus – Zen, Bern/München/Wien 1986.

[22] Einige Grundzüge des japanischen Sprachbaus, gezeigt an den Ausdrücken für das Sehen, Heidelberg 1952, 115.

[23] In K. Wilber/J. Engler/D. P. Brown (Hg.), Psychologie der Befreiung, Bern/München/Wien, 229–294; 277.230.266.277.278.234.233 f.

[24] K. Wilber griff diesen Terminus von Aldous Huxley auf, um den Neuentwurf seiner Transpersonalen Psychologie zu charakterisieren; Huxley hat ihn in seinem gleichnamigen Buch (1944) wohl aus der Renaissance-Philosophie übernommen.

[25] Die Anthropologin I.-M. Grevenus, die dem entsprechenden Denken recht nahe steht, führt in: Neues Zeitalter oder Verkehrte Welt. Anthropologie als Kritik, Darmstadt 1990, 220 f, Karlfried Graf Dürckheim als Beispiel für »den okkulten Jargon der spirituellen Postmoderne« an und zitiert als abschreckendes Beispiel: »Die Mitte des Menschen: Das in seinem Wesen anwesende Sein. – Das eigentlich und wahrhaft wirkliche, weil alles bewirkende Zentrum, die ursprüngliche und eigentliche Mitte alles Lebendigen, ist das in ihm verkörperte und zum offenbar werden in je bestimmter Gestalt drängende göttliche Sein ... Große Erfahrung stellt den Menschen in die ungeschiedene Fülle des Seins, die jenseits ist aller Bilder und Begriffe.«

[26] M. Wagner-Egelhaaf (Anm. I,2) bringt gute Einsichten in die moderne Geschichte um das Wort Mystik.

[27] Der Hindu Swami Vivekananda (Vedanta. Der Ozean der Weisheit. Eine Einführung in die spirituellen Lehren und die Grundlagen der Praxis des geistigen Yoga in der indischen Vedanta-Tradition, Bern/München/Wien 1989) nennt (276) Religionen, in denen man noch »von Christus, Buddha, Shiva und Vishnu« hört, einen »dualistischen Aberglauben«. (Nicht deutlich ist, aus welcher seiner Epochen der Text stammt.) Für den Buddhisten Kalu Rimpoche (Den Pfad des Buddha gehen, Bern/München/Wien 1991) ist auch der Buddhismus der Hinayana-Therevada-Tradition nur unvollkommen gegenüber dem eigenen Diamant-Fahrzeug, dem Vajrayana des Tibetanischen Buddhismus (vgl. z. B. 36). Ein moderner Taoist schreibt kategorisch: »Other religions have their mystical aspects; Taoism *is* mysticism«: J. C. Cooper, Taoism. The way of the Mystic, Wellingborough, 1990, 11. Der Anspruch des Wahren und Besten gehört zum Wesen der Religion.

[28] Zitiert nach M. Scheuer, Die Evangelischen Räte, Strukturprinzip systematischer Theologie bei H. U. v. Balthasar, K. Rahner, J. B. Metz und in der Theologie der Befreiung, Würzburg 1990, 202.

[29] Das Wort und die Sprache bei Meister Eckhart, in: W. Haug u. a. (Hg.), Zur deutschen Literatur und Sprache des 14. Jahrhunderts. Dubliner Colloquium 1981, Heidelberg 1983, 23–44; Zur Grundlegung einer Theorie des mystischen Sprechens, in: K. Ruh (Hg.), Abendländische Mystik im Mittelalter. Symposion Kloster Engelberg 1984 (Stuttgart 1986), 494–508.

[30] Geistliche Übungen und erläuternde Texte (P. Knauer) Graz/Wien/Köln, 1978, Nr. 336: »Wenn die Tröstung ohne Ursache ist, gibt es zwar keine Täuschung, weil sie, wie gesagt, von Gott allein stammt. Aber die geistliche Person, der Gott diese Tröstung gibt, muß mit viel Wachsamkeit und Aufmerksamkeit schauen und die eigene Zeit dieser aktualen Tröstung von der folgenden unterscheiden, in der die Seele noch erwärmt und begünstigt bleibt von der Gunst und den Nachwirkungen der vergangenen Tröstung. Denn häufig bildet sie sich in dieser zweiten Zeit durch ihre eigene Gedankenfolge ... verschiedene Vorsätze und Meinungen, die nicht unmittelbar von Gott, unserem Herrn, gegeben sind.«

[31] Handbuch der Meditation, München 1990, 13.88.97.

[32] Die Peak-Experiences spielen in der Transpersonalen Psychologie eine wichtige Rolle; vgl. A. Maslow, Religions, Values, and Peak-Experiences, New York 1970, 95: »Die Feststellung, daß die voll-verwirklichte menschliche Person in gewissen Momenten die Einheit des Kosmos erfährt, mit ihm verschmilzt und für diesen Augenblick völlig erfüllt im Auslangen nach Eins-sein ruht, ist doch sicherlich gleichbedeutend, synonym mit der Feststellung: Dies ist eine voll-verwirklichte menschliche Person.«

[33] Teilhard de Chardin verweist in seinen Reisebriefen (Geheimnis und Verheißung der Erde, Freiburg/München, o. J. 26) auf eine Grundentscheidung zum Optimismus, vor die jeder Mensch gestellt ist: »Ich glaube wohl, daß sich hier tatsächlich in jedem Denken eine grundle-

gende Wahl stellt, ein Postulat, das nicht beweisbar ist, von dem man abhängt. Wenn man annimmt, daß das Sein besser ist als sein Gegenteil, ist es schwierig, auf diesem Weg einzuhalten und nicht bis Gott zu gehen.« In »Das Herz der Materie«, Olten 1991, 60 bestätigt er, daß ihn der »Impuls meines Sinnes für die Fülle« direkt zum »inkarnierten Gott« geführt habe. P. Modler, Das Phänomen des ›Ekels vor dem Leben‹ bei Pierre Teilhard de Chardin, Bern/New York/Paris, 1990, hat diesen Weg nachgezeichnet (173): »›Dégout‹ als Ausdruck umfassender Trostlosigkeit angesichts drohenden Untergangs kann nur deshalb überwunden werden – über jedes Argument und jeden Appell hinaus – durch die Annahme der Botschaft, die auch Teilhard zu seiner eigenen gemacht hat: Gott offenbart sich als der, der den Tod besiegt hat.«

[34] Das Problem der Dogmengeschichte in der Sicht der katholischen Theologie, Opladen 1966.

[35] (Anm. I, 3) 32.83.23.9.81.282.43.

[36] Vgl. J. Sudbrack, Der göttliche Abgrund. Bilder vom dreifaltigen Leben Gottes, Würzburg 1991, wo diese Grundstruktur der Gotteserfahrung vom Bildhaften angegangen wird.

[37] Vgl. J. Sudbrack, Beten ist menschlich. Aus der Erfahrung unseres Lebens mit Gott sprechen, Freiburg ²1981, bes. 108–115.

[38] Es ist dies der Weg von den frühen Veden zur Vedanta, von den Göttern Griechenlands zu seinen Philosophen usw.

[39] (Anm. I, 12).

[40] Gelegentlich distanziert sich Lévinas von Buber; doch normalerweise geht es ihm um Verfeinerungen in der Analyse.

[41] Vgl. das Nachwort des späteren Herausgebers P. Mendes-Floht, Heidelberg 1985, XXX f. 259.

[42] Nach dem Sammelband: Das Dialogische Prinzip, Heidelberg 1984, 10.15.49.85 f.87–89.91.94.91–93.

[43] Bei meinen Vorlesungen in Cambridge-Boston erlebte ich ihn noch als Dekan der Divinity School der Harvard University; vgl. z. B. K. Stendhal, Notes for Three Bible Studies, in: G. Anderson/T. Stransky (Hg.), Christ's Lordship and Religious Pluralism, Maryknoll 1981, 14 f.

[44] Im 1. Band seiner Einführung in die Spiritualität, die zwar im klassischen Duktus verfaßt, aber in der heutigen Auseinandersetzung unentbehrlich ist: Introduction à la vie chrétienne. I. Le problème de la spiritualité; II. L'ascèse chrétienne; III. La prière du chrétien, Paris 1967.

[45] Dazu K. Ruh, Geschichte der abendländischen Mystik. I. Die Grundlegung durch die Kirchenväter und die Mönchstheologie des 12. Jahrhunderts, München, 1990, 32–82; kritischer und stärker das Ganze umfassend: M. de Gandillac, Pseudo-Dionysios, in: G. Ruhbach/J. Sudbrack, Große Mystiker. Leben und Wirken, München, 1984, 77–92.

[46] Einen wichtigen Schritt dahin tat H. U. v. Balthasar mit seiner Monographie in: Herrlichkeit. Eine theologische Ästhetik II. Fächer der Stile, Einsiedeln 1962, 147–214.

[47] H. U. v. Balthasar, Drei Formen der Gelassenheit. Zur Theologie der ignatianischen Exerzitien, in: GuL 54 (1981), 270–275.

[48] Man fand Spuren des Christlichen, »Samen-Wörter« außerhalb des Christlichen und auch schon vor dem historischen Auftreten Jesu Christi. Die philosophische Formulierung entstammt der Stoa; aber die gemeinte Sache ist biblisch, muß aber neu formuliert werden.

[49] Bis in die Hoch- und sogar in die Neuscholastik hat sich eine ähnliche Lehre von der »ersten Materie« als gestaltloses, formloses und nur zur Vervielfältigung geeignetes »Sein« erhalten.

[50] Übersetzt nach dem »Enchiridion Patristicum« von M. Rouet de Journet, Freiburg, viele Auflagen, Nr. 714–717; solche Sammlungen ersetzen zwar nicht das Quellenstudium, stützen aber den späteren Umgang mit den Quellen.

[51] Die neue Wirklichkeit. Westliche Wissenschaft, östliche Mystik und christlicher Glaube, München 1990, 200f. Der Versuch einiger indischer Theologen, Hinduismus und Christentum zu vereinen, indem sie die Einmaligkeit Jesu relativieren, gibt das Gespräch auf und ordnet das Christentum – in der Nachfolge des Neo-Hinduismus – dem hinduistischen Einheitsdenken unter. So weicht z. B. Painadath im Nachwort zu P. Schreiner, Bhagavad-Gita. Wege und Weisungen, Zürich 1991, 218, der von B. Griffiths genau markierten Wesensfrage aus. »Die Theologie der Bhagavad-Gita muß auf dem Hintergrund des indischen kosmischen Weltbildes und seiner spiralischen Evolutionstheorie verstanden werden. Sie besagt, daß ein bestimmtes historisches Ereignis nicht zentral und normativ für den gesamten geschichtlichen Prozeß sein kann... Christen müssen akzeptieren, daß sich Gott zu verschiedenen Zeiten und in verschiedenen Weisen offenbart (Hebr 1, 1), und daß einige dieser Offenbarungsereignisse als Selbstverkörperungen des Göttlichen erfaßt werden.« Es geht um die Vorstellung, »daß Gottes Inkarnation wiederholbar ist«. Man muß nur Hebr 1, 1 weiterlesen, um die Unwahrhaftigkeit dieses »Dialogisierens« zu erkennen: »... in dieser Endzeit aber hat er zu uns gesprochen durch den Sohn (und nicht nur durch ›die Propheten‹), den er zum Erben des Alls eingesetzt hat und durch den er auch die Welt erschaffen hat.« Mit Verschweigen von Tatsachen löst man keine Probleme.

[52] A. Delbaere (DictSpir X, 1980, 1906) macht mit einigen Verweisen darauf aufmerksam: »La grandeur de l'homme. (Il) es *aussi infini que Dieu*, car ce que Dieu est par nature, il le confère à l'homme en tant que don.« Die beiden wichtigen Artikel des DictSpir sind als eigenes Büchlein separat greifbar: Mystère et Mystique, Paris 1983. Sehr schön beschreibt diese dialogische Spitze, in der Mensch und Gott gleichwertig nebeneinanderstehen, The Cloud of Unknowing (Hg. Ph. Hodgson, Salzburg 1982) in ihrem IV. Kapitel, 10–13. Aber auch Johannes vom Kreuz weiß: »Die Seele schenkt dem Geliebten das Licht und die Glut, die sie von ihrem Geliebten empfängt. Und wie sich ihr Gott aus freiem und sich darbringendem Willen hingibt, ist auch der Wille der Seele um so freier und großherziger, je mehr sie geeint ist. Sie gibt Gott selbst in Gott an Gott.« Nach E. Lorenz, Auf der Jakobsleiter. Der mystische Weg des Johannes vom Kreuz, Freiburg 1991, 137.

[53] III. Brief an Gaios (PG 3, 1069); verifiziert nach der sorgfältigen Anthologie von O. Clément, Sources. Les mystiques chrétiens des origines, Textes et commentaires, Paris 1982, vgl. Anm. I, 50.

[54] Nach dem Lexikon der östlichen Weisheitslehren (Anm. I, 21).

[55] Nach A. Haas, Teilhard de Chardin-Lexikon, Freiburg 1971, II, 12; I, 199 f.

[56] W. Jäger, Gebet des Schweigens. Eine Schule der Kontemplation nach der »Wolke des Nichtwissen«, Salzburg 1984, 30.32; größtenteils wörtlich übernommen in: Kontemplatives Beten, Münsterschwarzach 1985. 44.48, und in: Jesus Christus in der Kontemplation, in: Meditation 11 (1985), 123 ff; vgl. z. B. Ramakrishna (Anm. I, 1) 271 f: »Auch Jesus weinte wie ein gewöhnlicher Mensch über das Leiden seiner Verehrer ... Ihr verlangt nicht von euren Anhängern, daß sie fasten oder Askese üben ... Christus meinte, daß die Jünger fröhlich sein sollten, solange die Inkarnation Gottes unter ihnen weilt.« Ramakrishna: »Findest du noch weitere Ähnlichkeiten zwischen mir und Christus? ... Nun, wenn Gott sich wieder inkarniert hat, ist es eine bruchstückhafte, teilweise oder vollständige Manifestation Gottes? Einige sagen, es sei eine vollständige Manifestation.« (und öfters in diesen Gesprächen).

[57] Der westliche und der östliche Weg (oftmals aufgelegt, hier:), Reinbek b. Hamburg 1971, 121–129.

[58] Vgl. A. Schimmel, Al-Halladsch, »O Leute, rettet mich vor Gott«. Worte verzehrender Gottessehnsucht, Freiburg 1985.

[59] Dazu aufschlußreich: E. Pagels, Adam, Eva und die Schlange. Die Theologie der Sünde, Reinbek b. Hamburg 1991.

[60] Besonders in: Bilder von Erlösung. Das Markus-Evangelium I u. II, Erstauflage Olten 1987 / 1988.

[61] Theologie der drei Tage, Einsiedeln 1969.

[62] Köln 1966; die gleiche Stelle lautet in der Ausgabe von 1986 (Aurum-Verlag): »Auch im Zen gibt es eine passende Reinigung des Geistes, die sehr lange dauern kann. Nur wird man das nicht so ausdrücken, wie es Johannes vom Kreuz tut.« Diese Korrektur beruht auf einem frühen Hinweis meinerseits, daß P. Lassalle hier mit vielen andern sehr genau das spezifisch Christliche herausstellt.

[63] R. Ropers hat auf einen Artikel von mir (in: Materialdienst der EZW 11/90, 313–316: »Er öffnete ein Tor. Zum Tod von P. Hugo M. Enomiya-Lassalle SJ [1898–1990]«) mit wüsten (»welt-weit verschickten!«) Beschimpfungen und unwahren Behauptungen reagiert; als die erste: »Ich hätte P. Lassalle das Christentum abgesprochen« sich als unwahr (Lüge? Irrtum?) erwies, warf er mir vor, daß ich nicht die letzte Auflage des Standardwerkes Lassalles zitiere. Aber er hatte schon zugegeben, daß »die 3. Auflage ... sehr sorgfältig überarbeitet« worden sei (Brief vom 3. 12. 1990), ohne auf die Verkehrung von Sätzen ins Gegenteil einzugehen. Die Grundaussagen meines Gedenkartikels übersah er geflissentlich: a) P. Lassalle ist als Persönlichkeit »menschlich und christlich unantastbar«, b) »Seine Erfahrung, daß die Methode der Zen-Medi-

tation einen Weg in die christliche Meditation bahnen kann, läßt sich vielfach belegen und ist wohl unbestreitbar.« c) In diese für das heutige Christsein wichtige Welt »öffnete (er) ein Tor«. Ich weiß nicht, ob mein Versuch, darüber – wie die Blinden über ihren Elefanten – ins Gespräch zu kommen, oder einfachhin finanzielle Interessen Grund dieses Pamphlets sind. Zum Dialog über Erfahrung aber sollte man T. W. Adornos Wort (Negative Dialektik, Frankfurt ¹1966, 39) beherzigen: »Überließe Erfahrung allein sich ihrer Dynamik und ihrem Glück, so wäre kein Halten. Theorie und geistige Erfahrung bedürfen ihrer Wechselwirkung.«

[64] So kann die Imitatio Christi (IV, 8, 4) schreiben: »Ich suche nicht deine Gabe, ich suche dich!«

[65] Man muß dazu ihre Gespräche mit ihren Mitschwestern in die Hand nehmen.

[66] Das ist der Kern des Gesprächsansatzes von H. Waldenfels (Anm. I, 3).

[67] Teilhard de Chardin-Lexikon (s. Anm. I, 55), Stichwort »Kreuz«.

[68] Justin F. Stone, YOU – as Buddha as God as You. The way of Fulfillment, Albuquerque 1974.

II. Teil: Das Universale und der Geist – Die ostasiatische Tradition

[1] Vgl. P. Hünermann, Glaubenssätze und der je größere Gott. Zur Problematik christlicher Glaubenssätze und ihrer Folgerungen, in: Theol-QuartSchr, 56–65 (64): »Es begegnen sich in diesem Dialog Zeugen des Ereignisses Gottes in Jesus Christus und – auf seiten der Religionen – ebenso Zeugen des Göttlichen ... Sie gehen aufeinander zu, suchen die Nähe des Fremden, weil sie – wenngleich in sehr unterschiedlichen Weisen – davon überzeugt sind, daß der Fremde, die andere Gemeinschaft mit dem Göttlichen, mit dem Gott, dem geoffenbarten Gott, den sie bezeugen, irgendwie zu tun haben.«

[2] W. A. Euler, Unitas et Pax. Religionsvergleich bei Raimundus Lullus und Nikolaus von Kues, Würzburg 1990; vgl. gegenüber Stimmen, die – unter Mißachtung der offen darliegenden Quellen – religiösen Liberalismus à la New Age in das Mittelalter projizieren, nur S. 260: »Festzuhalten bleibt demnach, daß der Religionsvergleich für Lull und Cusanus – wohl nicht primär, aber auch – dem Zweck diente, die tiefere Superiorität des Christentums gegenüber deren Bedrohung durch den Eindruck der vordergründigen Überlegenheit der Völker mit anderer religiös-kultureller Prägung zu behaupten.«

[3] Inzwischen gibt es besonders aus der Hand der Zen-Philosophen der Universität in Kyoto (Nishida, Nishitani, Shizutera Ueda, Massao Abe) Darstellungen des Christentums, die ein christlicher Theologe als getreu anerkennen muß.

[4] (Anm. I, 21) 293.

[5] Ramana Maharshi, Sei, was du bist! Ramana Maharshis Unterweisung über das Wesen der Wirklichkeit und den Pfad der Selbstergründung. Hgg. v. D. Godman, Bern/München/Wien 1990, 246 f. Vgl. auch in deutscher Sprache: R. M., Gespräche des Weisen vom Berge Arunachala, Interlaken 1984; A. Osborne, Ramana Maharshi und der Weg der Selbsterkenntnis, München 1959.

[6] Ebd. 119 f.

[7] Vgl. o. 31–34.

[8] H. E. Richter, Der Gotteskomplex. Die Geburt und die Krise des Glaubens an die Allmacht des Menschen, Reinbek b. Hamburg 1986.

[9] Demut ist in der Tradition christlicher Spiritualität das Fundament aller wahren Tugend = Gottesbeziehung.

[10] Ödipus, der Rätsellöser. Der Mensch zwischen Schuld und Erlösung, München 1990, 20.24.25.27.25.28.37.18.69 f.79.74.78.95 f.99.131. 153 f.159.

[11] Nach J. Sudbrack, Die vergessene Mystik und die Herausforderung des Christentums durch New Age, Würzburg ³1991, 52–54.

[12] Nach J. Sudbrack, Herausgefordert zur Meditation, Freiburg 1977, 80.

[13] Esoterik – der Weg zur Selbstfindung; Kassette: Hermetische Truhe, ISBN 3-927, 283-11-3, 1987.

[14] Auf dem Wege sein, Freiburg 1987, 102 (zusammengezogen).

[15] Nach H. Biedermann, Handlexikon der magischen Künste, Graz ³1986, zum entsprechenden Stichwort. Zur Hermeneutik und zur Gestalt des Hermes Trismegistos hat H. Gebelein, Alchemie, München 1991, 41–44.109–119 viel Material zusammengetragen; typisch für diese sich wissenschaftlich gebärdende, aber völlig unkritische Darstellung ist es, daß so grundlegende Arbeiten wie J. Kroll, Die Lehren des H. T., Münster 1914, oder A. J. Festugière, La Révélation d'Hermes Trismégiste, Paris 1945–1954 kaum erwähnt und in ihren genau belegten Ergebnissen unterschlagen werden. Neben der oft zu lesenden »Tabula Smaragdina« scheint auf Deutsch nur die kaum brauchbare Neuausgabe eines Drucks von 1706 (Die 17 Bücher des Hermes Trismegistos, München 1964) greifbar zu sein; hingegen gibt es Ausgaben auf Französisch (mit kritisch hgg. Text), Paris 1945–56, und auf Englisch, London 1949. Zur Gestalt im erwähnten Lexikon von Biedermann (inzwischen auch als Taschenbuch): »sagenhafter Ahnherr der Alchemie. Der Name kommt aus der synkretistischen Geisteswelt des hellenistischen Alexandrien.«

[16] In: Lexikon der Sekten, Sondergruppen und Weltanschauungen. Fakten, Hintergründe, Klärungen (Hg. H. Gasper / J. Müller / F. Valentin), Freiburg 1990, Stichwort »Esoterik«.

[17] Vgl. S. Böhringer, Astrologie, Kosmos und Schicksal, Mainz/Stuttgart 1990, der gerade wegen seiner Offenheit für das Lebensgefühl der Astrologie an ihrer »Gesetzlichkeit« Kritik übt.

[18] Vgl. die Darstellungen in: Große Mystiker (Anm. I, 45) mit den Texten in: Christliche Mystik (Anm. I, 13).

[19] Nach Daniel Goleman, Meditation. Wege nach innen (Psychologie

heute 534), Weinheim/Basel 1990, 113.116. Zu Makyo vgl. das Stichwort im Lexikon der östlichen Weisheitslehren (Anm. I, 21).

[20] Minima Moralia, Frankfurt [12]1970, 325; dazu das ganze Kapitel: »The-
sen gegen den Okkultismus« (ab 321), in dem Adorno den geheimen
Materialismus dieser Esoterik aufdeckt. Als eine Illustration kann man
ein Zitat von Dethlefsen zu einem alchemistischen Text ansehen: »Der
Text beschreibt die Schöpfung dieses Universums und gleichzeitig die
Herstellung des alchemistischen Steins der Weisen. Für den, der diesen
Text ganz versteht, werden alle Bibliotheken überflüssig, denn er be-
sitzt die ganze Weisheit.« Zitiert nach Gebelein (Anm. II, 15), 115.

[21] K. J. Kuschel, Geboren vor aller Zeit? Der Streit um Christi Ursprung,
München/Zürich 1990, 43 f.81.578 f. Das Verdienst der Arbeit liegt in
der kritischen Darstellung der exegetischen und dogmatischen Untersuchungen über die Gottessohnschaft Jesu für die letzten Jahrzehnte.

[22] Siehe G. Ruhbach in: Christliche Mystik (Anm. I, 13), 251 f.

[23] Vgl. N. Klimek, Der Begriff »Mystik« in der Theologie Karl Barths,
Paderborn 1990.

[24] In: Christian Spirituality. Origins to the twelfth century (Hgg. v. B.
McGinn / J. Meyendorff / J. Leclercq), London 1986, 64.

[25] In: Geistliches Mittelalter, Fribourg, 1984, 291–314.304 f.

[26] (Anm. II, 21) 601.653. Verbirgt sich in diesen katholischen Äußerungen
nicht die Zustimmung zu einer längst überwunden geglaubten prote-
stantischen These von der Degeneration des Christentums Jesu durch
die christliche Kirche? Mit Recht kritisiert Kurt Koch (Gelähmte Ökumene. Was jetzt zu tun ist, Freiburg 1991, 114) »das in der neutestamentlichen Exegese wieder neu aufgekommene Stichwort des ›Frühkatholizismus‹, das man jedoch mit seinem negativen Unterton weitgehend als Projektion des von eben diesem Niederstiegsschema durch-
tränkten Luther- und Reformationsbild beurteilen muß«, d. h. von der
Auffassung einer »bereits nach Paulus einsetzende(n) Talfahrt«, die erst
durch Luther als »heilsgeschichtliche(s) Ereignis par excellence« umge-
dreht wurde.

[27] Lot-Borodine, La déification de l'homme, Paris 1970; Vl. Lossky, Die
mystische Theologie der morgenländischen Kirche, Graz 1965; mit vielen Zitaten und großen Überblicken immer noch unübertrolt: N. v. Arseniew, Ostkirche und Mystik, München 1943.

[28] Luzern 1968.

[29] In: Große Mystiker (Anm. I, 45), 338.

[30] (Anm. II, 28), 200 f.

[31] Metaphern für die Sündenstufen und die Gegenwirkungen der Gnade,
Opladen 1990, 26 f.

[32] Religionen und die Religion, München 1965, 14 f. – Abbé Jules Monchanin initiierte den Weg des Benediktiners Le Saux und führte mit
ihm das hinduistische Einsiedlerleben in Indien. Doch gerade er hob gegen Schluß seines Lebens die grundsätzliche Klippe des Dialogs hervor;
vgl. die Würdigung H. de Lubacs, Images de l'Abbé Monchanin, Paris
1967, mit dem wichtigen Kapitel: L'abbé Monchanin et le Père Teilhard

de Chardin, 119–151; vgl. S. 90: »La pensée hindoue, si profondement centrée sur l'unicité de l'Un, ne saurait être sublimée en pensée trinitaire sans une crucifiante nuit de l'âme;« aber zugleich: »Tout accroissement de lucidité augmente la nostalgie.« Bei E. Pulsfort, Christliche Ashrams in Indien. Zwischen dem religiösen Erbe Indiens und der christlichen Tradition des Abendlands, Altenberge 1989, findet sich solide Information und ausgewogenes Urteil zu dem Problemkomplex; zu Le Saux besonders 112–118: »Hier wird die bleibende Christlichkeit Le Saux' erkennbar. Le Saux wendet sich nämlich nicht nach der Heilserfahrung auf dem Wege bloßer Selbsterkenntnis, sondern im Fundament seines mystischen Suchens bleibt der Glaube an die gnadenhafte und menschlicherseits unverdienbare Selbstoffenbarung Gottes in Jesus Christus.«

[33] Der neue religiöse Weg. Im Dialog der Religionen leben, München 1990, 114.111.

[34] Christus, der Unbekannte im Hinduismus, Luzern, 1965, 66. In der englischen Neuausgabe von London 1981, 83, heißt es noch genauer im Sinne einer Tatsachenfeststellung: »He *is* not only the historical redeemer, but also the unique Son of God, the Second Person of the Trinity, the only ontological – temporal and eternal – link between God and the world.« Das ist eine der ausdrücklichen Stellen, weswegen mir die Beurteilung Pulsforts (Anm. II,32), 165f nicht korrekt zu sein scheint: »Während Panikkar in der ersten Ausgabe seines Werkes ›Der unbekannte Christus im Hinduismus‹ von 1965 noch erklärte, im historischen Jesus habe sich die Fülle der Offenbarungen vollzogen, weist er in der vollständig überarbeiteten Ausgabe von 1981 Begegnungsformen zwischen dem Christentum und den anderen Religionen zurück, die die Überlegenheit des Christentums oder die Vervollkommnung anderer Glaubenstraditionen durch es und in ihm zum Ausdruck bringen. Panikkar kommt zu dem Schluß, daß kein geschichtlicher Name und keine historische Gestalt ausschließliche Form des Christus sein könne.« Damit wird die – zugegebenermaßen nicht immer sehr klare – Aussage Panikkars nicht vollständig wiedergegeben. Panikkar glaubt an die Vollendung der Religionen in Jesus Christus, der historisch sich offenbarte, möchte aber im Dialog von seinem Glauben abstrahieren. Mir scheint, er kann dem zustimmen (und hat es auch implizit getan), was Pulsfort S. 182 schreibt: »Daß aber im Hinblick auf Krishna und Buddha überhaupt vom Christus-Prinzip gesprochen werden kann, wird einzig und allein durch die in der Geschichte geschehene Offenbarung dieses Prinzips in Jesus möglich ... d. h. allein aufgrund der Identität von konkreter Person Jesu und kosmisch-universalem Prinzip kann man sagen, das Christus-Prinzip drücke sich auch in Krishna oder Buddha aus.«

[35] München 1991, 129 f.

[36] Vgl. Neue Religiosität (Anm. I, 15), 158.

[37] Nach L. Bouyer, Gnosis, La Connaissance de Dieu dans l'Ecriture, Paris 1988, 144.

[38] Lexikon der östlichen Weisheitslehren (Anm. I, 21), zum Stichwort.

[39] Swami Vivekananda (Anm. I, 27) 123 f.

[40] Caesarius von Heisterbach, Dialogus Miraculorum; Ausgaben und Forschungsergebnisse bei K. Langosch, Die deutsche Literatur des Mittelalters. Verfasserlexikon I, Berlin/New York, 1152–1168.

[41] Lexikon der östlichen Weisheitslehren (Anm. I, 21), zu den Stichworten; ein Vergleich mit den subtilen »Ewigkeits«-Analysen des Philosophen M. Theunissen (Negative Theologie der Zeit, Suhrkamp-Taschenbuch Wissenschaft, Nr. 938, Frankfurt 1991) läßt noch deutlicher den christlichen Ansatz (Bejahung, statt Negation der Zeit) deutlich werden.

[42] Vgl. Hans Waldenfels, Konsequenzen aus »Nostra aetate«, in: Begegnung der Religionen (Anm. I, 3), 75–91.

[43] Der neue religiöse Weg (Anm. II, 33), 70.

[44] Der Weisheit eine Wohnung bereiten, München 1991, 175; das entspricht der Überlegung Kardinal H. de Lubacs; s. o. 29.

[45] S. o. 34–43.

[46] A. Schmitt, Weisheit (Die Neue Echter Bibel), Würzburg 1989, Einleitung.

[47] Der Heilige Geist, Leipzig 1988 (Freiburg 1982), 29 f.

[48] J. Stierli, Das Ignatianische Gebet. »Gott suchen in allen Dingen«, in: Fr. Wulf, Ignatius von Loyola. Seine geistliche Gestalt und sein Vermächtnis, 1556–1956, Würzburg 1956, 150–182; und weiterführend: Gott suchen in allen Dingen, Jerónimo Nadal (1507–1580), in: Ignatius von Loyola und die Gesellschaft Jesu, 1491–1556, Würzburg 1990, 189–197.249.

[49] J. Sudbrack, Ignatius von Loyola (1491–1556). Erfahrung und Entscheidung, Würzburg 1990, 28; vgl. meinen Vortrag auf dem »Congreso Internacional de Historia ›Ignacio de Loyola y su Tiempo‹« im Herbst 1991, der in den Kongreß-Akten und in etwas veränderter Form in Geist und Leben, 1992, erscheinen wird.

[50] Die Einheit von vita activa und vita contemplativa in den deutschen Predigten und Traktaten Meister Eckharts und bei Johannes Tauler. Untersuchungen zur Struktur des christlichen Lebens, Regensburg 1969; Christus – das Soziale im Menschen, Texterschließungen zu Meister Eckhart, Düsseldorf 1972.

[51] Zusammengefaßt bei J. Sudbrack, Mystik. Selbsterfahrung – kosmische Erfahrung – Gotteserfahrung, Mainz/Stuttgart ³1990, 154.

[52] A. M. Haas, Meister Eckhart als Gesprächspartner östlicher Religionen, und: Das Ereignis des Wortes: Sprachliche Verfahren bei Meister Eckhart und im Zen-Buddhismus, in: Gott leiden – Gott lieben, Frankfurt 1989, 189–240.424–447.

[53] Dies sind die zwei klassischen Versuche der Dominikaner und der Jesuiten, Gottes unbedingte Allmacht und Allwissenheit zu vereinen mit der Freiheit des Menschen auch zum Bösen. Beide Versuche scheitern notwendig an innerer Widersprüchlichkeit; der eine (OP) früher, der andere (SJ) etwas später.

182

[54] Die folgenden Zitate stammen aus meinem Eckhartbuch (Anm. I, 12) 11.22.28.30.59.

[55] Die gleiche mißverstehende Naivität oder auch bewußte Verkennung, die Eckhart in seiner berühmten Verteidigungsschrift anprangert, findet sich auch in den vielen Versuchen, die vom Nazi-Ideologen Rosenberg bis zu den New-Age- oder theosophischen Schriften reichen, die Eckhart für eine a-christliche Ideologie in Anspruch nehmen.

[56] Stellen bei M. Scheuer (Anm. I, 28), 183.

[57] In der klassischen Theologie spricht man deshalb davon, daß es keine reale Beziehung von Gott nach außen geben kann, weil das dem Wesen der einen, allumfassenden Göttlichkeit widerspräche, daß aber dennoch die ganze geschaffene Wirklichkeit von Gott abhängt. Auch dies ist einer der Widersprüche oder Paradoxien, ohne die man Gott oder das Absolute nicht denken kann.

[58] Die Gottesgeburt. Die Lehre der Kirchenväter von der Geburt Christi aus dem Herzen der Kirche und der Gläubigen, in: ders., Symbole der Kirche. Die Ekklesiologie der Väter, Salzburg 1946, 13–87.

[59] Nach J. Sudbrack, Karl Rahners Wort vom Frommen, der ein Mystiker sein wird, in: Mystische Spuren (Anm. I, 8), 50–76.

[60] (Anm. I, 30), Nr. 235–237.231.

[61] Jesus ist der Herr. Kirchliche Texte zur Katholischen Charismatischen Erneuerung (Hg. N. Baumert), Münsterschwarzach 1987.

[62] Dazu B. Weiß, Die Heilsgeschichte bei Meister Eckhart, Mainz 1965.

[63] Das Gebet und das Argument. Zwei Weisen des Sprechens von Gott. Eine Einführung in die Theorie der religiösen Sprache. Düsseldorf 1989, 170–172.

[64] Dazu das recht großspurige Buch von M. Fox, Vision vom Kosmischen Christus. Aufbruch ins dritte Jahrtausend, Stuttgart 1991, 127–192; Röm 8, 2.11.19.22 f, hier umgestellt.

[65] Nach Y. Congar (Anm. II, 47), 163.

[66] Ebd. 302–308.

[67] Rumi bei Congar (Anm. II, 47), 304; dazu z. B. Teilhard de Chardin: »Die Liebe ist die universellste, die ungeheuerlichste und die geheimnisvollste der kosmischen Energien«; nach Teilhard de Chardin-Lexikon (Anm. I, 55) II, 104.

[68] Die Engführung des »Mystischen«, das nur als Stille, Leere, Abgeschiedenheit verstanden wird, läßt z. B. B. M. Werner die lebendige Mystik des Schamanismus usw. als »primitive Mystik« gegenüber der »Mystik der Hochreligionen« abqualifizieren: Mystik im Christentum und in außerchristlichen Religionen. Ein Überblick, Tübingen 1989 (Nachdruck einer Artikelserie im Schweizerischen reformierten Volksblatt 1962, Nr. 4–19).

[69] Vgl. (Anm. I, 45).

[70] Erinnert sei an die schon mehrmals berührte Einheit von Sprache und Erfahrung gerade für Grunddaten menschlicher Existenz.

[71] Dazu: Das Sehen Gottes nach Nikolaus von Kues (Mitteilungen und Forschungsbeiträge der Cusanus-Gesellschaft), Trier 1989.

[72] (Anm. I, 32); trotz vieler gegensätzlicher Behauptungen stehen solche Erfahrungen auch der technischen Manipulation bis zu elektrischer Verstärkung entsprechender Gehirnströme (Biofeedback) offen.

[73] Vgl. die Texte in: Christliche Mystik (Anm. I, 13), zum Namen.

[74] Ebd. zum Namen, in: Mystische Spuren (Anm. II, 59) ist der wichtige Text in verschiedenen Übersetzungen angeführt, z. B. 65f; s. Index.

[75] Self-Awakening and Faith – Zen and Christianity, in: Zen and Western Thought, London ²1986, 186–202.

[76] »Man ist ausgeliefert, weil man Ich ist. In diesem Sinne ist das Ich absolut nicht begrifflich zu konstituieren. Zwar gibt es in der Erkenntnis Rückkehr vom Ich zu sich selbst, doch wenn es im Bewußtseinsstrom ein Zentrum gibt, zu dem hin die Rückkehr möglich ist, so stammt der Knoten dieser Rückkehr aus einer anderen Verflochtenheit. Durch das Ethische, durch die Emphase meiner Verpflichtung bin ich Ich.« E. Lévinas (Anm. I, 20).

III. Teil: Das Konkrete und die Welt.
Vergessene Traditionen

[1] H.-P. Dürr / W. Ch. Zimmerli (Hg.), Bern/München/Wien 1989.

[2] Vgl. M. Werner (Anm. II, 67), 18 f: »Mystik in Primitiv- und Hochreligionen: ... Primitive Religion ist diejenige Art der Religion, die sich in der ältesten Frühzeit der Menschheit gestaltet hat und der untersten der geistigen Entwicklung des Menschen entspricht ... zu solchem Rückfall gehört dann vielfach auch der Rückfall in primitive Religion. Wir reden dann vom Rückfall in den Aberglauben.« S. 24: »Die mystische Einigung soll dadurch zustande kommen, daß man Teile von manahaltigem Stoff und Überreste von manaerfüllten Lebewesen, Tieren und Menschen, auch von ihren Kleidern und einstigen Gebrauchsgegenständen sich aneignet und am eigenen Leibe herumträgt.« S. 25 f: »Ein ganz besonderer Weg zur mystischen Einigung mit dem Göttlichen ... Es handelt sich also um einen anormalen Zustand der Bewußtlosigkeit, ein Außer-sich-selber-Sein. Diese Art künstlich erzeugter Bewußtlosigkeit deckt sich genau mit dem, was man mit dem griechischen Fremdwort Ekstase bezeichnet.« S. 27: »Sobald man fragt, welcher bleibende höhere Wert solchen Leistungen primitivster Mystik für die menschliche Gemeinschaft zugemessen werden kann, so läßt sich hierüber wenig Positives aussagen.« Selbst die Sufismus (33 f) gehöre hierher. – Vgl. dagegen U. Mann, Theogonische Tage. Die Entwicklungsphasen des Gottesbewußtseins in der altorientalischen und biblischen Religion, Stuttgart 1970, 221: »Die Religion des Frühmenschen war monotheistisch. Das ist eine Selbstverständlichkeit; die tiefenpsychologische Sicht der Entwicklungsgeschichte des Bewußtseins, wie wir sie bis zum Umschlag des tierischen Rituals ins menschliche zurückverfolgt haben, läßt keinen anderen Schluß zu.«

[3] Diese Thematik wird von uns nur gestreift; die Rolle Marias innerhalb der katholischen Mystik wäre zu bedenken.

[4] Stuttgart 1991, 121–125 (und das ganze Kapitel über: Askese und Klosterfriede, 109–128; leider sind auch die entsprechenden Analysen bei E. Drewermann, Kleriker. Psychogramm eines Ideals, Olten 1989, durch die Bank polemisch-einseitig).

[5] Einiges dazu in dem rein psychoanalytischen, aber immer überaus informativen Werk von H. Silberer, Probleme der Mystik und ihre Symbole, Leipzig 1914 (Darmstadt 1961); die Aufsätze des 1923 (Freitod) umgekommenen Psychoanalytikers über seine Symboltheorie (Verbindung von einer gewissen raum-zeitlichen Universalität mit Persönlichkeitswerdung wurden 1988 neu aufgelegt (Über die Symbolbildung und andere psychoanalytische Schriften, Hg. M. Turnheim, Horn), was – bei aller Kritik (zu eindimensional) – die Bedeutung dieser Theorie aufzeigt.

[6] Nach G. Schweizer, Ungläubig sind immer die anderen. Weltreligionen zwischen Toleranz und Fanatismus, Stuttgart 1990, 309.

[7] (Anm. I, 45), 64. Vgl. dazu meine Besprechung in den Evangelischen Kommentaren 24 (1961), 372 f und in der Theologischen Revue. Diese definitorische Engführung des Begriffs Mystik teilt Ruh z. B. mit E. Hendrikx OESA (Augustinus' Verhältnis zur Mystik, 1936; Ruh gab Teile aus dieser Arbeit neu heraus). Kurioserweise, als wäre das Buch unbekannt geblieben, ist seine Besprechung durch K. Flasch in der »Frankfurter Allgemeinen Zeitung« mit dem illustriert, was Ruh negiert: »Mystikerin im Gehäuse: Hildegard von Bingen«. Doch damit wird das Dilemma der Mystikauffassung Ruhs illustriert; sie führt fast notwendig zur Gegenthese gegen Ruhs schönes Eckhartbuch, die Flasch aufgestellt hat in: Meister Eckhart – Versuch, ihn aus dem mystischen Strom zu retten, in: Gnosis und Mystik in der Geschichte der Philosophie (Hg. P. Koslowski), Zürich/München 1988, 94–110.

[8] Was ist Mystik?, 333: »Wenn wir es vom Menschen her zu definieren versuchen, läßt sich vielleicht sagen: ...«, in: Abendländische Mystik im Mittelalter. Symposion Kloster Engelberg 1984 (Hg. K. Ruh), Stuttgart 1986.

[9] Nach T. Berger, Liturgie und Tanz. Anthropologische Aspekte, historische Daten, theologische Perspektiven, St. Ottilien 1985, 49.

[10] Vom Sinn des Tanzens, in: GuL 38 (1965), 7–13. Der Aufsatz ging ein in das Buch: Der spielende Mensch, Einsiedeln [10]1983.

[11] Die Welt im Feuer. Wandlungen meines Lebens, Freiburg 1983, 99–100.

[12] Ebd. 102–104; besonders in: Türen nach innen. Wege aus der Angst in die Freiheit (Meditation, Große Ausgabe), München [4]1989, 138–141; Chr. Ottemann wird mit seiner Verteidigungsschrift: Initatisches Christentum. Karlfried Graf Dürckheims Lehre vom ›initatischen‹ Weg als Herausforderung an die evangelische Theologie, Bern/New York/Paris 1990 dem großen Meditationslehrer Rosenberg nicht im geringsten gerecht; vgl. meine Besprechung in TheolRev.

[13] Vgl. A. Rosenberg, Zeichen am Himmel. Das Weltbild der Astrologie, München ²1984; G. Voss, Astrologie – christlich, Regensburg ²1990.

[14] Vgl. Th. Sundermeier, Nur gemeinsam können wir leben. Das Menschenbild schwarzafrikanischer Religionen, Gütersloh 1988, 8–15.

[15] (Anm. I, 27). 275–277. Deshalb ist sein Urteil über verfaßte Religiosität total ablehnend: »Gott kommt auf die Erde, um eine Religion zu gründen, und der Teufel kommt gleich hinter ihm her und organisiert sie.« Nach Gebelein (Anm. II, 15) 182.

[16] Eine Einführung in die Religionsethnologie, Wien/New York 1987.

[17] Afrikanische Theologie. Darstellung und Dialog, Innsbruck 1985, 122, T. Sundermeier zitierend.

[18] Sundermeier (s. Anm. III, 14), 15.

[19] Ebd. 50 f.

[20] (Anm. III, 17), 99.114.

[21] (Anm. III, 14), 42; vgl. dazu G. Hasenhüttl, Schwarz bin ich und Schön. Der theologische Aufbruch Schwarzafrikas, Darmstadt 1991, 36: »Symbolisches Denken, symbolische Sprechweise ist stets in der Gefahr, als wissenschaftlich absurd oder magisch objektiviert verstanden zu werden.« Oder S. 139: »Die Welt des Unsichtbaren und des Sichtbaren sind ... nicht zwei Welten neben- oder übereinander, sondern sichtbar und unsichtbar sind die zwei Dimensionen der einen erfahrbaren Welt.«

[22] (Anm. III, 17), 122.154 f.

[23] Mystik als Grenzphänomen und Existential, in: Das Mysterium und die Mystik (Anm. I, 18), 111–153.

[24] Nach dem Buch des Kanadiers R. M. Bucke, Die Erfahrung des kosmischen Bewußtseins. Eine Studie zur Evolution des menschlichen Geistes, Freiburg ²1985 (Erstauflage 1901), ist dieser Fragenbereich nicht mehr zur Ruhe gekommen.

[25] (Anm. III, 17), 204.214 f. Hasenhüttls Protest gegen diesen Brückenschlag von klassischer christlicher Dogmatik zu afrikanischer Religiosität auf einem realitätsfernen Mythos-Symbol-Verständnis im Sinne Bultmanns; vgl. (Anm. III, 21), 99: »Im Neuen Testament geht es nach allgemeinem exegetischen Befund nicht um die Tatsache, daß Jesus einmal in der Geschichte gelebt hat, ... sondern um die Heilsbedeutung des wahren Menschseins, in dem Gott zur Sprache kommen kann.« Oder S. 102 f: »So wird Jesus zwangsläufig gefragt, woher er seine freiheitliche Vollmacht nimmt, wie er sie beweisen oder legitimieren kann. Ganz bewußt bleibt der Jesus der Evangelien diese Antwort schuldig ... Jesus ist so eine ›lebendige Norm‹, die befreiende Erfahrung vermittelt ... Er heilt nicht deshalb die Krankheiten, befreit von Schuld und dämonischer Existenz, weil er ein besonderes metaphysisches Wesen und eine historische Autorität ist ..., sondern weil im Umgang mit ihm Heilserfahrungen gemacht wurden.« Zu vergleichen wäre z. B. der größtenteils von Afrikanern geschriebene Sammelband: Der schwarze Christus. Wege afrikanischer Christologie, Freiburg/Basel/Wien 1989; in ihm kommt das zum Tragen, was Hasenhüttl als zu metaphysisch, zu »unbiblisch« – hellenistisch – ablehnt.

[26] Afrikanische Theologie in ihrem gesellschaftlichen Kontext, Düsseldorf 1986, 92.

[27] In: P. Dinzelbacher (Hg.), Wörterbuch der Mystik, Stuttgart 1989, Artikel Frauenmystik.

[28] Europäische Frauenmystik des Mittelalters. Ein Überblick, in: P. Dinzelbacher / D. R. Bauer (Hg.), Frauenmystik im Mittelalter, Ostfildern 1985, 11–23, 13 ff.

[29] Die Neuentdeckung Hildegards in der Nachfolge des New-Age-Mystizismus zeigt die mystische Kraft dieser Benediktinerin. Der folgende Text aus A. Führkötter / J. Sudbrack, in: Große Mystiker (Anm. I, 45), 133.

[30] Die historische Bedeutung dieser »Kirchenlehrerin der Mystik« liegt darin, daß es ihr bei Anbruch der Neuzeit gelang, die mystische Erfahrung in sich psychologisch-phänomenologisch zu fassen.

[31] In: Christliche Mystik (Anm. I, 13), 156–160.

[32] In: Der spielende Mensch (Anm. III, 10), 63.

[33] In: Christliche Mystik (Anm. I, 13), 190–197.

[34] Vgl. meinen Versuch dazu: Anna Katharina Emmerick – Eine theologische Betrachtung, in: Anna Katharina Emmerick, die Mystikerin des Münsterlandes. Symposion 1990, Dülmen 1991, 91–122. B. Méheust spricht in ähnlichen Zusammenhängen von »›Resemantisierung‹ eines religiös-mystischen Erlebnisses«, also von einer Übersetzung in sprachlich-optisch-leibliche Greifbarkeit; dazu das aufschlußreiche Buch, U. Magin, Von Ufos entführt, Unheimliche Begegnungen der vierten Art (München 1991), Zitat S. 138.

[35] Vgl. die entsprechenden Artikel in: Lexikon der östlichen Weisheitslehren (Anm. I, 26).

[36] Askese als Leibentsagung »ist oft Vorbereitung für den (geistigen) Umgang mit der Gottheit z. B. in Mystik und Gnosis«, nach G. Lanczkowski, Art. »Askese«, in: Wörterbuch der Mystik (Anm. III, 26). Auch im Christentum findet J. B. Metz eine »Berührungsangst gegenüber allem Natürlichen, gegenüber dem ›Heidnischen‹..., als ob die festliche Sinnenfreude unbegnadet wäre und begnadet allein die angestrengte, nicht selten simulierte Freude des Geistes«; er plädiert für eine »Anrufung der Gnade in den Sinnen«; zitiert nach K. Koch, Gelähmte Ökumene (Anm. II, 26), 138; doch beim Urteil über die (mittelalterliche) Vergangenheit muß berücksichtigt werden, was P. Dinzelbacher zur »›Realpräsenz‹ der Heiligen in ihren Reliquiaren und Gräbern nach mittelalterlichen Quellen« (in: Heiligenverehrung in Geschichte und Gegenwart, Hg. P. Dinzelbacher / D. R. Bauer, Ostfildern 1990, 115–174) S. 158 f schreibt: »Unter Berücksichtigung einer Reihe anderer Gegebenheiten ... darf geschlossen werden, daß ein hauptsächlicher Grund unseres Eindrucks von der Fremdheit des Mittelalters generell in einem anderen, unmittelbaren Verhältnis des damaligen Menschen zum Körper liegt ... von einem weitgehend einheitlich religiös bis magisch geprägten, wenn auch gradualistisch differenzierten Weltbild bestimmt ...«

[37] Dazu J. Sudbrack, Die »Anwendung der Sinne« als Angelpunkt der Exerzitien, in: M. Sievernich / G. Switek (Hg.), Ignatianisch. Eigenart und Methode der Gesellschaft Jesu, Freiburg ²1991, 96–119.

[38] (Anm. III, 17), 75 ff.98f.

[39] Es ist die Kernaussage des Chalzedonensischen Dogmas von 451: »In zwei Naturen unvermischt, unverwandelt, ungetrennt und ungesondert. Niemals wird der Unterschied der Naturen wegen der Einigung aufgehoben ... Nicht einer in zwei Personen getrennt und zerrissen, sondern ein und derselbe einziggeborene Sohn.« J. Neuner / H. Roos, Der Glaube der Kirche in den Urkunden der Lehrverkündigung, Freiburg ⁸1971, 130.

[40] Dazu die Dokumentation in: Christliche Mystik (Anm. I, 13).

[41] Z. B. 15 ff.

[42] Texte in: Christliche Mystik (Anm. I, 13); dazu (Anm. II, 51), 147.

[43] (Anm. III, 34).

[44] Visionen und Prophezeiungen. Zur Mystik und Transzendenzerfahrung (Hg. J. Sudbrack), Freiburg ²1989.

[45] (Anm. I, 30).

[46] (Anm. III, 42).

[47] S. o. 30 f.

[48] Dazu die vornehme Kritik von E. Lorenz an einer gestalt- und inhaltslosen, und daher jesuslosen Deutung der sanjuanistischen Mystik, in: Meditation 16 (1990), 107.

[49] H. U. v. Balthasar tadelt im I. Bd. seiner »Herrlichkeit«. Schau der Gestalt, Einsiedeln 1961 immer wieder die »augustinisch-sanjuanistische« Engführung der Mystik; z. B. 396: »Die diesbezüglich unerbittliche Lehre Johannes' vom Kreuz ist bekannt. Hier also ist ein Vorentscheid getroffen: gegen die Charismatik für die Mystik allein. Gegen alles Sinnenhafte im Aufstieg zu Gott für die alleinige Gotteserfahrung in der Unmittelbarkeit des ›nackten Glaubens‹ ... Das Band, das kirchliche Mystik mit der biblischen Archetypik verbindet, wird hier erbarmungslos durchschnitten ... Aber ein solcher Radikalismus rächt sich dadurch, daß dieser Mystik die kirchliche Dimension der Sendung verlorengeht: sie wird wesenhaft Mystik des Einzelnen.« Dem gleichen Johannes vom Kreuz widmet er ein wunderbares Kapitel im nächsten Band: Fächer der Stille; aber auch dort kritisiert er wiederum den Ausfall der kirchlichen Dimension. Bei allem Respekt vor dem großen Basler Theologen ist grundsätzlich zu fragen, ob man an den Entwurf einer mystischen Theologie den Maßstab der Vollständigkeit anlegen darf oder ob man dem mystischen Theologen Johannes ebenso wie dem Mystiker Johannes Eigenerfahrung und Eigenentwurf seiner Mystik zubilligen muß; sie aber sind notwendigerweise einseitig.

[50] E. Lorenz übersetzt weiter: »Liebt man all diese bildhaften Umsetzungen nicht im schlichten Geiste der Liebe und Meinung, die sie beseelt, so scheinen sie eher unsinnig als sinnvoll«, in: Auf der Jakobsleiter. Der mystische Weg des Johannes vom Kreuz, Freiburg 1991, 84.

[51] Nach Mystische Spuren (Anm. I, 8), 196.

[52] Die hier angedeutete Korrektur ungeeigneter Denkformen wird von der heutigen Geisteswissenschaft in verschiedenster Weise bedacht. Es geht um die Frage, ob sich mittels einer »sic-et-non«-Logik die ganze Wirklichkeit adäquat wiedergeben läßt oder ob nicht die »historisch-kritische Mono-Methodologie in der Theologie ... längst der Einsicht (hat) weichen müssen, daß Zeugnissen der Vergangenheit (Texten) ein ›Bedeutungsüberschuß‹ über den durch historische Kritik zu ermittelnden geschichtlich-kontingenten Sinn hinaus zukommt«, wie G. Greshake schreibt; in: Priestersein. Zur Theologie und Spiritualität des priesterlichen Amtes (Freiburg/Basel/Wien [5]1991, 185).

[53] Vgl. in der Sammlung von Beiträgen: Probleme der religiösen Sprache (Hg. M. Kaempert), Darmstadt 1983: J. R. Ramsey, Modelle und Qualifikatoren, 152–183.

[54] H. de Lubac gibt in: Über die Wege Gottes, Freiburg 1958, eine reiche Anthologie entsprechender Aussagen mit vielen Belegen aus christlicher und nichtchristlicher Tradition, nicht zuletzt von Augustinus; vgl. E. Lévinas (Anm. I, 20), 112 f: »Im Gegensatz zur Methode der Begründung also gibt es in meinem Vorgehen eine andere Weise der Rechtfertigung eines Gedankens durch einen anderen: die des Übergehens von einem Gedanken zu seinem Superlativ bis hin zu seiner Emphase ... Ich meine in ihr die via eminentiae zu finden ... das bedeutet zugleich eine rhetorische Figur, ein Übertreiben im Ausdruck, eine Weise des Sich-Übersteigerns und eine Weise des Sich-Zeigens. Das Wort ist sehr gut, genau wie das Wort ›Hyperbel‹.« Der Dionysios-Text findet sich unter seinem Namen in Christliche Mystik (Anm. I, 13).

[55] (Anm. I, 12).

[56] Siehe meinen Beitrag in: Mystische Spuren (Anm. I, 8), 50–76: Karl Rahners Wort vom Frommen, der ein Mystiker sein wird.

[57] H. Küng, der gegen Rahners »anonymen Christen« polemisiert, muß sich von P. F. Knitter sagen lassen, daß er im Grunde die gleiche These wie Rahner vertritt: Hans Küng's Theological Rubicon, in: Toward a Universal Theology of Religion (Leonard Swidler, Editor), Maryknoll, New York 1987, 224–230.

[58] Nach D. Sölle, Gott Denken, Stuttgart 1990, 92.

[59] Übersetzt von Robert Boxberger (bearbeitet von Helmuth von Glasenapp), Stuttgart 1955: VI, 30–32.15–19; V, 20–22.25.28; VI. 1–2.

[60] S. o. 55–58.

[61] S. o. 58–66.

[62] Sie ist oftmals in heutiges Deutsch übertragen worden. Mein Versuch befindet sich (etwas verkürzt in Christliche Mystik, s. Anm. I, 13) vollständig in: Komm in den Garten meiner Seele, Einführung in die christliche Mystik, Gütersloh 1979, 69–90; daraus die folgenden Zitate.

[63] S. o. 31–34.

[64] Gegen das Mißtrauen H. U. v. Balthasars und K. Rahners hat sich G. Bunge gewandt, besonders in: Evagrios Pontikos, Praktikos oder der Mönch. Hundert Kapitel über das geistliche Leben, Köln 1989; E. P.: Briefe aus der Wüste, Trier 1986.

[65] Der französische Forscher G. Bizet zeigt, daß diese eher nominalistische Tendenz bei Heinrich Seuse noch deutlicher wird: Suso et le Minnesang ou la moral de l'amour courtois, Paris 1944.

[66] Zusammen mit: Den Menschen erkennt nur, wer von Gott weiß, Mainz 1987, 22–32, hier zusammengezogen.

[67] Glaubensprognose. Orientierung in postsäkularistischer Zeit, Graz 1991, 209.

[68] Drewermann verstehen. Eine kritische Hinführung, Olten 1991, 106 f.

[69] Strukturen des Bösen, Bd. III: Die jahwistische Urgeschichte in philosophischer Sicht, Paderborn ³1983, 545; Drewermann beginnt seine Trilogie mit einem langen Zitat aus Bernanos' Tagebuch eines Landpfarrers: »... daß die eigentliche Sünde des Menschen die Angst ist, Angst in einer Form, daß sie den ganzen Menschen ergreift, daß sie die Perspektiven seiner Weltanschauung bestimmt, daß sie die Regungen seines Lebensgefühls durchtönt, daß sie wie eine nicht weiter reduzierbare Selbstverständlichkeit mit ihm verhaftet ist...« (Bd. I, S. XII).

[70] Tiefenpsychologie und Exegese II. Die Wahrheit der Werke und Worte. Wunder, Vision, Weissagung, Apokalypse, Geschichte, Gleichnis, Olten 1985, 378.

[71] (Anm. III, 69), LXXII.

[72] (Anm. III, 68), 166; vgl. den Artikel »Angst« in: Neues Handbuch theologischer Grundbegriffe, Bd. I (München 1991) 17–30 mit dem ständigen Hinweis: »ohne das Gegenüber einer absoluten Freiheit« bliebe nur Verzweiflung übrig.

[73] (Anm. I, 21) zum Stichwort.

[74] Im Taschenbuch: Der Maharshi-Effekt. Auf der Suche nach dem gesellschaftlichen und politischen Einfluß von Gruppenmeditation (Heyne 9591, München 1991) schreiben die beiden Autoren E. u. A. Aron, daß z. B. die politischen Umschwünge der letzten Jahre (Gorbatschow, Mauerabriß usw.) zumindest mit-verursacht wurden durch eine Welle von »Transzendentaler Meditation«. Bei R. Steiner wird die Wirkung der »Wiederholungen« eher individuell gesehen, als ein Durchbruch des »Ätherleibes« durch den physischen Körper; vgl. dazu z. B. seine Bemerkungen zur Eurythmie: Eurythmie, Die neue Bewegungskunst der Gegenwart, Dornach 1986, an vielen Stellen.

[75] Das Autogene Training, Wie man Entspannung, Ruhe, Gesundheit gewinnt (München, 1991), 57. 86–90.

[76] Ways of Prayer and Contemplation, I. Eastern, in: B. McGinn / J. Meyendorff / J. Leclercq, Christian Spirituality. Origins to the Twelfth Century, London 1985, besonders 402–410. (Das Buch wird in Kürze in deutscher Übersetzung erscheinen.)

[77] Lexikon der östlichen Weisheitslehre (Anm. I, 21), Stichwort: Maitri, »wörtlich Güte, Wohlwollen«.

[78] W. Massa (Hg. u. Autor): Die Höhle des Herzens. Mantra-Praxis und Namensgebet, Kevelaer 1982, unterschlägt diesen Wesenszug des christlichen Mantra-Gebets so vollständig, daß er zum ostkirchlichen Jesusgebet schreiben kann: »Ihr seid der Tempel Gottes, sagt Paulus.

Hier wird der Mensch jenseits aller Formen und Namen eins mit der Unendlichkeit des Mysteriums selbst. Er versinkt in eine Art wachen Schlafes, in dem er seiner selbst, seinem Getrenntsein von Gott enthoben ist und seine Einheit im Geist und in der Wahrheit erkennt. Es ist das unendliche MU, die Fülle des Nichts, das den Menschen umfängt und mit sich eint.« Vgl. dazu auch N. v. Arseniew (Anm. II, 27), 100: »Bei den pantheistischen Mystikern (so in den Upanischaden in Indien, bei den meisten persischen und arabischen Sufi) ist das Polaritätsgefühl ein bloß vorübergehendes: es wird bald aufgehoben und alles fließt zusammen in dem allein bestehenden Urgrund des göttlichen Seins, verschlungen in ihm und verloren. Für den christlichen Mystiker – und überhaupt für die theistische Mystik – ist dieses Polaritätsverhältnis dauernd und ausschlaggebend: Ich, der Kleine, der Winzige, der Sündige und Schwache (aber *seine* Kreatur!), stehe gebeugt und anbetend, und liebend-überwältigt, vor der stets, der immer von neuem sich herabneigenden Fülle seiner Barmherzigkeit, seiner Gnade, seiner Liebe. Der Abgrund ist da, das ›kreatürliche‹ Verhältnis ist da, aber dieser Abgrund wird ständig durch seine sich herablassende Liebe überbrückt und ausgefüllt.«

[79] (Anm. III, 76), 411.

[80] (Anm. III, 76) The Role of Christ I. Christ as Savior in the East, 231–251.

[81] S. Fehrenbacher (Anm. III, 68), 142–144.

[82] Zitiert nach: Mystische Spuren (Anm. I, 8), 267 f; in der »Dokumentation zur jüngsten Entwicklung um Dr. E. D.« (Paderborn, 1991 bestätigt Drewermann die Interpretation Prof. Eichers (171): »Christus ist historisch absolut notwendig deshalb, weil nur er als Person das Vertrauensklima schaffte, in dem die erlösende Fülle der Bilder und Symbole der Menschheit überhaupt zum Bewußtsein kommt.«

[83] München 1929 (Erstauflage), 13.16.120 f.223.

[84] Dazu mein Eckhartband (Anm. I, 12).

[85] (Anm. III, 24).

[86] Der Große Segen. Umarmt von der Schöpfung. Eine spirituelle Reise auf vier Pfaden durch sechsundzwanzig Thesen mit zwei Fragen, München 1991; Vision des Kosmischen Christus, Stuttgart 1991. Zu ihm schon A. M. Haas, Die Aktualität Meister Eckharts, in: Gottes Nähe, Festschrift J. Sudbrack (Hg. P. Imhof), Würzburg 1990, 91: »Ein Amerikaner – Matthew Fox – läßt Eckharts Lehre im vierfachen Pfad einer schöpfungszentrierten geistlichen Reise kumulieren, in der sich ein demokratischer und politischer Pantheismus auszeugt; das Ganze ist realisierte Eschatologie.« Schon in Fox' erstem, mir bekanntem Buch: On Becoming a Musical. Mystical Bear – Spirituality. American Style, New York 1976, zeigt sich dieser oberflächliche Umgang mit Fakten und Einsichten.

[87] Das Herz der Materie. Kernstück einer genialen Weltsicht; im Anhang: Christus in der Materie. Die geistige Potenz der Materie. Die Messe über die Welt (dazu Anm. I, 33), 39.45 f.58.79 f.72.73.63.75.

191

[88] Vgl. Th. Broch, Pierre Teilhard de Chardin, Wegbereiter des New Age? (Reihe: Unterscheidung. Christliche Orientierung im religiösen Pluralismus) Mainz/Stuttgart 1989.

[89] Dazu die Stellungnahme bei A. Haas, Teilhard de Chardin-Lexikon (Anm. I, 55), Stichworte: Einheit-Einigung, Komplexität, Liebe u. a.

[90] Ernstzunehmende Untersuchungen wie: St. Schneider, Die ›kosmische‹ Größe Christi als Ermöglichung seiner universalen Heilswirksamkeit anhand des kosmogenetischen Entwurfes Teilhard de Chardins und der Christologie des Nikolaus von Kues, Münster 1979 oder die durchaus kritische Untersuchung von Th. Broch (Anm. III, 88) enthüllen die Leichtfertigkeit, mit der viele Kreise ablehnend und annehmend mit Teilhard umgehen.

[91] Siehe auch das Teilhard de Chardin-Lexikon (Anm. I, 55) unter dem Stichwort Mystik.

[92] Teilhard de Chardin. Sein Leben und seine Zeit, München 1981, I, 281.277.

[93] Mit einem Kommentar von Henri de Lubac, Einsiedeln 1968.

[94] Quis Dives salvetur?: PG 9, 641 C.

[95] In: De contemplando Deo, Joh 17,22 f.26 kommentierend; nach Y. Congar, Der Heilige Geist, Leipzig 1988, 92 f.

[96] (Anm. I, 55), Stichwort: Liebe.

[97] Da mir der Aufsatz nicht zur Verfügung stand, referiere ich nach Th. Sundermeier, Evangelisation und die Wahrheit der Religionen, in: K. Müller / W. Prawdzik (Hg.), Ist Christus der einzige Weg zum Heil?, St. Augustin 1990, 183–199, 192 f.

[98] Nach E. Gruber / S. Fassberg, New-Age-Wörterbuch. 300 Schlüsselbegriffe von A–Z, Freiburg 1986; ähnlich D. Sillescu, New-Age-Lexikon, in: Das New Age Buch. Bewußtseinswandel in Wirtschaft, Politik, Erziehung, Psychologie, Physik, Biologie, Medizin, Grenzwissenschaften, Philosophie, Musik und Kunst, Mainz 1986, in: Handbuch Esoterik. A–Z der alternativen Ideen, Lebensweisen und Heilskünstler (Hg. D. Harvey), München 1986.